江苏高校哲学社会科学研究重点项目资助
项目编号：2010ZDIXM053

江苏省现代金融服务外包产业发展研究

乔桂明 王颖/著

U1021340

苏州大学出版社
SOOCHOW UNIVERSITY PRESS

图书在版编目(CIP)数据

江苏省现代金融服务外包产业发展研究 / 乔桂明，王颖著. —苏州：苏州大学出版社，2012.11
江苏高校哲学社会科学研究重点项目资助
ISBN 978-7-5672-0375-4

Ⅰ.①江… Ⅱ.①乔… ②王… Ⅲ.①金融－商业服务－对外承包－产业发展－研究－江苏省 Ⅳ.①F832.753

中国版本图书馆CIP数据核字(2012)第273463号

江苏省现代金融服务外包产业发展研究
乔桂明　王　颖　著
责任编辑　施　放

苏州大学出版社出版发行
(地址：苏州市十梓街1号　邮编：215006)
丹阳市兴华印刷厂印装
(地址：丹阳市胡桥镇　邮编：212313)

开本 700 mm×1 000 mm　1/16　印张 15.25　字数 264 千
2012年11月第1版　2012年11月第1次印刷
ISBN 978-7-5672-0375-4　定价：39.00元

苏州大学版图书若有印装错误，本社负责调换
苏州大学出版社营销部　电话：0512－65225020
苏州大学出版社网址　http://www.sudapress.com

序言

国际服务外包与生产外包都是国际资源整合的重要手段，国际外包的过程，是全球产业转移和整合的过程，也是全球经济格局大调整的过程，两者都在全球范围内起着重要的作用。国际外包活动是第一次和第二次全球经济一体化的最重要标志性特征。

20世纪80年代以来，从南部沿海开始，到东部地区迅猛发展，中国通过承接国际制造业转移，利用国际生产外包机遇，成就了全球最大的“加工制造中心”。但近年来，我们已经明显感觉到，由于资源、环境与技术等因素对经济持续发展的制约，中国世界制造中心的地位正面临着不可持续的危险。中国要实现持续、稳定、全面、协调的可持续发展，就不能只是依靠现有的“世界加工制造中心”地位，必须找到新的突破口。

评价各国在全球经济中的地位，人们常常这样描述：欧美国家是“世界董事会”，中国是“世界工厂”，印度是“世界办公室”。中国作为世界制造中心，是从承接国际生产外包开始的；而中国要成为世界办公中心、世界服务中心，必须从承接国际服务外包入手，这是中国经济社会转型升级的必由之路。

国际服务外包对于全球来说也是一个巨大的经济变量，这对中国既是机遇也是挑战。研究表明，21世纪初，全球服务外包交易额突破1 000亿美元，并以30%～40%的速度增长，2008年百年一遇的美国金融危机以及随后的欧债危机爆发后，随着世界经济的衰退，国际服务外包交易额急速下降，2011年的规模仅有1 100亿美元，但它依然是世界经济发展中最好的产业。随着世界性经济的趋稳和恢复，未来几年全球服务外包市场仍然将保持平稳增长，预计2020年将达到5万亿美元。令人振奋的是，服务外包作为我国服务业发展的一个重要标志，在我国已经呈现出加速发展的态势。我国自2006年商务部提出“千百十”工程后，服务外包被众多城市视为经济转型的重点产业,政策支撑下的产业规模急速膨胀。2011 年,中国服务外包合同执行额达 323.9 亿美元,同比增长 65%,较 2006 年年初翻了两番,目前已是继印度之后的全球第二大服务外包承接国。2011 年,全国服务外包企业登记数量已经超过 15 000 家,新增服务外包从业人员 85.4 万人,累计达到 318.2 万人,其中江苏省分别占全国的三分之一和五分之一。

金融服务外包是服务外包产业的重要组成部分,近年来随着银行、保险公司、证券公司等金融行业主体自身业务发展的需求变化以及服务外包领域的不断开放而迅猛发展。业务创新和后台集中无疑是过去几年金融业增长的驱动力量。越来越多的国际金融机构意识到选择流程外包的重要性,将非核心业务外包给业务流程外包(Business Process Outsourcing BPO)企业,不仅能削减成本,更重要的是通过外包,帮助公司提高了管理效率,强化了核心竞争力。当然,金融机构的长足发展仍需要业务流程外包企业家们不断提供更直接更高端的服务。

未来 10 年无疑是中国金融行业变革创新发展最集中的一段时间,金融服务业大有可为。中国的金融机构和金融服务业如何携手发展,是一个十分关键和具有战略意义的问题。

苏州大学商学院金融学博士生导师、苏州工业园区服务外包学院服务外包研究所所长乔桂明教授的《江苏省现代金融服务外包产业发展研究》一书的出版恰逢其时,在推动江苏金融服务外包行业乃至整体金融行业的发展方面将起到积极的作用。全书在调研了大量金融机构和金融业务流程外包企业的基础上,汇集了大量第一手的行业资料数据和具体生动的发展案例,深入浅出,鞭辟入里,分享国际金融外包的发展历程和成功经验,直面江苏省金融服务业面临的发展瓶颈与问题,围绕金融服务外包产业生态体系中各方最关心的问题展开了深入研究,为江苏,乃至中国金融服务外包的未来发展提供了有益的对策建议。

未来金融业服务外包规模的提升将主要来自于中国经济实力的增长(主要体现在 GDP 的增长)、金融产业的深化(具体体现在金融产业占 GDP 的比例)和金融服务外包的渗透率三方面。目前,我国的金融服务外包产业正在蓬勃发展:国家已出台了一系列的政策和法规来扶持金融外包产业,各地正在大力建设金融后台中心;各级金融机构开始将技术支持、后台数据处理和语音相关流程集中等交给专业的第三方外包公司处理;中国本土的外包服务商已经度过了草创期,正逐步由低附加值服务向高附加值服务演变,并向业务多元化、流程复杂化方向发展，在一些业务领域迅速提升国际竞争力，开始与欧美和印度公司抗衡。我们有理由相信，在不久的未来，中国将涌现出一批世界级的金融外包企业，在全球服务中打造“中国服务”这个品牌！

苏州工业园区服务外包学院院长、博士生导师

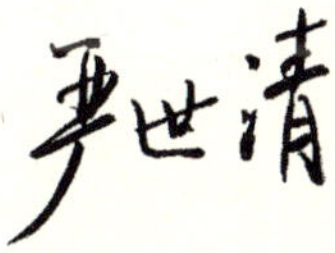

2012 年 8 月

前言

从20世纪80年代开始，中国充分抓住了欧美国家制造业转移的契机，以“良好的政策环境，优越的基础设施，廉价的技术工人和庞大的国内市场”赢得了世界制造业巨头的青睐，经济取得了持续30多年的高速增长，中国因此也成了名副其实的“世界工厂”。而如今，世界经济的形态和格局正在悄然发生变化，“世界工厂”已辉煌不再，服务经济的潮流正席卷全球。服务外包这个目前已经超过千亿美元，五年内将突破5万亿美元的庞大市场已经成为各国全球战略的首选和跨国公司业务的必争之地。因此，它注定要改变21世纪世界经济的格局，并直接影响到一些国家，尤其是发达国家的核心竞争能力。

像20世纪80年代一样，历史又一次把中国推上了社会变革的风口浪尖。中国能否应势而动，由“世界工厂”转型为“世界办公室”，这将是摆在我国面前的、事关经济发展形态的重大历史性变革。而我们的近邻印度则在这次历史性的产业大迁移中已经捷足先登，在不到10年的时间里催生出了像Infosys、TCS和Wipro这样的世界级的技术和信息服务公司，印度正迅速崛起为全球服务外包舞台上的主角。当然，自2005年起，一批中国服务外包公司正迎头赶上，其中的佼佼者如文思创新、海辉、软通动力和华道数据等正迅速登上世界服务外包的重要舞台，也许明天他们会改变世界外包产业的格局和命运。从我国服务外包的总量来看，2011年合同执行额已达到323.9亿美元，同比增长65%，较2006年年初翻了两番，中国目前已是继印度之后的全球第二大服务外包承接国。2011年，全国服务外包企业登记数量已经超过15 000家，新增服务外包从业人员85.4万人，累计达到318.2万人。

制造业、国际贸易和航运业的发展在上两个世纪曾经分别推动了英国和美国两个世界超级大国的产生，而英国伦敦和美国纽约也顺势崛起为世界顶尖的国际金融中心。今天,金融机构在全球外包产业链中是毋庸置疑的主导者,来自金融机构的业务外包量一直占世界外包业产值的一半以上。过去的几十年里,花旗和汇丰等金融机构巨无霸在把自己变成全球性金融霸主的同时,也成就了 IBM、Accenture 和 ACS 这样的全球性服务外包公司。中国这个在 200 年前曾居世界经济前沿的巨龙,再次面临难得的历史性机遇。中国能否从“世界工厂”升格为“世界办公室”也在此一举。可喜的是,在后危机时代的全球经济版图中,中国的金融机构已经隆重登场,在银行和保险领域已经多次拔得头筹,逐步成为世界金融业的主角。由此,我们也对中国的金融外包公司有了更多的期待。我们有理由相信,中国也能够产生出世界级的金融服务外包企业。今天,中国的金融机构相继完成了数据和后台的大集中,以国家开发银行、中国银行、交通银行、中国光大银行和中国民生银行等为代表的领先金融机构显示出了卓越的创新能力,主动迎接后 WTO 时代的挑战,先后把非核心业务外包,开创了中国金融外包的先河。其成功经验不仅引起其他金融机构的效仿,而且也为监管部门所关注。

江苏无疑是中国服务外包产业发展的排头兵。省委、省政府对服务外包产业高度重视,提出要像抓外贸、外资一样抓服务外包。目前,在国家认定的 20 个中国服务外包示范城市中,江苏就有三个,即南京、苏州、无锡,总数位居全国第一;拥有苏州、无锡、常州、昆山、太仓、江阴等 6 个省级服务外包基地城市;同时无锡国家高新技术产业开发区、无锡(国家)工业设计园、常州软件园、常州国家动画产业基地、江苏昆山花桥经济开发区等 5 个开发区成为江苏省国际服务外包示范园,80 多家服务外包企业成为省服务外包重点企业。江苏省正不断加大对全省服务外包产业的支持力度,出台了一系列对服务外包基地城市、示范区、服务外包企业的考核办法和奖励标准,从平台建设、企业培训、人才培训、市场开拓、资质认证等方面加大对服务外包产业的扶持。2010 年江苏服务外包合同总额高达 87.36 亿美元,同比增长 57.09%,服务外包从业人员达 48.5 万人,外包企业数增至 3 778 家,各项指标连续四年在全国保持领先地位。同时,江苏省凭借毗邻上海国际金融中心的独特优势,近年来金融服务外包产业也取得了不俗的成绩:江苏金融服务外包执行额及从业人数全国领先;率先实现了金融服务外包产业的集群发展;开始制定第一个省级金融服务外包产业标准;等等。

然而,金融服务外包在中国只能说是刚刚起步,2010 年年底中国离岸金融服务流程外包仅 50 亿元人民币。对这个行业相关的产业发展和实证研究也刚刚开始，这对从业者、行业监管部门、政府机构和学术机构开展工作带来了很大挑战。在此背景下，我们的研究团队在对我国经济转型升级和服务外包理论与国际发展态势获得充分认识和做了大量研究的基础上，于2010年4月向江苏省教育厅申请了这一哲学社会科学研究重点项目——江苏现代金融服务外包发展战略、思想、模式、途径与政策研究，2010年9月经专家评审，由江苏省教育厅正式批准立项。项目立项以后，课题负责人和课题成员先是对相关文献资料进行了全面搜集、查询与整理，细化了课题研究的框架体系，明确了课题组成员的各项任务及分工，全面编制各部分写作提纲，确定各项调研思路；接着开展了全面的数据搜集和社会调查，召开了5次课题座谈会和小型专家会议，利用寒暑假先后赴南京市发改委、无锡市商务局、苏州市商务局、苏州市金融办、苏州市发改委、中国（花桥）金融外包研究中心、中国服务外包研究中心、浙江省发改委、杭州市商务局等进行全方位调查，以取得第一手实际资料，获得对我国金融服务外包，尤其是重点城市服务外包发展的整体了解。同时也抽出时间先后走访了中国建设银行信用卡中心、中国平安呼叫中心、易方呼叫、中信花桥服务外包及金融后台处理中心、江苏远洋数据处理中心、华道数据处理中心、中金数据、万国数据等国内知名金融服务外包企业，以掌握金融服务外包企业在江苏省的发展现状、业态分布以及发展中面临的问题等，为做好典型金融服务外包企业的研究做准备；在此基础上完成了《苏州、南京、无锡、常州金融服务外包发展专题研究报告》和《江苏省金融服务外包发展研究总报告》；在《服务外包研究》、《苏州大学学报（哲学社会科学版）》等杂志发表了相关研究论文6篇。在此基础上形成了本书的主体框架和研究结构：

第一部分，主体内容为第一、第二章：主要阐述研究背景与意义、研究方法与思路，以及金融服务外包的理论发展，并对国内外相关文献进行综述。

第二部分，主体内容为第三章：主要研究国内外金融服务外包的发展历程、特点与变化趋势。

第三部分，主体内容为第四、第五、第六、第七章：主要研究江苏省金融服务外包产业发展现状与区域特征，发展中的瓶颈与主要问题，综合竞争力评价以及江苏省金融服务外包产业发展战略、思路、模式、路径与政策选择。

第四部分，主体内容为第八章：主要是对江苏省金融服务外包开展的重点城市南京、苏州、无锡和常州的专题研究。

最后部分是结语，指出本研究的创新和不足，并对江苏金融服务业的发展进行展望。

本研究创新之处在于：

（1）省域视角的研究创新：我国目前在促进金融服务外包产业发展方面，主要是由中央政府及部委出台各项宏观政策，国内各城市仅出台一些具体落实措施，缺少省域和重点城市或产业带的发展战略和规划。本研究则主要从省域角度，研究江苏省在推动金融服务外包产业发展方面的战略布局、模式选择、路径依赖和切实可行的政策措施，以推动省内金融服务外包产业的协调快速发展。

（2）城市定位和差异化发展的研究创新：目前国内在研究如何推动金融服务外包产业发展时，大多从具体城市入手分析，难免出现功能定位雷同问题，既无特色又容易导致相互竞争。本研究在分析重点城市地域、产业、教育等方面的各自优势后，明确各城市的功能定位，并提出具体的差异化发展思路和对策。

（3）业务发展主体的研究创新：从管理体制的现实出发，提出省内地方性金融机构优先发展和主动发展的策略与措施，以降低地方金融机构经营的成本，专注核心业务发展和改进信息技术，优化金融机构资源配置，突出核心竞争力，提高业务灵活性，使地方性金融机构获得更好的发展空间和业绩增长。

在完成本书写作后，我们感到有以下主要问题与不足：

（1）服务外包是社会经济形态发展到一定历史阶段，企业竞争空前、社会分工细化的必然产物。对我国来说，它相对其他产业或业态的发展来说还十分年轻，服务外包本身还缺乏规范的范畴和定义。正因为如此，无论是对企业形态的划分，还是对产出的统计数据等还缺乏权威性和正确性，所以资料归类和数据统计等往往口径不统一，这对分析研究可能带来一些问题，使研究的结论与实际可能会产生偏差，甚至谬误。

（2）金融领域历来是管制严格、对外信息披露较少的领域，调查中我们发现要获取行业内部的详尽数据都比较困难，除了上市金融机构信息披露相对多一点外，其他金融机构的完整数据似乎很少有公开披露的，具体到金融服务外包则少之又少。

（3）研究中我们发现，金融领域的外包业务开展情况要远远比认识上的理解和估计差，大部分金融机构只进行低端的外包业务，甚至只愿意内包或基于传统的业务流程，金融领域依然是行业准入较难，业务垄断明显，内包和外包业务界限不清，服务外包缺乏清楚的、合理的统计，所以要实证服务外包对金融机构的效率和效益有相当的困难。

在本书付梓之时，我要衷心感谢江苏省教育厅和苏州工业园区服务外包学院给予本研究的基金资助和指导；感谢课题组主要成员李勇、王颖、丁立新、冯瑞以及我的博士生宋翠玲、吴刘杰、鲁莹以及研究生孙迪、毛菱和余静的共同参与，特别是资料搜集、社会调查以及部分调查报告初稿等的写作；感谢苏州大学出版社编辑的辛勤劳动。在本书写作过程中也参阅了许多国内外专家学者大量的著作和研究文献，在此一并表示衷心的感谢。

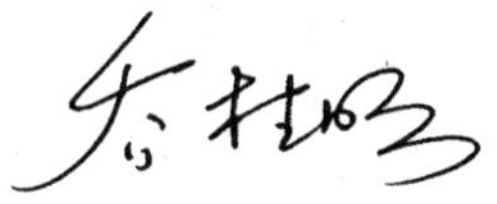

2012 年 8 月

目录

第一章

绪论

第一节　研究背景和意义

当前世界经济发展的一个重要特征是在全球范围内实现劳动力成本、资源、技术等方面的优势互补。20 世纪 90 年代以来,随着经济全球化的发展和全球产业结构调整,服务业出现了在全球范围内转移的基本特征。金融危机加快了全球服务业从发达国家向发展中国家转移的步伐。全球现代服务业的转移和服务外包几乎同时发生,服务外包日趋成为服务业转移的主要形式,而金融服务外包,特别是离岸服务外包正成为国际服务业转移的重点,其降低成本、增加收入、提高质量、改进效能等多重优势对金融服务贸易贡献与日俱增,在金融服务业的地位日趋重要。从全球范围看,金融服务外包行业正处于行业生命周期的高速成长期,已成为国际服务外包市场的主流,而我国的金融服务外包仅处于起步阶段。随着我国服务经济的不断发展和金融业的不断对外开放与发展,金融服务外包也必将迎来广阔的发展空间。金融服务外包产业具有科技含量高、附加值大、污染小、能耗低、吸纳就业量大等特点,对我国加快经济发展,推进产业结构转型,实现经济长期、稳定、可持续发展,创造了难得的历史机遇。对于中国来说,抓住这一机遇大力发展服务业,使服务业更好地为制造业服务,使服务业成为中国制造业与全球经济的一个有机组成部分,有利于我们转变经济增长方式、实现产业结构优化升级、提升中国在未来的国际竞争力,具有重要的现实意义和深远的历史意义。本课题研究金融服务外包的发展规律以及推动江苏省金融服务外包产业发展的战略、模式与途径等,具有重要的理论意义和实践价值。其理论意义在于:厘清现代金融服务外包产业发展的相关推动因素及制约环节,为江苏省推动金融服务外包产业发展提供系统性的理论依据。

其实践指导价值在于：首先，系统地提出江苏省如何抓住国内外金融机构业务流程整合，承接其近岸、离岸金融服务外包业务，促进江苏省金融服务外包产业发展，加快江苏省产业结构优化升级，推动江苏的科学发展、率先发展；其次，为江苏省如何发展金融服务外包提出发展思路、发展模式选择和具体实施方案，以达到优化金融机构资源配置，突出金融机构核心竞争力，提高金融机构经营绩效的目标；最后，针对不同的城市特点和发展基础与环境，提出差异化的金融服务外包市场进入和发展战略，以推动重点城市间和产业带的快速和协调发展。

第二节　研究方法与思路

一、研究方法

本课题采用理论分析与调查研究相结合的方法，其中在进行理论分析时利用了多种图书馆资源和业界信息资源，对已有理论文献和已有的数据资料进行归纳总结，并与实地调研资料相结合，同时运用了定性分析和定量分析相结合、案例分析和比较分析相结合等方法，对相关问题进行研究、归纳和总结，提出了有利于江苏省现代金融服务外包产业发展的战略、思路与对策措施。

二、研究思路

本课题首先以企业核心竞争力理论、价值链理论、交易费用理论、博弈论等理论为基础，借鉴和吸收国内外有关金融服务外包相关研究的先进成果，对国内外金融服务外包产业发展历程、特点与趋势进行分析；然后在对全国，尤其是江苏省金融服务外包的发展状况进行全面调查研究的基础上，对江苏省金融服务外包产业发展现状和区域特征进行分析，揭示江苏省金融服务外包发展中存在的主要问题和发展障碍；最后借鉴国际经验，提出加快发展江苏省现代金融服务外包产业的相关战略、模式和相应的政策措施。同时课题还将通过个案研究的形式对苏州、无锡和南京等金融服务外包发展的重点城市进行重点研究，得出了一些重要性的经验总结与启示，以对江苏省现代金融服务外包产业发展带来重要的指导意义，推动江苏金融服务外包产业的更好发展。

第三节　成果主要来源与全文框架结构

一、成果主要来源

本课题成果主要来源于课题负责人和全体成员长期从事货币金融学和商业银行经营管理教学与研究的经验以及对金融体制改革和金融业务创新较深入的了解和研究。这包括：已出版的5部与金融服务外包相关的著作和教材：①《服务外包概论》(2012)，杨冬主编，中国人民大学出版社，②《人力资源外包实务》(2012)，王颖主编，中国人民大学出版社，③《金融服务外包项目管理与实践》(2012)，王颖主编，中国人民大学出版社，④《BPO基础理论》，李勇主编，中国人民大学出版社，⑤《BPO实务》，顾祎砚主编，中国人民大学出版社；5项完成和正在完成的与本课题相关的课题和建设任务：①"苏州市中介服务发展研究"，苏州市社科项目(项目编号：09—B—12)，②"苏州市服务外包产业发展研究"，苏州市社科重点项目(项目编号：10—A—10)，③"苏州市建设长三角区域金融中心的对策研究"，苏州市科技局项目(项目编号：2011—B—20)，④"江苏现代金融服务外包发展战略、思路、模式、途径与政策研究"，江苏省教育厅重点项目(项目编号：2010ZDIXM053)，⑤"创新职教服务外包人才培养模式研究"，江苏省教育科学"十二五"规划课题；16篇在《服务外包研究》《金融服务外包》《财经研究》《学术交流》《苏州大学学报(哲学社会科学版)》《财经问题研究》等重要学术期刊发表的与本课题相关的论文。以上研究成果和研究经验都为本课题的研究打下了扎实的基础。

其次，学校有丰富的中外文图书资料、数据库以及其他网络资源，为本课题研究提供了极大的便利。课题组成员对本课题相关的国内外专家学者的学术成果和研究动态进行了系统的梳理，以形成对本课题研究的清晰思路和框架。

二、全文框架结构

本课题在对服务外包相关理论进行论述，并对全国及江苏省金融服务外包发展现状充分调查研究的基础上，分析我国金融服务外包发展规律及趋势，江苏省金融服务外包发展势态与前景，并提出加快发展江苏省现代金融服务外包产业的相关战略、模式、路径依赖和相应的政策措施。本研究框架结构如下：

第一部分主要研究金融服务外包理论的产生背景，回顾金融服务外包产业国内外发展历程，分析其新的趋势和特点，并预测我国金融服务外包产业的发展空间和在世界市场的份额。

第二部分重点研究江苏省加快发展现代金融服务外包产业的重要意义和紧迫性。一是金融服务外包属于高端服务业，金融服务外包产业发展有利于带动服务经济的整体发展，推动江苏省产业结构升级；二是金融服务外包为金融机构提供服务，使江苏省金融机构优化资源配置，有利于促进其发展；三是可以优化江苏省金融生态环境，促进现代制造业和其他相关产业的发展；四是有利于扩大就业，优化就业结构。

第三部分重点分析江苏省金融服务外包产业发展的整体现状和区域特征。通过对江苏省金融服务外包产业的 SWOT 分析，明晰江苏省发展金融服务外包产业的优势（Strengths）、劣势（Weaknesses）、机会（Opportunities）和威胁（Threats），为正确制定江苏全省的产业发展战略和重点城市与产业带金融外包服务业发展规划和决策提供科学依据。

第四部分重点阐述江苏推动金融服务外包产业发展的战略、模式选择、路径依赖与政策措施。探讨江苏推动金融服务外包产业发展的战略布局，包括战略目标、重点领域和差异化的区域布局等；分析江苏金融服务外包的发展模式选择、路径依赖、城市定位和优先、主动发展的机构主体；提出加快金融服务外包产业发展的具体政策和措施。

第五部分为重点城市、重点领域的重点研究。研究苏州、无锡、南京等国家现代服务外包示范基地的优先发展、成功经验和产业集聚效应；研究金融后台服务、数据处理中心、呼叫服务中心、信用卡中心、市场研究和数据分析中心以及高端的前台服务和产品开发等金融服务外包的重点推进领域和发展规划。

本研究采用的技术路线如下：

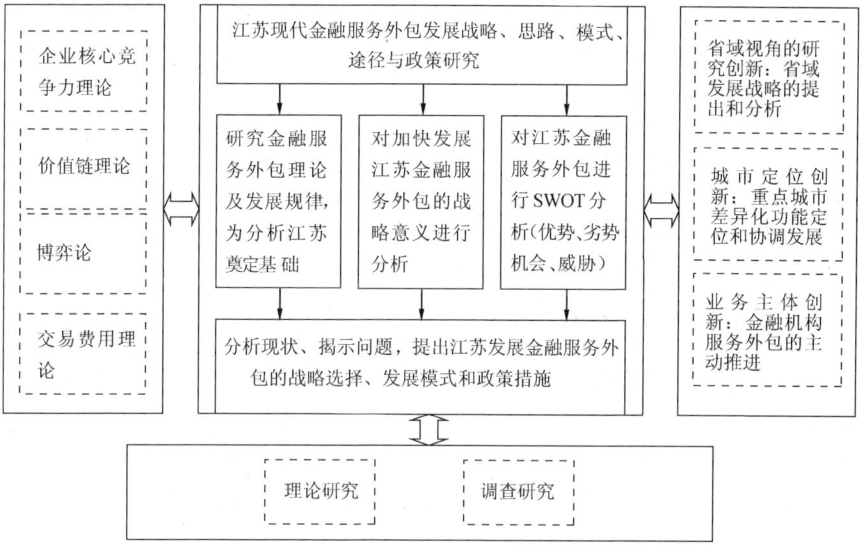

图 1-1　本研究的技术路线

第四节　研究的创新与不足

一、研究的创新

（一）省域视角的研究创新

我国目前在促进金融服务外包产业发展方面，主要是由中央政府及部委出台各项宏观政策，国内各城市仅出台一些具体落实措施，缺少省域和重点城市或产业带的发展战略和规划。本研究则主要从省域角度，研究江苏省在推动金融服务外包产业发展方面的战略布局、模式选择、路径依赖和切实可行的政策措施，以推动省内金融服务外包产业的协调快速发展。

（二）城市定位和差异化发展的研究创新

目前国内在研究如何推动金融服务外包产业发展时，大多从具体城市入手分析，难免出现功能定位雷同，既无特色又容易导致相互竞争。本研究将在分析重点城市地域、产业、教育发展基础等方面的各自优势后，明确城市间的功能定位，并提出具体的差异化发展思路和对策。

（三）业务发展主体的研究创新

从管理体制的现实出发，提出省内金融机构优先发展和主动发展的策略与措施，以降低金融机构经营的成本，专注核心业务发展和改进信息技术，优化金融机构资源配置，突出核心竞争力，提高业务灵活性，使省内金融机构获得更好的发展空间和业绩增长。

二、研究的困难与不足

（一）金融服务外包尚缺乏科学的定义和规范的统计口径

服务外包是社会经济形态发展到一定历史阶段，企业竞争空前，社会分工细化的必然产物，对我国来说，它相对其他产业或业态的发展还十分年轻，服务外包本身还缺乏规范的范畴和定义。正因为如此，无论是对企业形态的划分，还是对产出的统计数据等还缺乏权威性和正确判断，所以资料归类和数据统计等往往口径不统一，这可能给分析研究带来一些问题，使研究的结论与实际可能会产生偏差，甚至谬误。

（二）金融管制的严格性导致数据与信息披露有限

金融领域历来是管制严格、外部信息披露较少的领域，调查中我们发现要获取行业内部的详尽数据都比较困难，除了上市金融机构相对信息披露多一点外，其他金融机构的完整数据似乎很少有公开披露，具体到金融服务外包则少之又少。

（三）金融服务外包在我省尚处于初级阶段

研究中我们发现，金融领域的外包业务开展情况要远远比认识上的理解和估计差，大部分金融机构只进行低端的外包业务，甚至只愿意内包或基于传统的业务流程，金融领域依然是行业准入较难，业务垄断明显，内包和外包业务界限不清，服务外包缺乏清楚的、合理的统计，所以要实证服务外包对金融机构的效率和效益有相当的困难。

第二章

金融服务外包相关理论与文献综述

金融服务外包研究是建立在广泛的企业理论基础之上的，这些理论能使我们更好地解释外包现象的发生和历史演进。目前，有很多关于外包动因方面的理论，它们包括：资源基础理论、资源依存理论、核心竞争力理论、新木桶理论、价值链理论、跨组织理论、交易成本理论、社会交换理论和制度变迁理论等。专家学者们用不同的理论，从不同的角度解释了外包的动因。本章将在对金融服务外包理论分别从战略管理视角、经济学视角和社会学视角进行评述的基础上，对现有的国内外文献进行全面回顾，以为我们以后的分析研究指明方向。

第一节　相关理论回顾

一、基于战略管理视角

（一）资源基础理论

学术界一般把 Penrose 于 1959 年出版的《企业成长论》看做资源基础理论的源头。在 Penrose 看来，企业的成长就是逐渐积累知识以拓展其生产领域的过程。1982 年，Lippman 和 Rumelt 发表了《不确定模仿力：竞争条件下企业运行效率的差异分析》一文，他们认为如果企业无法仿制或复制出优势企业产生特殊能力，各企业之间的效率差异状态将持续下去。1984 年，Wemteet 发表了《企业资源基础论》一文，标志着资源基础理论的正式诞生。资源基础理论认为，企业是各种资源的集合体。每一个企业拥有的资源各不相同，具有差异性，企业独特的异质资源是企业的竞争力所在，这些异质资源通常是指企业的知识和能力，它们给企业带来了竞争优势。

企业竞争优势源于企业的特殊资源，这种特殊资源能够给企业带来经济租金。在经济利益的驱动下，没有获得经济租金的企业肯定会模仿优势企业,其结果则是企业趋同、租金消散。因此,企业竞争优势及经济租金的存在说明优势企业的特殊资源肯定能被其他企业模仿。学者们对这一问题进行了广泛的探讨,他们认为至少有三大因素阻碍了企业之间的互相模仿。

1. 因果关系含糊

企业面临的环境变化具有不确定性,企业的日常活动具有高度的复杂性,而企业的租金是企业所有活动的综合结果,即使是专业的研究人员也很难说出各项活动与企业租金的关系,劣势企业更是不知该模仿什么,不该模仿什么。劣势企业对优势企业的观察是有成本的,劣势企业观察得越全面、越仔细,观察成本就越高,劣势企业即使能够通过模仿获得少量租金,也可能被观察成本所抵消。

2. 路径依赖性

企业可能因为远见或者偶然拥有某种资源,占据某种优势,但这种资源或优势的价值在事前或当时并不为人们所认识,也没有人去模仿。后来环境发生了变化,形势日渐明朗,资源或优势的价值日渐显露出来,成为企业追逐的对象。然而,由于时过境迁,其他企业再也不可能获得那种资源或优势,或者再也不可能以那么低的成本获得那种资源或优势,拥有那种资源或优势的企业则可稳定地获得租金。

3. 模仿成本

企业的模仿行为存在成本,模仿成本主要包括时间成本和资金成本。如果企业的模仿行为需要花费较长的时间才能达到预期的目标,在这段时间内完全可能因为环境的变化而使优势资源丧失价值,使企业的模仿行为毫无意义。在这样一种威慑下,很多企业选择放弃模仿。即使模仿时间较短,优势资源不会丧失价值,企业的模仿行为也会耗费大量的资金,且资金的消耗量具有不确定性,如果模仿行为带来的收益不足以补偿成本,企业也不会选择模仿行为。资源基础为企业的长远发展指明了方向,即培育、获取能给企业带来竞争优势的特殊资源。资源基础理论可以给企业提供一些方向性的建议。具体来说,企业可从以下几方面着手发展自身独特的优势资源。

(1) 组织。学者们把企业特殊的资源指向了企业的知识和能力,而获取知识和能力的基本途径是学习。由于企业的知识和能力不是每一个员工知识和能力的简单加总,而是员工知识和能力的整合,通过有组织的学习提高个人的知识和能力,促进个人知识和能力向组织的知识和能力转化,使知识和能力聚焦,产生更大的合力。

(2) 知识管理。知识只有被特定工作岗位上的人掌握才能发挥相应的作用,企业的知识最终只有通过员工的活动才能体现出来。企业在经营活动中需要不断地从外界吸收知识,需要不断地对员工创造的知识进行加工整理,需要将特定的知识传递给特定工作岗位的人,企业处理知识的效率和速度将影响企业的竞争优势。因此,企业对知识的微观活动过程进行管理,有助于企业获取特殊的资源,增强竞争优势。

(3) 外部资源。对于弱势企业来说,仅仅依靠自己的力量来发展它们需要的全部知识和能力是一件花费大、效果差的事情,通过建立战略联盟、知识联盟来学习优势企业的知识和技能则要便捷得多。来自不同公司的员工在一起工作、学习还可激发员工的创造力,促进知识的创造和能力的培养。

资源基础理论认为,企业只有发展那些有价值的、稀缺的、不易被模仿和不可替代的异质性资源和能力,不断开发和利用外部的互补性资源,才有可能持续地保持竞争优势。这样,企业在自身不具备相应资源或不想为所需资源付出更多投资的情况下,应充分利用外部资源和能力。外包可以弥补发包企业在资源和能力上的缺陷。通过将组织内部那些非异质性的资源进行外包,发包商就可以把有限的资源投在具有优势的核心业务上,在降低机会成本和投资风险的同时,强化自身的核心竞争力;发包商不仅可以充分利用接包商的专业知识、经验来大大降低自己的成本,提高运作效率和客户服务水平,进而增强获利能力及竞争优势,同时它还可以充分利用外部的资源和能力,以弥补自身资源和能力的不足。发包商既可以充分发挥自己的优势资源,又能广泛利用外部企业互补性的有价资源,增强发包商自身的竞争力。通过外包建立战略联盟和知识联盟来获取其他公司具有优势的知识和能力是一种很好的战略选择。当企业实施战略所需的资源存在缺口时,通过外包可以实现并扩展公司现有的资源基础。

(二) 资源依存论

费佛尔和萨兰奇科是资源依存理论的集大成者。他们提出了四个重要假设:① 组织最重要的是关心生存;② 为了生存,组织需要资源,这些资源包括人员、资金、顾客、技术和物资等,而组织自己通常不能生产这些资源;③ 组织必须与它所依存的环境中的因素互动,这些因素通常包含其他组织;④ 组织生存建立在一个控制它与其他组织关系的能力基础之上。他们认为,一个组织对另一个组织的依存程度取决于三个决定性因素:资源对于组织生存的重要性;组织内部或外部一个特定群体获得或处理资源使用的程度;替代性资源的可获取性。如果一个组织非常需要一种专门知识,而这种知识在这个组织中又非常稀缺,并且不存在可替代的知识来源,那么这个组织将会高度依赖掌握这种知识的其他组织。资源依存理论的一个重要特点是依存可以是相互的。正如一个组织依存于另一个组织,两个组织也可以同时相互依存。当一个组织的依存性大于另外一个组织时,权利变得不平等。根据霍利的人类生态学观点,费佛尔和萨兰奇科区分了竞争性互依(在同一市场中运行的组织的特点)与共生性互依(交换资源对于各自生存极其重要的组织的特点)。组织能够采取许多策略来处理它们的互依性。这些策略包括合并、购并、合资企业和其他的联盟形式,以及通过交叉董事会等机制来委派组织代表加入公司的决策部门。伯特在吸收了齐美尔、费佛尔和萨兰奇科的理论的基础上,进一步提出了"结构自主性"模式来解释共同抉择和公司绩效。他认为,只要社会网络中的行动者避免依赖其他人,他们将会受益。在社会结构中占据相对稀疏(非竞争性)位置的行动者将依赖那些占据相对拥挤位置的行动者。

资源依存论强调企业从环境中获取资源的重要性。组织内部不可能拥有必需的所有资源,为了很好地运作,组织必须依赖其他组织提供的必要资源。这种依赖存在着不确定性,而依赖的不确定性导致了风险。

企业通过外包与外部组织建立伙伴关系,大大降低了由于相互依赖产生的不确定性所带来的风险,有助于提高企业获取资源的功效,以及稳定地、一致性地获取高质量资源的能力。另外,双方之间以合同为基础,保持较长期的合作关系,合作双方信息沟通、信任程度高,而且各方利害关系更为紧密,是一种典型的依存共生关系。

(三)核心竞争力理论

企业核心竞争力理论起源于传统的企业能力理论,最早可以追溯到18世纪早期亚当·斯密的企业分工理论,而20世纪20年代马歇尔的企业内部成长论可以说是该理论的雏形。企业内部成长论指出企业内部各职能部门之间、企业之间、产业之间存在着"差异分工",这种分工与其各自的知识与技能相关,这种知识与技能就可以看做是企业的能力。企业的核心竞争力是指企业快速、低成本地集成各种生产技能、技术手段和资源来应对各方面机遇和挑战的能力,是企业将技能、资产和运作机制有机融合的自组织能力，是企业素质和综合能力的体现，是企业获得长期竞争优势的基础，是企业独具的、长期形成的并融于企业内质中支撑企业竞争优势的、使企业能在竞争中取得可持续发展的核心性能力。企业核心竞争力与其他方面竞争力之所以不同，是因为它具备如下三个特性：

（1）价值性。核心竞争力富有战略价值，它能为顾客带来长期性的关键性利益，为企业创造长期性的竞争主动权，为企业创造超过同业平均利润水平的超额利润。同时，这种价值性往往难被他人察觉与评估。

（2）独特性，又称独具性，即企业的核心竞争力为企业独自拥有。同行业中几乎不存在两个企业都拥有准确意义上相同或相似的核心竞争力。一个企业的核心竞争力是在企业演进过程中长期培育和积淀而成的，它蕴育于企业文化，深深融合于企业内质之中，为该企业员工所共同拥有。企业运作模式，企业规章制度，企业员工的素质、能力、观念、行为方式等支撑企业核心竞争力，因而企业核心竞争力不为企业中的个别人所拥有，更不为其他企业所能模仿和其他竞争力所替代。

（3）延展性。企业核心竞争力有力地支持企业能延伸到更有生命力的新事业领域中去。企业核心竞争力是一种基础性的能力，它为企业其他各种能力的发挥提供了一个坚实的"平台"，它又是一种核心性的能力，处于企业对其他各种能力的统领地位。

依据核心竞争力理论，企业应该将有限的资源投入到具有核心竞争力的业务上，而将自身不具备核心能力的业务以合同的形式或非合同的形式交由外部组织承担。业务流程外包的本质在于保留具备竞争优势的核心能力资源，把其他的资源借助外部专业化的组织进行整合，从而优化企业资源配置，实现企业自身的持续发展。外包是培育和提升发包商核心能力的有效手段。

美国著名的管理学家彼德·德鲁克说过这样一句话："在10~15年之内，任何企业中仅做后台支持而不创造营业额的工作都应外包出去，任何企业中仅做后台支持而不提供高级发展机会的活动、业务也应采取外包的形式。"这句话一语道出了外包的真谛——专注于核心竞争力。

（四）新木桶理论

传统的木桶定律指的是：木桶装水量的多少，取决于最短的一块板子。而传统的木桶定律是把木桶放在平面上来衡量的。但是，如果把木桶放置在一个斜面上的时候，木桶装水的多少就取决于最长的一块板子的长度，这就是新木桶理论的内涵。真所谓尺有所短,寸有所长,在现在这种快速的市场发展中,我们并没有充足的时间来弥补我们的短处,所以我们要扬长避短,努力做好我们好的地方,寻找外部力量来帮助解决我们弱的地方。服务外包业务就有这样的功能,我们可以把自身目前做不好的业务包给外包商来做,从而达到扬长避短的目的。从"新木桶理论"来看,传统的木桶理论强调的是经济主体要找自身的经营劣势,也就是最短木块,再加长它,使木桶能盛更多的水。而"新木桶理论"则主张经济主体要找准自己的经营优势,也就是最长木块,做你最擅长的,其余的则交给别人。依据这种理念,金融机构可在全世界范围内整合资源,利用其他地区的优质低价资源,发展自己的次优业务,利用自己拥有的核心资源拓展自身的最优业务,并在最优业务上实现规模经济,从而提升核心竞争力,赚取更多的利润。

(五)价值链理论

价值链理论是哈佛大学商学院教授迈克尔·波特于1985年提出的。波特认为:"每一个企业都是在设计、生产、销售、发送和辅助其产品的过程中进行种种活动的集合体。所有这些活动可以用一个价值链来表明。"企业的价值创造是通过一系列活动构成的,这些活动可分为基本活动和辅助活动两类,基本活动包括内部后勤、生产作业、外部后勤、市场和销售、服务等;而辅助活动则包括采购、技术开发、人力资源管理和企业基础设施等。这些互不相同但又相互关联的生产经营活动,构成了一个创造价值的动态过程,即价值链。

价值链在经济活动中是无处不在的,上下游关联的企业与企业之间存在行业价值链,企业内部各业务单元的联系构成了企业的价值链,企业内部各业务单元之间也存在着价值链联结。价值链上的每一项价值活动都会对企业最终能够实现多大的价值造成影响。波特的"价值链"理论揭示企业之间的竞争,不只是某个环节的竞争,而是整个价值链的竞争,而整个价值链的综合竞争力决定企业的竞争力。任何一家企业都只能在价值链的某些环节上具有竞争优势,而在价值增值的环节上,其他企业可能拥有竞争优势。通过外包,企业把自己价值链上不具备优势的业务转让出去,让在这些价值链上处于优势的企业来完成这些工作,实现优势互补,最终实现"双赢"。

(六)跨组织理论

网络组织理论是近年来兴起的一种新的理论。该理论将社会经济活动放到了更加现实和更为广阔的背景下进行分析,它探讨了导致企业间相互联结的网络安排及其演进的各种要素。分析的重点不是企业的界定、企业与市场之间的最佳组合以及企业内部等级组织形式的选择，而是企业内部或外部能够诱导和实际存在的各种交互作用的网络关系及其构造。

该理论提出，无论是在市场之中还是企业内部，市场原则和组织原则都是共同存在的。也就是说，市场和企业不是相互对立的，而是相互联结、相互渗透的。这种相互联结和相互渗透，最终导致了企业间复杂易变的网络结构和丰富多样的制度安排。理查德森从企业累积知识的角度，区分了“替代性活动”和“互补性活动”，从而为网络组织存在奠定了理论基础。理查德森提出了一种如何合理预期集权经济中生产者运用企业、市场和组织间协调这三种组织形式或制度安排的理论。在企业和市场这两种基本的制度形式之间，存在着迄今为止一直被人们忽视的第三种组织经济活动的制度形式，即组织间协调。组织间协调或制度安排就是要减少其他生产厂家投资计划的不确定性，以便协调组织间不同的但又是互补的经济活动。理查德森说：“这种相互协调方式不应完全置于企业之中，因为这些活动并非相互替代，也不能完全依赖市场力量，因为他们需要的不是某种物品总供给和总需求的平衡，而是单个企业投资计划之间产品质量和数量的相互匹配。”资源的内在化并非是企业的必然选择，所以，资源的外部获得意味着企业间的活动需要复杂多样的组织安排。企业间的市场关系可以看做是以分工为基础的相互依赖的网络结构。由于每个企业分别从事生产和服务过程中某个阶段的工作，分工创造了企业相互依赖、长期交换的关系网络。随着企业之间合作维度的增加，企业边界愈加模糊，企业行为既不是由企业内部要素，也不是由供求所导致的价格机制所决定，而是由企业间关系所控制。

外包可以看做是连接市场与企业的中介。当企业内部不能充分利用自己的资源，或者当企业缺乏相关资源的时候，可以通过外包来实现企业之间的资源共享，以弥补自身资源的不足。外包扩大了企业对资源使用的界限，模糊了企业的边界。

二、基于经济学的视角

（一）交易成本理论

交易成本又称交易费用，是产权经济学的核心，是“一种以交易为基本分析单位，研究经济组织的比较制度理论”。1937 年，美国芝加哥大学法学院教授科斯（Coase）在其《企业的性质》文章中指出：建立企业有利可图的主要原因似乎是利用价格机制是有成本的，在市场上发生的一笔交易的谈判和签约费用必须考虑在内。科斯(1937)用市场价格机制下交易成本的分析方法来研究企业存在的合理性及企业的性质。市场和企业是资源配置的两种可相互替代的手段,它们之间的不同在于:市场上的资源配置是通过非人格化的价格机制来实现,企业内的资源配置则是通过权威关系来完成。对企业和市场的选择依赖于对市场定价的成本和企业内官僚组织成本的权衡。企业在内部化市场交易的同时,产生了额外的治理成本与管理成本。当边际的市场交易成本和边际的官僚组织成本相等时,企业的治理边界达到平衡。所以,企业的交易成本限定了企业的规模和治理边界。自科斯以后,威廉姆森(Wiliamson)对交易成本理论做了较为系统的完善。威廉姆森认为:交易费用就是"经济系统运转所需要付出的代价或者费用",并把交易成本分为两部分:合同签订前的成本和合同签订后的成本。合同签订前的交易成本是指"草拟合同、就合同内容进行谈判以及确保合同得以履行所付出的成本"。合同签订后的交易成本有以下几种:① 协调成本;② 讨价还价成本;③ 建立及运转成本;④ 保证成本。威廉姆森认为应从合同关系研究企业行为。他指出:"任何问题都可以直接或间接地作为合同问题来看待,这对于了解能否节约交易成本很有用处。"威廉姆森从节约交易成本的角度解释了纵向一体化,在他的分析框架中有两个重要假设和三个交易维度。两个重要假设是"有限理性"和"机会主义",三个交易维度是资产专用性、不确定性和交易频率。三个交易维度决定了交易成本的大小,从而决定了企业是否选择纵向一体化。

张五常(1983)认为,企业与市场的区别在于契约安排的形式不同,是用要素市场代替产品市场,是不同契约形式的替代。杨小凯和黄有光(1994)建立了企业的一般均衡模式,将企业的所有权的内部结构与定价成本相联系,并将企业的均衡组织形式与交易效率相联系。他们认为,在企业存在的情况下,所有权结构就会变得很重要,因为不同的所有权结构会导致不同的交易效率。非对称的剩余索取权结构能够改进交易效率,排除市场直接定价交易中交易效率最低的活动。管理者剩余索取权可以看做是对管理服务的间接定价,从而可以减少直接定价成本。张维迎(1995)认为,在微观层次上企业和市场可以相互替代,而在宏观层次上两者则是互补的关系。

企业的本质是对价格机制的取代,企业是由于市场的运行成本而存在的。当企业内部运作的成本大于通过市场交易的成本时,企业就应该通过价格机制来获取该服务。交易成本理论为外包战略的制定提供了重要依据。外包是一种有组织的交易和契约关系，在保持市场交易关系的基础上，通过企业之间的合作机制对相互的市场交易进行有组织的协调，使原先的自由交易市场组织化。外包关系的建立，有助于合作伙伴之间在交易过程中减少相关交易费用。由于联盟伙伴之间经常沟通和合作，可使搜索交易对象信息方面的费用大为降低；相互之间的信任和承诺也可减少各种履约风险；即使在交易过程中产生冲突，联盟伙伴在长期合作的基础上也可通过协商加以解决，从而避免无休止的“讨价还价”及因法律诉讼产生的费用。另外，外包有利于抑制市场交易中的外部效应。外部效应通常与市场交易中当事人的行为对他人利益造成的影响和侵害有关。如果交易的外部效应很强，那么双方为了避免执行合同中受到侵害的潜在危险，交易合同的谈判和签约就会耗费大量的时间和精力。通过外包，双方建立了联盟关系，可以替代一系列短期市场合约。组织通过外包寻求成本的降低，而接包商由于其规模经济因而具备较低的成本。与接包商的缔约和管理，接包商会产生交易成本，而交易成本取决于资产的专用性、交易频率和交易的不确定性。

交易成本理论和资源依存理论都阐述了外部环境对组织行为的影响。其不同点在于，交易成本理论把市场机制看成是企业活动的弥补，而资源依存论是企业通过内部的权利安排选择组织需要的资源。交易成本理论认为应该通过签订合同来降低交易成本和减少外包的风险。

（二）契约关系理论

Macneil 就从社会与法律的角度对关系理论进行研究。他认为契约应该有两个极端，一个是纯粹的交易，即离散契约，交易结束后，双方不再发生别的交易，否则需要另订契约；另一个极端是一方将另一方兼并或雇佣，而在这两个极端之间的是相对复杂的关系契约。Macneil 认为，关系契约则基于共同合作的态度，追求长期的交易激励，并以未来收益的丧失为威胁保障契约的实施。所以，他认为合作与关系是关系契约的主要特征。

在经济学方面，Goldberg 和威廉姆森较早指出，与古典契约不同的是，关系契约不是去安排具体详尽的协议条款，而仅仅是尝试建立能够在未来确定交易条款的过程。而且，威廉姆森还以投资专用性概念分析了关系契约产生的主要原因。Klein 等运用可榨取性准租替代投资专用性深化了威廉姆森的观点，指出在非一体化方式下，企业之间的关系契约经常可以补充正式契约的不足，即当未来准租金流的贴现大于违约情况下立即得到的短期收益时，若契约双方希望获得这一未来准租金流，则“敲竹杠”不会发生，实际上是关系契约确保了整个契约自我实施且发挥着重要作用。在威廉姆森与 Klei 的基础上，Baker 等人认为，关系契约是存在于企业内部或企业之间的、对企业行为产生重大影响的非正式的协议或不成文的行为准则。借助第三方权威机构加以执行的正式契约，其结果是可证实的，所以事前可确定明晰的契约条款，而关系契约的最终结果往往只有契约双方能感知，本身是不可证实的，或者证实的成本过于高昂。

关系理论的重点在于强调企业内部及与外部社会和经济环境变换的协作和交互关系。更具体地说，重点在于合作伙伴间的交互关系，即调整个体组织关系以使目标完成。很多学者基于关系理论提出联盟合作伙伴、竞争优势、供应链管理和企业关系管理、外包等观点。

三、基于社会学的视角

（一）社会交换理论

社会交换论的基本研究范畴和概念包括价值、最优原则、投资、奖励、代价、公平和正义等。主要代表人物有美国社会学家 G. C. 霍曼斯和 P. M. 布劳。

霍曼斯是交换理论的创始人。他提出了一组普遍性命题：① 成功命题；② 刺激命题；③ 价值命题；④ 剥夺与满足命题；⑤ 攻击与赞同命题。霍曼斯将 5 个命题看成是一组“命题系列”，强调它们之间相互联系的重要性，并认为只要将 5 个命题综合起来，就能够解释一切社会行为。霍曼斯指出，利己主义、趋利避害是人类行为的基本原则，由于每个人都想在交换中获取最大利益，结果使交换行为本身变成一种相对的得与失。对个人来说，投资的大小与利益的多少基本上是公平分布的。布劳的交换理论是从社会结构的原则出发考察人与人之间的社会交换过程，其理论目标既想克服功能主义忽视研究人的理论缺陷，又想弥补霍曼斯理论只局限于微观层次方面的不足。布劳的理论方法是从描述交换过程及其在微观层次上的影响开始，再从群体层次上升到制度与社会的宏观层次。他认为，社会交换关系存在于关系密切的群体或社区中，是建立在相互信任的基础之上的。社会交换是一种有限的活动，它指个人为了获取回报而又真正得到回报的自愿性活动。布劳还区分了经济交换与社会交换、内在奖赏和外在奖赏的差别，引入了权利、权威、规范和不平等的概念，使交换理论在更大的范围内解释社会现象。布劳的社会交换理论从微观到宏观系统地追溯了交换现象的各种发展过程及其影响，从而形成一种归纳过程取向的社会结构理论。社会交换理论认为人与社会之间的关系都是相互作用、相互回报的,人们都想利益最大、支出最小。付出多而得到少的关系总会终止,而得到多的关系会维持。外包是社会发包商实体之间相互作用的一种体现。发包企业与接包企业之间充分利用彼此的核心能力,实现资源的优化配置,最终达到双赢。

(二) 制度变迁理论

制度变迁理论的一个重要方面是研究制度变迁的动因及规律。对于制度变迁的动因,诺斯认为是由于新制度可以给人们带来额外的收益。为了说明这一点,诺斯假定存在一种制度均衡状态,即在给定条件下,在现存的制度安排内的任何改变都不能给经济中的个人或团体带来额外收入。这时,现存制度安排已经获得了各种资源所产生的所有潜在收入的全部增量;或者即使存在潜在利润,但制度变迁的成本大于收益;或者如不对制度环境做某些改变,就没有可能实现收入的重新分配。在这种情况下,制度安排处于一种稳定状态,但当下列三个因素出现时可能打破这种均衡状态:某些外在因素的变化可能导致制度创新的潜在收入增加;进行制度创新的成本可能降低;法律或政治上的变化可能影响制度环境,使得某些集团实现一种再分配或利用现存的外部利润机会成为可能。当这些因素出现后,新的制度安排可能会被创造出来。

制度变迁理论认为,制度由文化认知、规范以及强制要素组成,并与活动资源相联系,为社会生活提供稳定性和规则。制度存在于社会、组织领域、组织群体、组织、组织内部子系统等不同层次,各层次之间的制度存在相互关联、相互影响。外包是组织制度的一种安排,这样一种制度安排可以使发包商获取更大的收益。制度理论为我们研究企业之间的外包动因提供了理论依据。

第二节　金融服务外包相关文献回顾

一、国外文献回顾

(一) 关于金融服务外包的概念

2005 年 2 月,国际清算银行(BIS)所属的巴塞尔银行监管委员会(BCBS)与国际证券委员会组织(IOSCO)、国际保险业监管委员会(IAIS)组成的“联合论坛”出台的《金融服务外包文件》(Outsourcing in Financial Services)中把金融服务外包定义为:“受监管实体持续地利用金融外包服务商(为集团内的附属实体或集团以外的实体)来完成以前由金融机构自身承担的业务活动。金融服务外包可以是将某项业务(或业务的一部分)从受监管实体转交给服务商操作,或由服务商进一步转移给另一服务商(有时被称为"转包")。" Olsen(2006)的定义是:外包(Outsourcing)是指生产业务和工作机会向外部供应商的重新分配(Relocation),也就是企业将原本由自己生产的商品和服务转交给外部供应商生产。Jensen, Pedersen(2007)从动态的角度看外包,认为在不同时期影响企业决定是否外包的因素是不同的,而且外包的业务也不同。

弗里德曼在《世界是平的》一书中描述了外包的好处。他认为,发包国(发达国家)员工失去工作机会,认为接包国(发展中国家)以低得多的工资抢走了他们的工作。但他们确实应该在感到痛苦的同时看到新的机遇,接包国的资本和劳动力得到了释放,可以从事更加精深的工作,最终产品会变得更加便宜,这给消费者带来的好处大过给企业带来的利润。

外包是在激烈的全球竞争中应运而生的。为保持自身的竞争优势,企业将非核心业务剥离出去,而全身心地投入于核心业务。简而言之,集中精力办大事。管理大师彼得·德鲁克(Drucker,1989)在其著作《大变革时代的管理》中提到:"在10到15年之内,任何企业都会将所有'支持性'而不'产生收入'的工作以及任何不提供向高级发展的机会和活动、业务委托出去给外单位做。"这里所说的"委托出去"就是"外包"。而美国管理学家加里·哈梅尔(Gary Hamel,1990)和C. K. 普拉哈尔德(C. K. Praharad,1990)在《哈佛商业评论》上的《企业的核心竞争力》一文中最早提出外包的概念。美国服务外包专家 Michael Corbett(2004)认为:"外包指大企业或其他机构将过去自我从事(或预期自我从事的)工作转移给外部供应商。"

而伴随着经济全球化与全球产业结构调整,服务外包与全球现代服务业的转移相生相伴。而金融服务外包特别是离岸外包成为国际服务业转移的重点。从全球范围看,金融服务外包行业正处于行业生命周期的高速成长期,而我国的金融服务外包还处于初级阶段。因此对金融服务外包的研究有十分重要的理论价值和现实意义。

(二) 关于金融服务外包决策的研究

部分国外学者从不同经济学分支学科的视角,对外包决策所采用的指标以及工具进行了讨论。威廉姆森(1975)在交易成本理论中提出用"资产专用性"来表示资产对某一产品的专有性。他认为,专用性和不确定性高的活动应该在企业内部通过组织结构来解决，反之则应外包出去（Monteverde and Teece，1982；Klein et al.，1990），由外部供应商来解决。Ramy Elitzur 和 Anthony Wensley(1994)站在博弈论的角度论述了由于服务外包参与双方拥有的信息不完全相同，因此这是一个典型的信息不完全对称的博弈。Grossman G. M. 和 Helpman E.（2002）从微观企业入手主要研究离岸外包决策的影响因素。在企业具有异质性，不同生产水平的企业将选择不同的组织模式的假设条件下，接包国生产成本和外包市场的发育程度、交易和管理成本的或有上涨程度、外包项目的技术可分离性、可标准化程度等是影响企业离岸外包决策的重要因素。Heiko Gewald，Jens Dibbern(2009)对德国银行业实证研究发现：风险与收益的观念是预测外包商业流程意图的重要因素，并且收益因子甚于风险因子。对于业务流程外包德国银行业相对降低成本而言更看重商业价值提升。外包决策历史在评估未来外包安排方面有重要意义。对于已经选择业务流程外包的银行而言，它们更加注重效益，然而大多数忽视了业务流程外包对于业务流程本身效率的影响。相反，反对业务流程外包或者还没有决定业务流程外包的银行则更加注重业务流程的质量和业绩。Marjolein C. J. Caniëls，Adriaan Roeleveld(2009)从企业管理的角度研究发现外包决策和创立与开展外包关系很大程度上是受权力和依赖关系影响的，成本减少动机是其次。另外特定资产(尤其是专业知识)被发包方视为对接包方潜在的依赖来源，由此视为不外包的原因。管理层应该在早期就甄别出发包方的资源和潜在接包方的依赖程度。由此可为外包关系的经营、监管和控制的法规与进程设计提供基础。同样角度，Ruby P. Lee，Daekwan Kim(2010)的研究表明外包是为了公司总体上获得一个正的累计异常报酬。因此管理者应该更加主动且谨慎地考虑外包什么(业务流程还是信息系统)、外包到哪里(离岸还是在岸)和外包多长时间(合同持续期)。具体来说，合同持续期与累计异常回报成正比关系，长期合同为公司带来更多利益；股票市场更偏好离岸外包的公司。但同时发现，如果将不同方面同时考虑则外包决策的金融含义就不那么显著。因此外包增加了效率以及使得公司更加专注于核心竞争力的同时会增加人力资本、信息成本以及商誉成本，由此管理者应该多维度考虑外包决策。Mingu Kang，Xiaobo Wu，Paul Hong，Youngwon Park(2011)从外包目标决策角度进行了研究，结果发现：为了获得理想的外包效率，不同的外包决策需要制定不同类型的组织控制措施。研究集中于两类外包策略：效率型外包和创新型外包。前者适用于正式控制,后者适用于社会性控制。案例研究结果表明:MNC 公司在中国的分支机构相对于自身价格竞争力而言,对于他们的外包接包方投以更多的关注。并且在越来越激烈的竞争要求下,发包方要求追求复杂的外包目标,诸如效率、创新、灵活性和可持续性等。García-Vega 和 Huergo(2011)则以国际性研发项目外包为研究对象,通过构建异质企业的垄断竞争模型,相对于非出口方而言出口方将研发项目外包的可能性更大。金融管制更有可能会影响非出口方外包的可能性,而强有力的知识产权保护政策会促使出口方外包其研发项目。

核心能力与外包紧密相连。Reve (1990)讨论了核心业务和补充性业务。他认为只有那些最特殊的技术——核心业务必须保留在企业内部,而补充性业务则可以通过战略联盟或外包来处理;如果它是一些战略价值不高的商品,就可以在公开的市场上获取。此外,Reve 还认为随着时间的推移,企业的核心业务也必须不断地进行重新定义。Venkatesen(1992)在价值链分析的基础上,提出“是否核心业务”作为外包决策的标准。Mudambi 和 Venzin(2010)基于对金融服务业的研究,从全球范围内价值链分解、移动、再整合的全新视角,提出了与核心价值联系紧密,而且精密分工的离岸活动对新兴市场国家会产生重大的溢出效应,从而发达市场企业应该更加谨慎地参与到与新兴市场国家的竞争中。Vining 和 Globerman(1999)从产品和活动的复杂性、供应市场的竞争性以及企业资产的专用性三个角度对企业核心能力进行区分,制定相应的外包决策。Aurelio G. Mauri(1999)认为,外部市场环境变化快速,企业不得不通过外包来调整他们的组织结构以达到降低成本的目的,在保持机动灵活性的同时,专注于自身特长的核心竞争能力。

此外,企业财务状况也是影响外包决策的一个重要因素。Jauch and Wilson 认为财务状况好的企业有更多的余地从战略角度来考虑制定外包战略。相反,在业务迅速增长的情况下,财务状况不佳的企业只能通过外包来满足生产的需要。

对于离岸外包决策的因素,Jussi Hätönen(2009)证明非区位因素是影响公司离岸外包决策以及国际化中最重要的因素。对于国际化的策略倾斜可能对于区位的选择与决定有影响。先前离岸外包的经历对于未来国际化的程度与成功有着正面的影响。Wendy L. Tate, Lisa M. Ellram, Lydia Bals, Evi Hartmann(2009)认为在离岸外包决策中则应该通过合适的管理机制,在离岸区位选择的机会与威胁中寻找平衡。并且管理者应该意识到离岸外包是一个动态、持续性的发展过程。为了保证外包活动的成功，应该保持领先于形式不间断的监控以及更密切地追踪接包方关系。将灵活性与适应性引入离岸服务外包的引进与管理过程将会改善接包方行为。部分学者也提出在进行外包决策时，应看到外包特别是离岸外包本身具有的风险因素。Wendell Jones（2003）则认为外包决策并非是一件容易的事，由于多数企业仅仅看到离岸服务外包对企业成本降低和海外业务开拓的好处，而没有看到离岸服务外包带来的潜在风险。Sankappanavar，Geeta（2007）在其《现在不金融服务外包，等待何时？》一文中提出了对美国金融服务外包的基本观点，对于已成为全球市场主导地位的银行而言，金融业务外包已经成为一种必备的和非常成功的战略。但他同时也提出，对于大多数外包和离岸外包的经营者，特别是对于那些中等规模的银行而言，前途是很不明朗的。由于资源的缺乏，难以获得如大银行一样对自身离岸经营业务的控制力。

（三）关于金融服务外包与绩效关系的研究

服务外包的潜在收益和成本节约更加集中于核心能力，使得资源外包成为一项更具吸引力的选择。然而，服务外包的缺点如外包后企业创新能力的下降和来自供应商的竞争使得外包的收益受到质疑。可见外包对企业绩效的影响是外包能否顺利进行的关键。

部分学者通过实证研究认为，外围业务外包可以提高其绩效（Bettis et al.，1992；D'A veni & Ravenscraft 1994；Kotabe，1989；Lei & Hitt，1995；Quinn，1992）。相对于非外包企业，这种外包形式的绩效提高表现在三个方面：一是减少企业的外围业务，集中于核心业务；二是外围业务的外包可以极大地提高这些业务的质量（Dess et al.，1995）；三是可提高企业成本的内生性。分行业研究的结果是：Douglas O. Cook 和 J. David Cummins 专门对保险企业外包进行了阐述，通过对保险企业外包与自建部分业务全面深入的比较研究，认为保险外包能够实现比自建业务更好的经济效益和社会效益。Wendy L. Tate，Lisa M. Ellram，Lydia Bals，Evi Hartmann（2009）从成本视角的角度进行了研究，认为企业通过离岸外包可以获得非常广泛的可预期利益，而未预期的利益则包括企业对于企业间关系看法的改变以及对于管理结构作出了相应的调整。Clements（2003）通过对 256 个高级管理人员的调查以及对 40 个金融领袖一对一的访谈发现，通过直接或者共享服务中心的方式对金融以及会计职能的外包不仅减少了成本，提升了效率，并且还有重要的战略利益。例如,可以更加自由地专注于核心业务,获得更加专业的知识和标准化各部门之间业务流程,以及获得在没有人员支撑下的经营操作的能力。

持有相反观点的学者认为核心业务外包将会导致创新能力的降低(Kotabe,1990; Teece ,1997)和来自供应商的竞争(Bettis et al. ,1992;Prahalad & Hamel,1990;Quinn,1992),结果导致企业绩效的降低。Masaaki Kotabe, Michael J. Mol(2009)从外包特性和概念的角度,通过实证证明外包对于公司财务绩效有着负曲线效应,越偏离最佳的外包均衡点,代价将越昂贵。当市场不确定性增加时,曲线越陡峭则偏离最佳的代价将越昂贵。学者 Carmen Weigelt(2009)以知识基础和资源基础为视角,研究了外包对于公司市场绩效以及整合能力的影响及公司使用和吸收业务流程新技术的能力。研究发现对于外包的依赖性可能会减少公司内部投资以及影响知识的应用,由此阻碍公司的整合能力和市场业绩。研究发现银行网络普及外包策略有着负的外包绩效,然而对于在技术上曾经有相关经验的公司外包的副作用要小一些。

有学者探究了效率与适应性的矛盾性问题。Weigelt 和 Sarkar(2011)研究了在技术更新萌芽期,公司服务外包所带来的效率提升与适应性减弱的矛盾问题。其对美国 100 家银行网络银行外包的相关数据进行实证,结果证明外包有利于企业效率的提高,而企业对于客户需求的适应性可以在组织边界内通过管理得到提升。另外,在外包程度不断深化的过程中,企业解决复杂问题的能力能够一定程度上缓冲效率—适应性的矛盾。

从税收体制角度看,有的学者给出了提高绩效的解决方案。Cronkshaw,Nick,Shah,Mart in(2003)在《如何解决金融服务外包高效税收》一文中提出,对欧洲银行业务、财产管理和保险部门的金融服务外包,要构建更加高效的税收体系,提出务实性的解决方案,并提出了金融服务外包免税交易应考虑的步骤问题等。

根据 Ernst & Young 的研究,合理的外包安排对股东价值具有正向促进作用,而不合理的外包安排则具有反向作用。这一发现被 Morgan Chambers 对 100 家英国金融保险公司的调查结论所证实,认为百万之多的外包合同会增加公司 5% 的股东价值。另一项 U. S. analyst Stern Stewart 的研究,也得出了同样的结论。在提高服务质量方面,埃森哲(Accenture)对包括大型金融机构在内的全球 400 家跨国企业首席信息执行官的调查表明,外包能够提高 30% ~50% 的生产效率。

关于服务外包与企业绩效的关系，学者们的研究成果并不一致。Quinn (1992)认为服务外包能够提高发包企业的运作效率和绩效。Quinn 等学者认为，外围业务外包可以极大地提高企业绩效。外围业务外包可以减少企业的外围业务而集中于核心业务，从而提高了核心业务的质量，大大降低了企业成本。而 Gilley K. M., Rasheed(2000)认为，服务外包对发包企业的总体绩效无显著的影响，企业外包节省的费用被用于外包而增加的交易费用抵消了，并认为环境变化也对外包和绩效之间的关系具有影响和调节作用。在相对稳定的环境下，外围业务外包与利益相关者绩效呈正相关性；在变化较大的环境下，外围业务外包与利益相关者绩效呈负相关性。Cronkshaw, Nick, Shah, Martin(2003)在《如何解决金融服务外包高效税收》一文中指出，对欧洲银行业务、财产管理和保险部门的金融服务外包，要构建高效的税收体系，提出了务实性解决方案及金融服务外包免税交易应考虑的步骤问题等。

（四）金融服务外包风险管理的研究

在风险分类方面，以巴塞尔银行监管委员会为主导的“联合论坛”出台的《金融服务外包文件》可谓“始祖”，它分析了金融业务外包存在的 10 项风险，这为以后的研究提供了参考标准。Wendy L. Currie, Vaughan Michell, Oluwakemi Abanishe(2008)认为金融服务行业中知识流程外包含的风险有知识产权风险、保密风险、承诺与监管风险、地缘政治风险、经营风险、名誉风险。但对于风险控制和管理未做出详细的研究。在风险度量方面，Wullenweber, K. Jahner, S. Krcmar, H. (2008)在其《关系风险缓和：业务流程外包缓和风险的关系方法》一文中，对调研的 335 家企业的业务流程外包进行计量分析，研究结果表明，特殊冲突解决方案，对控制性能风险是最重要的；而固有关系属性，例如信任，最适用于管理财务风险。最后，建议在各自的风险和利益度量方面，建立一项更加完整的和具体的契约关系机制。Wullenweber, K. Weitzel T. (2007)在其《根据经验探索研究标准化操作如何减少外包风险》一文中，从理论上建立了一个业务流程外包风险模型，研究显示，较少标准化流程的风险要高于较多标准化流程的风险。并通过对 126 家德国银行的数据研究发现，财务和执行风险在高低标准化业务流程之间是不同的，低规范化的业务流程会有持续的高风险。

在风险防范以及规避方面，有学者提出知识产权保护、商业机密流失以及数据安全等也是风险管理的重要组成部分。Hitendra Wadhwa, Roit Arora 和 Harpreet Khurana(2005)指出，对于像金融、保险等行业来说，数据的安全性是至关重要的，是一个要通过服务水平协议(Service Level Agreements)来约定的核心问题。因此，决定离岸外包的因素不仅要考虑成本节约，还需要考虑数据安全的保障问题。Wendy L. Tate, Lisa M. Ellram, Lydia Bals, Evi Hartmann(2009)认为发包方应该考虑一些内生性的风险，体现在接包方地理位置以及与其不同文化接包方关系上。研究发现更严格的控制措施以及"手把手"的参与可以减少相关风险。控制措施包括增加在进程中的投资、增加总的商务成本以及托管雇员。从价值链的视角来看，管理人员将离岸外包视同内生策略，关注与离岸接包方的关系而不是仅仅关注其服务行为。Bunmi Cynthia Adeleye, Fenio Annansingh, Miguel Baptista Nunes(2004)基于对尼日利亚商业银行的信息系统外包的研究调查发现，尽管业务活动还缺乏合理的监管和组织架构，但外包仍然获得了巨大的成功。然而对于外包风险管理所采取的反应措施使得它们对于一系列策略和经营风险的承受能力更加脆弱，这将导致金融和声誉成本。更加主动的管理态度成为当下的必须，包括定义清晰明确的风险管理大纲、政策和步骤。

二、国内研究文献回顾

(一) 对金融服务外包内涵的研究

王庆喜(2005)认为，金融服务外包是指金融企业到境外投资，为降低成本和缩短投资回收期而将非核心流程分离出来，打包给当地企业的操作方式。在这种新的经营管理模式中，金融企业通过利用"外部专业化资源"降低成本，提高效率，以获取更大的竞争优势。

相对应于服务外包，金融服务外包主要包括金融信息技术外包和金融业务流程外包。张军(1998)认为，商业银行应专注核心业务而把部分业务特别是与信息技术有关的业务承包给外部信息技术服务商，把银行内部的信息技术人员转到外部服务商的机构去。显然，其对银行业务外包的理解侧重于银行信息技术外包。张伟(2007)认为，银行信息技术外包是指银行以合同方式，在规定的服务水平基础上，委托 IT 服务提供商向银行提供所需要的部分或者全部 IT 功能。

(二) 对国外金融服务外包发展的动态研究

金融服务外包理论的研究与实践是紧密相连的。随着金融服务外包业的发展，国外的金融服务外包领域有了新的发展动态。表现在外包层次的不断提升，离岸外包的兴起和发展，出现新的外包运作模式，细分市场趋向窄范围和新高度。

银行外包的范围经历了信息技术外包（Information Technology Outsourcing，ITO）、业务流程外包（BPO）和知识处理外包（Knowledge Process Outsourcing，KPO）等由低向高的发展过程。由诸如银行通信网络管理、银行信息系统管理等常见的银行信息技术外包发展到支持银行内部运作和客户的后端服务的整个IT系统的业务流程外包，再到后来的知识处理外包。杨大楷（2007）提出，银行业务的不断创新使得银行光靠自身研究开发已不足以在竞争中取胜，更多银行尤其是中小银行将研发环节外包给诸如高校等专门的研发中心，使得此类科研机构可以发挥自身优势，为银行提供处理外包服务。

离岸外包是指企业为降低成本、保留核心业务和提高竞争力而将自己的部分业务委托给外国企业的一种商业行为。许多跨国公司企图通过建立离岸交易及服务中心来提高本机构整体的效率。夏红芳、武鑫（2006）指出，金融机构除将业务外包给服务商外，也会将一些业务交由海外机构完成。

于葵（2004）在研究中提到外包领域的操作模式随着欧美金融企业向海外迁移的提速涌现出一些新的运作模型，如近岸外包、两岸外包和多岸外包。近岸外包是选择外包运营商时以靠近本国疆土为特征，这样两国商贸沟通来往方便。两岸、多岸外包是通过一个地区分支结构应对多个地区用户，优点是利用完善基础设施，建立规模化的专业队伍，提供有价格竞争力的服务。这些海外外包中心，在提升处理复杂财务事物能力，针对不同国家地区服务的操作中，具有极为突出的国际化服务优势。同时他也指出，一些从事专而精特定业务的外包商试图依靠纵向业务取得主导控制力，以向纵深市场发展。他们不仅有良好、完善的客户渠道，而且能够收到客户验证的外包操作模型，十分注重自己核心业务并继续发挥自己的特殊功能。

（三）对金融服务外包动因研究

大多数学者从不同的视角，通过不同的途径说明服务外包的动因是降低产出成本，提高管理水平，适应市场激烈竞争的环境，最终提高公司自身的核心竞争力。

李元旭、吴晨（2000）认为业务外包是一种商业战略，即企业把自身内部业务的一部分承包给外部专门机构。银行业务外包的动因是控制成本，提高银行对市场的迅速反应能力。孙光辉（2004）对“外包”的概念、银行外包的优缺点和策略进行了详细分析，进而提出了“外包”可作为银行治理公司结构的有效工具的建议。陈菲(2005)将业务外包的动因分为内部动因和外部动因:外部动因主要有技术动因、经济动因和市场动因；内部动因是节省成本和提高核心竞争力。杨国亮(2005)分析商业银行业务外包的内在动因是降低成本和风险、集中有限资源塑造核心竞争力和适应市场竞争环境的变化。魏欣、李文龙(2005)认为，服务外包使得金融机构可以集中有限的资源，建立自己的核心能力，并使其不断得到提升，从而确保其能够在日益激烈的市场竞争中长期盈利。曾康霖、余保福(2006)认为，金融服务外包可以强化金融企业的核心竞争力，提升组织效率，规避经营风险，降低经营成本等。郭伟奇(2007)认为金融服务离岸外包已经成为金融企业提高金融核心竞争力的手段。许小苍、焦勇兵(2007)认为选择金融服务外包主要是出于降低成本、转移风险、突出核心竞争力、提供优质的服务、业务创新、提高劳动效率以及自身能力有限等原因。王铁山、郭根龙、冯宗宪(2007)的研究表明专业化分工和规模效益使得外包服务供应商拥有比金融机构更有效的专业服务经验和资源；将特定业务外包到服务成本更低的国家和地区，能直接降低金融机构的固定成本、人力成本和管理成本。杨琳、王佳佳(2008)认为降低成本和专注于核心业务是金融服务外包的两大决定性因素，成本和技术是金融服务离岸外包的两大驱动力。

同样也有学者认为，金融服务外包有着转移和降低风险的内在需求，这客观上促进了金融业再造。曾康霖、余保福(2006)提出，金融机构通过服务外包与外包供应商建立战略联盟，可以利用战略伙伴的优势资源缩短金融产品开发→设计→生产→销售的时间，降低在较长时间内由于技术或市场变化所造成的产品风险。同时，由于战略联盟的各方都可以利用各方原有的技术设备，从整体上降低了项目的成本和投资风险，使金融机构更能灵活地应对迅速变化的外部环境和客户需求。李元旭、吴晨(2000)在分析企业再造一般问题的基础上，分析了外包有利于促进金融业的再造。企业再造的根本思想就是彻底摒弃大工业时代的模式，重新塑造与当今时代信息化、全球化相适应的企业模式。所谓企业再造，最简单的定义就是企业将既有的业务以零基础预算重新组织，更换企业活动的工作程序。金融业再造就是以适应环境为主题，力求在品质、成本、服务和速度等企业经营目标上获得显著改善。张军(1998)以美国银行业为例说明了服务外包在金融再造中的作用。按照“企业再造”的宗旨，美国商业银行的出发点不仅要考虑如何更经济地运作信息技术中心，而且要关注如何用信息技术来改造企业和更新业务流程，帮助商业银行找到业务与竞争盲点，直接创造利润。美国商业银行在“企业再造”计划实施过程中，寻找银行科技伙伴，将价值不高的事务性部门外包出去，不仅节省开支增加效率，而且可发挥资源的杠杆作用，能够对市场快速反应。

（四）对金融服务外包决策、金融服务外包与绩效关系的研究

针对金融服务外包决策的研究，国内学者郭永辉、钱省三（2005）依据对核心竞争力贡献程度的高低把企业业务划分为核心业务、潜在核心业务、重要性业务和支持性业务，并以核心竞争力为主，以资产专用性和技术水平为辅，建立了外包决策的三维矩阵，把外包决策划分为战略层次、战术层次和一般层次。其中，战略层次的外包主要涉及企业的核心业务与潜在核心业务，战术层次的外包主要针对重要性业务，一般层次的外包主要涉及支持性业务。

而对于金融服务外包与绩效的关系，陈菲（2007）主要考察了财务绩效、运作绩效和竞争绩效 3 个指标。通过因子分析和信度分析对服务外包动因和对象对企业绩效的影响进行计量分析，发现企业外包不同的服务活动会影响企业绩效。通过研究，得出的基本结论是通过服务外包，企业能够实现运作绩效的提高，同时也可能会带来财务绩效下降，但下降幅度微乎其微。因此，建议企业可以把更多的外围服务活动、甚至是部分的关键服务活动外包出去，进一步提高服务外包的程度，以提升企业竞争力，提高企业绩效。

杨琳、王佳佳（2008）在研究全球金融服务业外包效应时根据德勤咨询公司数据发现，不管是降低成本的规模还是降低成本的幅度，外包效果都十分明显，2005—2010 年间世界前 20 家大型金融企业可以通过服务外包大幅削减 2 ~3 倍的经营成本。当然，不同类型金融机构、不同类型外包业务降低成本幅度存在一定差异。根据德勤的调查，银行节省成本幅度最大，高于金融机构平均节省水平，仅离岸外包一项业务职能的金融机构，平均降低成本 20%。外包多项业务职能的金融机构，可以节省成本 40% ~50%，甚至更多。外包能够较好地提升企业价值和服务质量，合理的外包安排对股东价值具有促进作用。离岸外包满意度优于在岸外包，主要体现在成本优势、服务质量、及时程度、技术水平和外包行业从业人员流失率等方面。金融机构离岸外包满意度总体较高，但部分领域的满意度较低。

（五）对金融服务外包风险管理的研究

综合曾康霖（2006）、王庆喜（2005）、蒋欢（2005）、林永阳（2007）、吴更

仁((2007)等学者的研究成果,金融服务外包主要存在以下风险:

(1) 经营性风险。包括存在的隐藏信息、市场失效、道德风险、信息猎取、不完善契约和有限理性等,可能引发契约协商困难与契约修订成本、隐藏的服务费用、法律争端与诉讼成本等增加。

(2) 由外包收益分配的不确定性导致的风险。资产专用性导致的双边垄断以及外包合同的不完全性共同产生的准租金在分配上有很大的不确定性,从而提高了外包收益的不确定性,进而使得金融机构承担很大的盈利风险。

(3) 学习机会和核心能力培养机会丧失带来的风险。金融机构的核心竞争能力在于金融机构独特的知识和技能的集合,它对于金融机构的作用在于动态的整合资源能力的增强和提供与环境变化相适应的应变能力的提高。外包部分或全部金融产品的生产环节,金融机构或许有可能保住它们当前产品的竞争优势,但可能会破坏作为整体的设计与生产活动的互动关系,损害了自身的竞争能力。

(4) 战略性风险。外包服务供应商可能会根据自身利益,采取与外包机构的整体战略目标不一致的做法,金融机构未能对外包提供方实施适当的监督以及监督服务供应商的能力不足都会导致战略风险。

除以上之外,刘浏(2005)提出银行业务外包风险还包括削弱控制权、操作风险、增强依赖性、加大监管难度。卢锋(2007)认为金融机构外包操作所面临的风险还有声誉风险、法律风险、缺乏适当的退出战略风险和信息风险。

在金融服务外包风险的识别和度量方面,王瀛、赵鹏大(2008)认为"金融服务外包风险一般来源于机构本身、外包服务商和市场环境等方面"。张云川(2005)在其博士论文《IT 外包服务及其执行过程风险规避的研究》中提出,IT 服务外包中服务商的风险有三个来源:服务商自身、客户和交易。吴更仁(2007)在《金融服务外包风险控制》一文中提出了如何识别风险因素以及分析了风险因素的作用机理。刘倩(2007)为了度量金融服务外包风险而利用三种风险评估模型将风险量化。刘继承(2005)运用定量化的风险评估工具对风险及风险控制进行研究。

在金融服务外包风险防范和规避方面。张云川(2005)在其博士论文《IT 外包服务及其执行过程风险规避的研究》中提出,合同中的服务水平协议条款对部分外包风险的规避是有一定作用的。曾康霖、余保福(2006)针对金融服务外包过程中可能出现的风险，提出金融机构要加强金融业务外包的全流程风险管理，通过建立实施业务外包的各项配套机制，利用合同控制金融服务外包的风险，加强外包业务道德风险监控，防止寻租行为出现等。王庆喜(2005)认为，在选定外包业务后，银行必须制定标准来评价服务商有效、可靠并高标准完成外包活动的资格和能力，以及某一特定服务商的潜在风险。提出对于服务商的审查一般要包括以下几个方面：首先，选择有资质并有充分的资源完成外包工作的服务供应商；其次，确保服务供应商在该活动中理解并能实现银行的目标；最后，落实服务商履行义务的财务能力。杨大楷(2008)认为国内金融机构对外包的风险进行管理时，需要做好合同的设计、制订风险控制计划和制订应急方案等方面的工作。以巴塞尔银行监管委员会为主导的"联合论坛"出台的《金融服务外包文件》(2005)中分析了金融业务外包存在的10项风险。刘浏(2005)对银行业务外包的风险进行了论述，指出业务外包的五大风险：削弱控制权、操作风险、增强依赖性、不确定性风险和加大监管难度。卢锋(2007)将金融机构外包操作所面临的风险分成五类：战略风险、声誉风险、法律风险、缺乏适当的退出战略风险、信息风险。吴更仁(2007)将金融服务外包风险分为六个类别，即协议风险、机密外泄风险、业务转变风险、依赖性风险、利益冲突风险和职业风险。曹淑艳(2009)以金融服务外包理论与国内外实践为切入点，从金融机构角度对金融服务外包的常见业务和风险进行分析，对金融服务外包的风险控制及监管进行了探讨。她认为风险主要来自于四个方面：外包合同方面的风险、商业银行业务变更带来的风险、银行机密信息外泄的风险和产生依赖性的风险。

三、国内外研究文献评述

(一) 研究主题

从回顾现有国外文献来看，目前研究的主题主要集中在对金融服务外包的概念、金融服务外包决策问题的研究，金融服务外包与金融绩效关系的研究，金融服务外包风险管理的研究等方面。从目前研究的内容和主题来看，对于微观研究较多而对宏观和中观研究层面研究不足。现有宏观研究主要集中在服务外包对诸如母国就业、工资水平等影响，从税收角度看提高绩效的方案等，但缺乏对区域性金融服务外包等问题的中观研究。

国内文献目前主要是在国外研究基础上的扩展深化。主题分布在金融服务外包的概念、国外金融服务外包发展动态、金融服务外包动因、金融服务外包风险管理的研究等方面。研究的对象也主要集中在微观企业,同样缺乏对区域性金融服务外包的中观研究。

（二）研究视角

从现有的研究来看,国外学者有较为多样的研究角度,这些研究主要以发达国家为主,缺乏对发展中国家服务外包产业一般性发展规律的深入研究和探讨;主要以发包商的立场研究较多,而缺乏作为服务外包承接方的研究,而这恰恰是发展服务外包具有极大研究前景的领域。尤其是从金融服务外包承接方的视角来系统地研究金融服务外包风险的相关问题就更少。对外包风险的系统研究明显不足。目前的研究主要体现在基于案例研究基础上的风险识别和相关管理措施的制定,而对金融服务外包风险的产生、风险评估方法、外包中激励机制的设计,以及如何确保风险管理措施的有效性的研究还很欠缺,没有形成一个系统的风险管理框架,因此也缺乏对金融企业外包风险管理的普遍指导意义。

国内学者的研究视角主要集中在国家宏观发展思想或典型城市,缺乏从省域视角进行的区域性整体的比较研究。而且往往以发包商的立场研究较多,缺乏从服务外包承接方的视角来看问题。

（三）研究方法

国内外的研究主要从经济学经典理论如交易成本理论、企业核心能力理论、制度经济学理论和管理学理论等对金融服务外包作理论上的解释,研究比较注重理论变量之间关系的概念性研究。年份较早的文献缺乏对金融企业服务外包具体运作层面问题的探讨,缺乏实证分析,实践指导意义不是很大。而近年,文献对于具体运作层面的探讨则有所加大加深。其中大多数通过理论推演,有的采用案例分析和市场调查的研究方法,也有的采用计量研究的方法,计量研究的方法主要运用在金融外包决策与绩效研究方面。这些研究比较注重理论变量之间关系的概念性研究。从总体上来看,研究不够系统全面,应该把定性研究和定量研究相结合,将系统研究和个案研究相结合,将规范研究和实证研究相结合,从而使研究结果更有说服力。

第三章

国内外金融服务外包产业发展历程、特点与趋势分析

第一节 国外金融服务外包产业发展历程、特点与发展趋势

一、国际金融服务外包的发展历程

金融服务外包产业是20世纪70年代兴起的朝阳产业，早期发源于金融市场发达的欧美国家。最初的业务是证券公司将交易记录的打印、印刷和存储等文书性事务外包。到20世纪80年代，虽然金融外包业务依然处于萌芽阶段，但已发展到IT部门，外包规模和金额也有了逐步增长。

20世纪90年代开始，金融服务外包产业加速发展，其范围又拓展到业务流程、财务、人力资源等战略领域。随着国际金融业竞争的加剧，越来越多的金融机构开始不是单靠极力压缩成本和改善管理来提高竞争力，而是谋划重新布局其业务流程，于是发展到大型跨国金融机构将后台业务集中处理，某些业务流程和部门被整体外包出去，再到专业外包服务商兴起及跨国经营与并购，金融服务外包产业逐步发展壮大。信息技术外包（ITO）是此前金融部门的主要外包业务类型，后期又出现了一种名为业务处理外包（BPO）的新形式，是一种点到点（end-to-end）的商业链外包。在BPO中，金融机构与服务商的关系也由传统的服务提供转变为战略合作。近年来，金融服务外包又从流程外包转向知识外包（KPO）。外包的另一个发展热点是“离岸化”，即将业务外包到境外。许多跨国公司试图通过建立离岸交易及服务中心来提高本机构的整体效率。金融机构除将业务外包给服务商外，也会把一些业务交由海外附属机构来完成。

目前，全球金融服务外包涉及银行、证券、投资和保险等各大金融机构。

金融业外包发展仅次于制造业。E-finance Lab(2003)的统计表明,金融服务外包规模从1990年的10亿美元,增长到了2002年的330亿美元。Tower Group公司2009年的研究表明,金融服务外包风头正劲,报告显示全球最大的15家金融服务企业新增的外包业务收入自2005年到2008年的几年间由16亿美元上升至38.9亿美元,年增长率平均达到34%。德勤会计师事务所(Deloitte)的报告《The Titans Take Hold》(2011)表明,2010年全球离岸外包市场总额达到4 000亿美元,占整个外包行业总产值的20%以上。北京经贸大学的研究报告(2007)显示,大型金融企业实施离岸业务的趋势显著高于小规模公司,并且越来越多的公司正在规划和建立自己的离岸业务机构。如今,金融服务外包已发展成为资金、技术、人力密集型的新兴朝阳产业,是服务外包产业的重要组成部分,全球金融服务外包行业已处于生命周期的高速增长期。

从全球金融服务外包发展历程看,降低成本实现利润增长、信息技术创新、金融行业竞争加剧、行业分工细化、分散金融风险等因素是推动金融服务外包快速发展的动因。

根据Deloitte估计,2005年全球金融服务业总经营成本为21 500亿美元,其中离岸金融经营成本为1 220亿美元,为金融机构节省成本710亿美元,幅度高达32%。同时服务外包还有利于节省固定资产投资、加工成本及人力资源成本等。显然,通过服务外包能降低金融机构的服务成本,实现经营利润的增长。

信息技术的发展如数字化革命、通信技术革命以及网络与信息技术革命在内的信息技术的发展,为金融机构后台运作系统的大集中和外移提供了物质基础。市场可以无限制地延伸到任何时间、任何地方,从而为服务外包跨越时空障碍提供技术支持,全球通信技术的高速发展亦为其提供了传输可能性。

金融行业竞争加剧,任何单一的业务都已无法满足市场需求,只有通过外包才可以把不同资源优势方整合到一起,形成高效优质的资源后盾,各自资源优势互补,灵活多变,应对市场愈发严峻的挑战。

金融服务外包的一项重要优势在于其能降低风险,与合作伙伴分担风险,从而使金融机构变得更有柔性,更能适应外部环境的变化。此外,由于战略联盟的各方都利用了各自的优势资源,利用其战略伙伴们的优势资源,缩短金融产品从开发、设计、生产到销售的时间,减轻在较长的时间里由于技术或市场需求的变化所造成的产品风险,有利于提高新的产品或服务的质量,提高新产品开拓市场的成功率。最后,采用外包战略的金融机构在与其战略伙伴共同开发新产品时,实现了与它们共担风险的目的,从而降低了由于新产品开发失败给金融机构造成巨大损失的可能性。

经过近三十余年的发展,金融服务外包范围已从最初的文书性事务外包,到如今的后勤支持服务类外包、专有技术性事务外包、银行业的部分操作环节外包等三大类。全球外包业务支出地区主要是发达国家,其中美国占了2/3,欧盟和日本接近1/3,其余国家所占比例有限。发展中国家是服务外包业务的主要承接市场,其中承接外包业务最多的亚洲地区承接了全球外包业务的45%。目前,汇丰、花旗等大型跨国金融集团已经建成全球后台业务处理网络,埃森哲、塔塔等专业化外包服务商相继涌现,新泽西、印度、爱尔兰等地区逐步发展成全球著名的金融后台基地或服务外包中心。

二、国际金融服务外包的特点

(一)全球金融服务外包规模不断发展壮大

近年来,为应对日益加剧的金融竞争,金融机构采取多种方式增强自身竞争实力,外包战略是其重要的选择。2003 年以来,金融服务外包发展迅猛,但这仅是这场金融外包高潮的一个开端。金融研究和服务公司 Tower Group 在调查的基础上预测:金融服务业的外包趋势正不断加强,全球大型的金融服务企业将扩大信息技术项目的外包业务,金额将保持年均 34% 左右的增长。在发达国家所有行业中,金融业外包规模排在制造业之后位居第二,覆盖了银行、保险、证券、投资等各类金融机构。金融研究和服务公司 Tower Group 的统计数据显示,2001 年年末,西欧政府和电信业外包规模最大,分别达到 270 亿美元和 175 亿美元,位居其后的是银行业,外包规模达 165 亿美元,保险业外包规模达到 55 亿美元,银行业和保险业外包规模与排位第一的政府外包规模相差 50 亿美元,但到 2006 年年末,差距缩小至 41 亿美元。说明金融服务外包发展更快。

同时,国际金融服务外包潜在需求扩大。目前国际金融服务外包市场以美国、欧洲、日本为主,三者规模比例大体为 6 : 2 : 1,且未来一段时间仍将维持这一格局。为简便起见,这里先测算美国金融服务外包需求,再推算美、欧、日整体规模。2008 年,美国 GDP 为 142 646 亿美元,2007 年金融业增加值占 GDP 比重为 20.9%。假定美国 GDP 未来 10 年年均增幅 2.5%,金融业增加值占 GDP 比重 20%,营运支出占增加值 40%,外包支出占营运支出的 25% 。以此推算 2015 年、2020 年美国金融服务外包潜在需求分别为3 391.23 亿美元和3 836.86 亿美元。按美、欧、日规模比例，相应可得2015 年、2020 年美、欧、日金融服务外包潜在需求分别为 5 086.84 亿美元和5 755.29 亿美元。

（二）全球金融服务外包离岸业务成为主流

近几年离岸金融服务外包每年增长 30% 以上，2008 年输出境外离岸金融服务外包业务量达到 2 100 亿美元。经过近 30 年的发展，如今这个市场的操作已经出现了若干新的运作模式，诸如近岸外包、两岸外包以及多岸外包。根据 Deloitte Research 的研究报告，从 2002 年到 2003 年，全球金融机构中设立离岸服务中心的比率就由 29% 上升到 67% ，而提供的境外工作职位也随之增加了约 500% 。到 2010 年，全球金融业已有超过 1/5 的成本转向了离岸外包业务支出中。同期，全球金融企业 100 强中约有 4 000 亿美元成本转移到离岸外包支出中，每项业务流程的重置可节约 37% 的成本，平均为每个公司节省的成本每年不少于 15 亿美元。该报告还显示，越来越多的金融公司将建立自己的离岸外包中心，争取在不断发展的离岸外包潮流中脱颖而出。

发展离岸外包的国家中，以美国、欧洲和日本为主。美国是开展离岸服务业务外包最早也是最多的国家，在全球外包开支中，美国约占三分之二，2000—2004 年，美国对海外各类承包商的投资年增长达 22.5% ，几乎是此前 5 年的 1.5 倍。根据麦肯锡全球研究所的分析，全球离岸服务工人的数量将 2006 年的 150 万跃升至 2008 年的 410 万。2005—2010 年，美国金融业将把 3 560 亿美元的业务外包到境外，相当于美国 2004 年金融业成本的15% 。目前，大多数英国银行都将它们的现金处理、支票处理和其他曾是核心业务的业务外包了出去。到 2008 年，英国企业的外包业务增加了 46% 。欧洲的银行业务运营过程中，外包市场在 2007 年已经高达 3.9 亿美元。大型机构通常设立自己的外包分支机构，运用本土或者海外的劳动力和技术成熟优势，解决特定业务，其相关业务有成熟的运作经验和充足的资源贮备，可以自己形成完整的产业链，其外包服务中心又可以为其他金融企业提供外包服务，创造收益。同时，大企业也热衷于自建海外外包中心，摩根大通计划将股票市场研究业务全部转移至印度孟买，并于 2007 年前在印度雇佣了 4 500 多名员工，主要用于在班加罗尔建立分支机构；2006 年，瑞士银行也在印度建立了第一个研发中心，并雇佣了 500 多名工作人员。

（三）全球金融服务外包中IT外包仍占主导地位

根据世界知名外包提供商埃森哲出具的全球外包调查报告显示，IT外包是全球外包的主要类型，占到60%，而与全球IT外包相类似，随着信息技术的发展，金融业对IT的依赖性也越来越大，金融业的服务水平也和IT的技术水平成正比。IT的专业性强，技术的创新能力大，由此IT外包成为金融企业最主要的外包业务类型。

对于银行业来说，IT外包和数据处理外包是主要类型。银行数据处理不仅包括核心业务处理系统，而且包含自助服务、呼叫中心、网络银行等新型业务处理系统，还包括数据分析系统、办公自动化系统等。近年来，金融机构IT外包的商业模式已从一般软件配套服务进入业务流程外包，而且业务流程外包正与IT外包业务日趋融合，形成更加完整的外包服务供应链。如2005年，荷兰银行与包括IBM在内的五家公司签订了22亿美元的IT服务外包合同，估计为荷兰银行节约7.38亿美元。又如欧盟金融业服务外包，其特点是：信息服务外包以及信息与其他业务流程捆绑在一起的外包占了最大的比重。相对于其他行业，金融服务业拥有最高额的资讯科技预算，每年的IT业务费支出占收入的7%，因此，欧盟金融机构普遍具有强烈的IT外包动力。

对于保险业来说，IT离岸外包项目中，最快最成熟的属信息技术系统，其次是应用维护与支持和应用程序开发，这是由保险公司不希望将核心系统外包，以及离岸外包提供商缺乏保险业专业知识和经验决定的。IT外包可以获得降低成本、专注于主营业务、提高市场反应灵敏度和增强经营灵活性等多重收益。近几年，国际大型保险公司基本上都实施信息技术外包，普遍与国际著名IT外包提供商签署外包服务协议，呈现外包时期长、金额大、规模持续增长等特点。

（四）全球金融服务外包的发包与承接战略分工加强

近年来，金融机构加快了业务整合和组织结构调整，在建立全球一体化生产体系的过程中，将特定的服务环节转包给专业公司，以进一步加强自身的核心竞争力，通过构建外包网络，作为发包企业的金融机构和各类供应商之间形成了新型的战略分工关系。

在全球金融服务外包市场中，美国、欧盟、日本是最主要的发包方。这些发达国家金融机构的业务流程已经实现了标准化，为降低成本，将其非核心的业务外包给国外其他的服务供应商来运作。目前，美国的外包市场发展最早最成熟，金融机构占据了全球离岸外包业务的70%左右，其余为欧盟和日本的金融机构所占有，欧洲及亚太地区保持强劲的增长态势。以欧盟金融机构为例，其外包业务范围包括资讯技术设备、信用卡处理，如财务管理、风险管理和资产管理这类业务大多被限制外包，同时随着竞争的加剧，这些核心的业务流程也在逐步取消限制外包。受地理、语言、文化等因素影响，欧盟大多选择其联盟内的国家从事外包业务，东欧一般为其目的地，但随着联盟内国家经济的不断发展，其外包成本逐步增加，欧盟也开始选择成本相对较低的国家，如中国、马来西亚、菲律宾等。

从接包方来看，国际金融离岸外包中最主要的承接国是印度和爱尔兰。科尔尼公司的数据显示，从金融结构、商业环境和专业技术人才获取这三个方面来考察目的地国家，印度处于绝对领先的位置。国际金融离岸外包市场已经形成以印度为核心，爱尔兰、中国、马来西亚、菲律宾、捷克等新兴接包国迅速崛起的发展格局（见表3-1）。

表3-1　世界主要接包国的竞争优势及业务范围

国家	竞争优势	业务范围
印度	劳动力成本低；高素质人力资源丰富；业务流程外包经验丰富；市场多元化；产业集聚；信息技术发达；高效的管理水平	美、欧、日的IT-ITES出口外包；IT服务出口；ITES-BPO出口；工程服务、研发和软件产品出口
中国	劳动力成本低；经济开放程度高；良好的商业政策环境；基础设施完善	软件外包；业务流程外包
菲律宾	语言优势；良好的商业环境；文化优势（熟悉美国政治商业文化）	对美服务外包；呼叫中心
俄罗斯	丰厚的人才储备；不断开放的市场经济；发达的高等教育体系；雄厚的科学基础和工程实力	IT外包；高端业务流程外包
爱尔兰	与欧洲的地域优势；语言文化优势；服务质量高；政产学研一体化；承接高端产品业务	软件及服务外包；高端产品业务外包；财务、通信软件研发
捷克	低成本劳动力；语言优势；商业环境优异；地理位置优势	IT外包；软件测试；人力资源管理

资料来源：根据《全球化：服务外包与中国的政策选择》整理。

（五）成本与技术是全球金融服务外包发展的主要动因

随着发达国家经济的发展，其劳务成本、运营成本压力日益增大，为改善生存条件，企业外包意识逐步加强，越来越多的机构着手将非核心业务外包到成本更低的国家和地区，服务外包呈现广阔的发展前景。欧洲中央银行对欧洲银行业的调查显示，89%的银行认为外包有助于降低成本，69%的银行认为外包有利于获取新技术，58%的银行认为外包有助于核心业务集中化。将自己非核心的同时又是占用大量资金和人力的业务分包给专门的高质量的服务商去完成，能够在资源利用上为金融企业创造更高的平台，企业不仅可以降低规模扩张带来的巨额管理和运作成本，还可以借此减少由于企业资金的专用性而造成的沉没成本，降低资产运作的风险，同时致力于新技术的开发，增强竞争力。

三、国际金融服务外包的发展趋势

（一）全球金融服务外包进入高层次技术及业务领域

从金融服务外包的发展历程来看，金融服务外包起步于金融信息技术外包，成长壮大于金融业务流程外包，而发展趋势将是金融知识流程外包。自20世纪80年代以来，在成本因素及技术升级的推动下，外包交易的规模已经相当可观并涉及整个IT部门，金融服务外包更多地出现在需要密集使用信息技术的业务领域。常见的IT外包涉及企业内部网络管理、企业信息系统管理、信用卡业务、ATM、应用系统的开发和维护、系统备份等。ITO方式可以帮助银行、保险、证券企业解决机构臃肿、效率低下、人事冗杂等问题，还可以使专业化的技术性业务得到有效处理，因此广泛被金融企业所接受，几乎所有的跨国金融企业都自建或通过合同合作运营了自己的IT部门。以前的金融服务外包主要是IT业务的外包，包括提供桌面协助、大型数据系统或网络的连接等服务。

近年来，许多大型银行竞相将其操作管理中一些具有特殊功能的业务派送到海外，离岸外包业务从一般IT服务扩展到金融服务领域，在外包IT业务的基础上，逐步拓展到部分核心业务和战略业务，如投资管理、基金单位定价及托管、核保与理赔以及人力资源管理等，个别公司还将整个产品线或业务流程外包，外包的商业模式也从一般软件配套服务进入了运营操作过程承包。BPO最初集中于财务外包，但近年来其他业务流程外包也在不断发展，欧洲金融业对业务流程外包的热衷程度甚至超越美国。在印度银行业中，金融业务流程外包已经涉及批发银行、金融市场分析与交易等多种高端业务，在印度开展金融业务流程外包业务的花旗银行、VISA信用卡、通用金融公司、渣打银行等国际金融巨头，创造工作岗位超过20万人，业务收入中不包括IT服务就高达23亿美元。如今越来越多的客户要求更高效率的服务，不再分隔 IT 和业务流程外包，寻求信息技术外包和业务流程外包的捆绑服务，要求接包企业提供先进的集成 IT 解决和营运方案，提供一套完整的服务计划流程。

目前，外包市场逐步向纵深发展，即逐步转向知识流程外包。一些专精于特定业务的外包商目前很受市场欢迎。近年来，这些提供特殊专精功能的外包商为了保持其竞争力而不断加大外包业务的深度，正在大力开拓专家型外包业务，并配以高科技的智能应用，创造出新的知识资本，从而大幅度降低成本。同时，知识流程外包的发展潜力巨大，它契合了服务外包高端化趋势，发展速度将超过信息技术外包和业务流程外包，涉及市场调研、投资评估分析、业务咨询、保险服务等。

金融机构发包以整体流程为主，外包服务商具有很强的业务流程咨询能力和 IT 系统实施能力。比如银行业务外包已经涉及批发银行、金融市场分析与交易等高端业务领域。发展初期，国外金融机构主要将技术含量较低的业务外包；随后发展到需要技术技能和基本判断的服务外包，如呼叫、客户信用评级等；进而再提升到技术含量高、附加值大、需要较强专业性和分析能力的业务外包。目前，一些前台业务也出现外包趋势。金融外包服务商与金融机构在长期合作中建立起战略协作伙伴关系，从简单的承接服务，发展到为金融机构提供专业解决方案。

(二) 新兴市场兴起与竞争的加剧

从本质上看，外包业务的流向是以成本为导向的，仍主要遵循比较优势原则，因而，服务外包的发展并未从根本上改变现有的国际竞争格局，而且在现行的全球外包分工体系中，发达国家仍处于主导地位，大跨国公司仍控制着全球价值链的治理和整合。但由于在高技术领域，知识和人力资本具有越来越重要的战略意义，因此，印度、以色列、爱尔兰、中国等一些拥有充裕人才储备的国家和地区通过发展服务外包，其比较优势得以充分释放，一定程度上提高了其在高技术产业和新兴服务领域的国际分工地位。这些主要接包国家在与发包国形成更紧密经济联系的同时，彼此之间在就业、资源利用、要素流动等方面也形成了一定的竞争，出现了新的矛盾和摩擦。

亚太地区新兴市场越来越受到关注。鉴于 2008 年金融危机后全球金融重心从西方向东方转移的趋势更加明显，全球外包服务的发展步伐受危机的影响而放慢，这使得许多公司和行业都将其精力重新集中在亚太地区。随着越来越多的跨国公司的到来，这一地区的业务流程外包需求有了极大增长,成为推动全球金融外包增长的一个主要因素。金融服务公司无疑会将储蓄率比美欧高得多的新兴市场视为自己的未来。与竞争激烈的美欧市场相比,这一地区的金融服务还远远不足。正因为如此,非亚洲银行现在正积极向亚洲拓展,或者是依靠自身力量或是与当地供应商联合。

（三）市场不确定性及新兴市场的机遇

2008 年国际金融危机的爆发为全球外包市场蒙上了一层阴影,对于占离岸外包业务额比重较大的金融服务外包来说冲击不小。短期来看,鉴于所有的外包业务都需要进行前期投资才能最大程度地获取收益,很多金融企业对于在危机期间或之后是否立即推行外包服务都选择推迟做出决策,外包需求因此下降。2008 年金融危机造成该年 1—9 月份全球价值 2 000 万美元以上的外包合同从 130 份减少至 100 份左右,合同金额从 180 亿美元下降到 110 亿美元,金额大于 10 亿美元的巨型合同下降更快,从 2008 年上半年的 12 个下降到 3 个,合同总额从 179 亿美元下降到 64 亿美元,比 2007 年下降了 35%。受此次金融危机的影响,美国 2009 年前三季度离岸服务需求开始萎缩,美国 Forrester 在 2009 年 1 月发布的调查数据显示,美国有 43% 的公司减少 IT 支出,金融行业 49% 的 IT 部门削减预算。印度服务外包产业对美国市场的风吹草动极为敏感,NASSCOM 的出访报告显示:2008 年 11 月至 2009 年第一季度,印度面对美国的离岸服务市场需求快速下滑。

但金融危机的出现也可能成为反向增长的机遇,特别是新兴市场。1997—1998 年的经济危机造成全世界经济下滑,两年全球平均 GDP 下降 0.4% 和 0.8%,而印度相关 IT 出口服务收入却达到年度增长 57.1% 和 63.6%。2005 年由于油价高涨和区域经济失衡,全球 GDP 增速又从 2004 年的 13.3% 下降至 8%,但印度 IT 相关出口服务收入增速却依然保持在 37.6%。2008 年的金融危机使全球经济萎缩,然而菲律宾作为外包承接国,其外包收入高达 60 亿美元,大部分来自金融服务业,为其经济增长作出了巨大贡献。经济危机在带来风险与挑战的同时,也提供了发展的机遇。

（四）注重风险预测及控制的强化

金融服务外包虽然有利于降低成本、增强核心竞争力等,但也同样存在诸多风险,大致可归纳如下:(1) 国家风险。主要存在于离岸金融外包中,它是指各种政治力量使一个国家的商业环境发生剧烈变化,并影响到外包机构外包目标实现的可能性。国家风险可分为宏观国家风险和微观国家风险两种。宏观国家风险是指以同一方式受到政治上所激发的对商业环境造成的不连续性影响。它是间接的和不连续的,发生于所有离岸操作。例如,在古巴、阿尔及利亚、智利、埃及等国曾发生过的没收外国资本的事件,不管来自哪个国家的金融机构都受到了冲击。而微观国家风险是某个或某些机构特有的风险,它随着产品或服务的种类、技术水平、所有权结构、管理体制等的不同而不同,对单个机构的影响更为直接。(2) 战略风险。它是指外包提供商可能按照有利于自己而非发包方总体战略目标行事,或者发包方不够专业,无法检查和监控外包提供商的经营行为。由于存在利益的分配问题,不免存在着争议、矛盾甚至冲突。要保证供应链各环节良好的信任和合作,就必须意识到这些问题的客观存在并找到相应的解决办法。(3) 系统控制风险。存在隐藏信息、隐藏行为、市场失效、道德风险、不完善契约和有限理性等,可能引发契约协商困难与契约修订成本、隐藏服务费用、法律争端与诉讼成本增加,以及失去专长、创新能力和竞争优势等经营性外包风险。(4) 技术风险。在外包过程中,金融机构将自己的部分或全部信息提供给外包商,期间外包商及其员工有获准接触金融机构秘密及机密资料的权力,这样金融机构的商业秘密、相关信息和独特的知识技能就极有可能会泄漏给竞争对手,从而使金融机构面临着战略泄漏、技术被盗或被模仿的风险。此外,技术风险对金融机构的运作还可能产生连带作用。(5) 信誉风险。指外包提供商没有达到外包合同要求,客户无法获得与发包前相同的服务。(6) 退包风险。过度依赖单一承包方,金融机构自身失去业务处理能力,无法在必要时将外包业务收回;快速终止外包合同的成本极高。(7) 履约风险。履约的能力,对跨国外包来说,适用法律的选择很重要。(8)监管障碍风险。被监管机构无法及时向监管当局提供数据和信息,监管当局了解承包方业务活动有一定难度。其他还有合规风险、合同风险等。

由于外包风险的存在,采取合理措施、利用法律法规将各种风险发生的概率降到最低是风险管理的最终目的。外包前,首先,金融机构需要了解外包市场的环境及其变化趋势是否适合外包;金融领域外包市场的竞争结构是垄断还是竞争等,制定完整的外包协议,避免出现疏漏及不必要的纠纷及矛盾。其次,结合机构自身的核心能力、在管理方面的优势和劣势,以及未来发展目标,全面分析外包的成本和收益,要有正确的自我认识,哪些业务需要外包并能够外包,对这些业务的控制能力如何等,制订明晰完整的外包风险控制计划。在选择外包提供商方面,应确保服务供应商能够理解和达到金融机构的目标,尤其应关注外包商的财务状况、信誉和其对客户资料、金融机构信息的保密能力等,这些方面直接影响着金融机构的声誉和未来的发展。在外包过程中,要加强监管检测,一方面可安排人员进驻外包提供商进行现场监管,另一方面也可不定时抽检外包进程,以便将风险扼杀在萌芽状态及做好充分准备,将风险损失降至最低。建立完善的外包服务法律框架、监管制度及信誉评级制度,有利于外包服务的顺利进行,目前各国外包市场框架制度的建立良莠不齐,特别是新兴市场有待建立和完善。同时,还要发挥监管当局对外包服务的监管功能,对于机构的审查审批、外包过程的审核监控等都要严格执行。

(五) 离岸外包市场的整合

目前外包市场上出现了许多零散小供应商,正处于大小诸侯争相割据的时代,都希望在逐步壮大的外包市场分一杯羹,这加大了外包买方选择的难度。那些在外包市场上占有突出位置的供应商,在即将到来的外包市场兼并战中将握有主动权,而新组合的外包供应商将进一步形成经济规模以降低成本、增强实力。金融危机加快了外包领域的整合进程,促使接包企业优胜劣汰,项目承接能力低的企业将被迫退出市场或寻求整合,服务外包行业掀起新的并购浪潮。2008 年 10 月,花旗集团将建在印度的全球处理中心 CGSL 出售给 TCS(印度塔塔咨询服务有限公司),其后双方签署为期 9.5 年的外包合同,由 TCS 继续为花旗集团及其旗下子公司提供各种相关的后台流程处理业务。花旗集团也由此成为第一家将包括核心后台运营处理在内的完整处理流程外包的全球银行。同时金融服务外包的发展格局也会出现新一轮的调整,行业发展泡沫被挤出,零散小供应商被整合调整,走上可持续的健康发展之路。相对于全球接包市场占比较大的印度来说,中国、巴西、智利、波兰等国家和地区可以利用经济调整的机遇占领市场,顺应经济变化调整战略,通过服务和管理的创新,迎合客户需求和文化,为客户提供更高端、更专业和更细化的服务。

第二节 国内金融服务外包产业发展历程、特点与发展趋势

一、国内金融服务外包的发展背景与历程

中国金融服务外包近年来有了长足的发展,而且发展潜力巨大。但从产业经济的理论来看,独特的行业竞争力来源于资源和能力这两种互补的

因素。从目前市场分析来看，中国发展金融服务外包的资源条件和能力在竞争环境中尚不具备独特的稀缺性，行业发展的内部组织和能力与竞争对手还存在较大的差距。

随着中国金融与世界全面融合和接轨，部分国内金融机构开始学习外资金融机构将部分金融业务外包，但目前还处于起步阶段。金融服务外包主要集中于IT相关业务、信用卡业务。由于历史原因，中国金融机构摊子大、网点多、效率和效益不高，从核心业务到IT采购、人力资源管理、后勤保障等业务几乎全部由自己承担，将大量的人力、物力、财力耗费在一些非核心业务管理上，同时还承担了较多的社会功能，造成对市场变化的反应能力迟钝，创新动力不足，极大地制约了核心业务的创新与发展。中国金融业外包市场发展十分缓慢，其根本原因除了受经验不足和技术水平制约外，更为重要的是由于政策限制、内部体制、金融机构自身的安全考虑等因素。

中国金融机构虽然正在加速金融服务外包的进程，但外包范围主要集中在IT业务外包和专业服务外包等领域（见表3-2），竞争正日益激烈。

IT行业、技术发展和管理咨询行业的迅速成长会带动金融服务外包的增长。同时，金融外包行业伴随着行业的成熟会出现更多专业化的金融服务外包商。中国金融服务外包的市场需求和供给均会不断扩大，金融服务外包的发展将会日益加快。

表3-2　中国部分金融服务外包业务

年份	金融结构	外包项目	外包商
2002	深圳发展银行	灾难备份中心	不详
2003	中国银联数据库服务有限公司	贷记卡发卡平台系统	优利
2003	中国农业银行	国际汇款业务	西联公司
2004	国家开发银行	IT硬件和软件系统维护	HP公司
2004	上海银行	新一代核心银行业务系统的集成和实施服务	HP公司
2005	中国光大银行	核心业务和管理会计系统建设和咨询项目	联想IT服务公司
2006	包括中国人寿和泰康人寿等寿险公司	体检	北京慈济医院

续表

年份	金融结构	外包项目	外包商
2008	渣打银行班加罗尔分行	渣打银行苏州分行	苏州和班加罗尔服务外包合作金融服务平台项目
2010	中国银行赣州分行	“押钞车解款员”工作	赣州市保安服务公司

资料来自服务外包网站 http://www.hqcbd.gov.cn。

我国的金融服务外包起步较晚，而且外包服务类型也比较窄，主要集中在 IT 外包。尤其和发达国家市场相比，总体规模还很小。我国最早的金融服务外包业务是 1997 年中国银行将长城卡营销和部分附属性工作外包给北京天马信达信息网络公司。随后在 2002 年 10 月，深圳发展银行与万国数据服务有限公司（GDS）合作，使用 GDS 灾难备份中心提供的专业灾难备份服务，与其签订了持续 10 年、总额约 3 个亿的灾难备援外包服务合约。根据此项外包合约，深圳发展银行一旦发生系统瘫痪等灾难，通过网络的自动切换，万国数据中心将会接替深圳发展银行的数据中心运行，保障深圳发展银行的业务不受任何损害。此项外包因此被称为是可以“起死回生”的灾备外包。业界认为这一项目可以算得上是国内首个 IT 系统外包大单。2003 年国家开发银行（以下简称国开行）决定将其 IT 系统包括软硬件的运营维护和管理等业务外包给惠普公司，要求其为北京总行及其分布在全国 32 个城市的几十家分行提供硬件设备的维修，软件系统包括操作系统软件、办公软件、驱动软件及应用软件的维护，以及设备管理与委托采购服务、系统运行维护服务等一系列的服务。自 2003 年 9 月至今，国开行已经完成了 11 批次，共计 11 263 台电子设备的租赁工作，涉及包括惠普、IBM、Sun、Cisco 等在内的数十个品牌，设备租赁合同总额超过 14 亿人民币。2004 年 10 月，国内首张采用系统外包的银行贷记卡——光大银行阳光信用卡正式在大连市发行，这是光大银行将信用卡业务外包给境外专业信用卡第三方发卡处理公司的产物。外包商为世界上最大的信用卡系统外包服务商——美国第一资讯公司（First Data Corporation）。此公司有着 30 多年的信用卡外包服务经验，已为全球 1 400 多家发卡机构提供过外包服务。2005 年中国光大银行将核心业务与管理会计系统建设及咨询项目外包给联想 IT 服务公司。2006 年辽宁省中国人寿、泰康人寿、首创安泰人寿等七大主力寿险公司将投保环节中的被保险人体检外包给北京慈济医院。

总结和回顾我国金融服务外包业的发展，具体可以清晰地划分为以下两个阶段：

(1) 20 世纪 90 年代至 2005 年：起步阶段。

这一阶段，随着服务外包业在我国的逐步兴起，国内各金融机构及相关外包服务供应商也在为金融服务外包的发展作充足的准备。

首先，从金融机构的角度看，国内各银行、保险公司、证券公司等机构开始了数据大集中的信息化建设工作，建立覆盖全国范围的大规模数据中心，至此，金融机构可以集中处理所有网点、所有业务的数据。这项大型工程对国内金融外包业的发展发挥了巨大的推动作用。在技术层面，数据大集中帮助金融机构建立起从分散到集中、从难以调度到自如控制的新的信息架构，使 IT 系统由原来的辅助支持的角色，上升为关系到金融核心业务成本与竞争力的关键战略，为金融外包被认知与接受提供了契机；同时，在业务层面，数据大集中让原本错综复杂的金融业务网络重构为模块化、扁平化的服务，尤其促进了金融前后台业务的分离，在客观上为金融外包提供了重要动因。

其次，从国内外包服务供应商的角度看，这一时期也是这类供应商的起步期。在我国，服务供应商起步主要有三种类型：一是以销售、代理计算机软硬件业务起步的系统集成商；二是专门从事软件开发或测试的纯软件厂商；三是依托跨国公司在中国的本地化，这也是我国外包服务供应商的独特发展路径。尽管各个服务供应企业的发展轨迹不同，但在这一阶段，这些企业的规模都相对较小，业务附加值较低，同时兼并、上市的资本活动也并不活跃。

(2) 2005 年以后：加速发展阶段。

到 2005 年，国内金融行业数据集中工程基本宣告完成，金融机构的发展步入了新的阶段。经过数据集中，金融机构更新 IT 系统的需求更加迫切，形成了新一代核心 IT 系统密集建设的高峰，也带动了金融 IT 外包交易的快速增长。另一方面，全国范围内的数据集中，使得金融机构内部的统一运营支持和共享服务更加可行，也对灾难恢复能力提出了更高的要求。国内金融业进入了一轮后台运营中心和灾备中心建设的集中时期，相应的外包活动也变得更加活跃。与此同时，金融机构将部分业务外包不再仅仅被当做削减局部成本的权宜之计，而开始被视为提升运营效率和改善业务流程的重要手段。从 2005 年以后，中国金融行业改革也进一步深化，主要国有大型商业银行相继完成了股改上市工作，混业经营的进一步普及推动形成了大型混合金融服务集团,体制改革使得金融机构业务创新的活力逐步释放,对金融外包行业的发展起到了巨大的促进作用。

2005年以后,国内服务供应商也进入了一个新的发展阶段,尤其是2005年和2006年,一批领先的服务供应商完成了大规模融资。企业为壮大实力,选择兼并或上市等战略手段,如宇信易诚、东南融通、文思创新、海辉软件等先后成功登陆北美资本市场。同时,服务供应企业也开始拓展高端业务,例如中讯软件公司通过长期承接日本大和证券等大型金融机构核心系统的开发外包业务,由简单的编码实现逐步扩展到需求分析、概要设计及系统维护领域,并进而形成了面向银行、保险、证券等行业性的解决方案。

这一阶段中,服务供应商获得了不少政策利好因素。2006年10月的"千百十工程",确定了大连、西安、成都、上海、深圳为首批五个服务外包基地城市,带动了各地对外包产业的扶持热潮,为服务供应商的发展提供了更良好的政策环境。同时,上海、北京、深圳等城市都分别提出建立金融服务外包基地,并开始了建设金融后台城市的竞争。例如,上海于2005年7月将上海银行卡产业园确定为上海市金融信息服务产业基地,商务部以及上海政府都出台相关鼓励政策,着力将其建设成为国内首家金融外包业务示范基地,并将上海建成国际跨国金融机构的亚太总部所在地和服务全球的后台基地。此后,北京、深圳、昆山也相继规划建立了朝阳区金盏金融服务园区、罗湖金融配套服务中心和花桥国际商务城,广州、佛山、天津、杭州、大连、成都、西安、重庆、武汉、长沙、青岛、沈阳、铁岭等城市也纷纷提出建立金融后台中心的目标并付诸实施。这些金融后台城市将成为国内金融服务外包业飞速发展的摇篮,为我国金融服务外包业形成一定规模作出了巨大贡献。

二、国内金融服务外包的特点

国内金融服务外包业发展加快,同时也涌现出一批最佳实践企业,表3-3是2010年中国服务外包TOP 50强中30家从事金融服务外包的典型企业。中国金融服务外包具有明显的自身特点,具体概括如下:

(一)我国金融服务外包业总体规模较小,但发展潜力巨大

在过去的几年里,我国金融服务外包业呈稳步增长的趋势,2006年至2008年的年复合增长率均维持在20%以上。但与发达国家相比,由于国内金融服务外包产业起步较晚且市场、产业和法律环境基础不够完善,风险管理和监控手段有限,我国的金融服务外包业仍处在萌芽阶段,总体规模还很

小，市场渗透率不高。例如2008年年底，我国金融服务外包市场规模仅为48亿元人民币，而美国同期金融服务外包规模为649亿美元，中国仅为其7.4%。而且从整个金融行业服务外包支出占整体金融业运营支出的比例来看，我国为0.51%，而同期美国则为1.86%。

表3-3 2010年中国服务外包企业最佳实践TOP 50中30家从事金融服务外包的企业情况

公司名称	承接金融外包	在岸和离岸外包情况	业务类型	业务范围
文思信息技术有限公司	兼营	离岸外包业务为主	软件外包、研发外包、业务流程外包	高科技、电信、金融服务、制造业、零售与分销业
东软集团股份有限公司	兼营	在岸外包与离岸外包协调发展	软件外包、研发外包、数据处理、呼叫中心	电信、电力、金融、政府以及制造业与商贸流通业、医疗卫生、教育、交通等
海辉软件（国际）集团	兼营	在岸外包与离岸外包协调发展	软件外包、研发外包、IT服务	软件业、金融业、医药和制造业
软通动力信息技术（集团）有限公司	主营	离岸外包为主	软件外包、呼叫中心、IT服务	金融服务、电信、高科技、制造业、能源、公用事业、医疗保健
浙大网新科技股份有限公司	兼营	在岸外包为主	软件外包、数据处理、呼叫中心	金融业、电信、通信
东南融通	主营	在岸外包与离岸外包协调发展	软件外包、IT服务、研发外包	金融IT综合服务
华道数据	主营	离岸外包为主	金融后援	金融业BPO
中软国际有限公司	兼营	在岸外包与离岸外包协调发展	软件外包、数据处理、呼叫中心	政府、金融、电信、高科技、制造与流通、交通与物流、保险与金融
浪潮集团有限公司	兼营	在岸外包为主	软件外包、数据处理、IT服务	金融、通信、政府、教育、制造业、烟草
华胜天成科技股份有限公司	兼营	在岸外包为主	软件外包、IT服务	电信、金融、教育、制造、能源、交通、政府及军队
信雅达系统工程股份有限公司	主营	在岸外包为主	软件外包、IT服务、BPO	金融IT

续表

公司名称	承接金融外包	在岸和离岸外包情况	业务类型	业务范围
中讯软件集团股份有限公司	兼营	离岸外包为主	软件外包、IT服务	金融、通信、流通、电子商务
华拓数码科技有限公司	兼营	离岸外包为主	数据处理、呼叫中心	金融、医疗、物流、教育、出版、政府调查、邮政
炎兴科技软件有限公司	主营	在岸外包为主	数据处理、呼叫中心、财务外包	银行业、保险业、制造业
海隆软件股份有限公司	兼营	离岸外包为主	软件外包、IT服务	证券、保险、物流、手机内容服务、交通控制
万国数据服务有限公司	兼营	在岸外包为主	IT服务、灾备及数据中心外包	银行、证券、保险、电力、物流、能源、交通、政府
新聚思信息技术有限公司	兼营	离岸外包为主	软件外包、财务外包、IT服务、供应链外包	IT、金融、教育、政府
中盈蓝海创新技术股份有限公司	兼营	在岸外包和离岸外包	数据处理、IT服务	金融、教育、司法、出版印刷、健康医疗、事业单位以及政府机构
通邮集团	主营	在岸外包为主	软件外包、数据处理、IT服务	金融自助设备
泰盈科技有限公司	兼营	在岸外包为主	呼叫中心	通信、金融、电子商务、物流
易思博软件技术有限公司	兼营	在岸外包与离岸外包协调发展	人力资源外包、ITO、测试外包	电信、金融、电力、IT
晟欧软件技术有限公司	兼营	离岸外包为主	软件外包、数据处理、呼叫中心、IT服务	金融、制造、医疗、环保、物流
联迪恒星信息技术系统有限公司	兼营	离岸外包为主	软件外包、IT服务、研发外包	银行、证券、保险、航空、商业、政府
启明软件股份有限公司	兼营	离岸外包为主	软件外包、数据处理、人力资源外包、IT服务	金融、ERP、嵌入式软件、电信
博朗软件开发有限公司	兼营	离岸外包为主	软件外包、数据处理、财务外包、IT服务	高科技、金融服务、电信、零售业

续表

公司名称	承接金融外包	在岸和离岸外包情况	业务类型	业务范围
百思特捷迅科技有限公司	兼营	在岸外包为主	呼叫中心	电信、金融、保险、IT、通信、咨询
三泰电子实业股份有限公司	主营	在岸外包为主	数据处理	金融电子设备及系统软件
尖峰计算机系统有限公司	兼营	离岸外包为主	软件外包、IT 服务、研发外包	医疗、海运、交通、办公自动化、数据分析、教育考试、图像及多媒体处理、金融结算、无线应用
颐和科技信息系统有限公司	兼营	在岸外包为主	软件外包、数据处理、财务外包	保险、银行、通信、政府
盛安德科技发展有限公司	兼营	离岸外包为主	软件外包	金融、制造、教育、医疗、电子商务

资料来源:根据 2010 年中国服务外包企业最佳实践五十强白皮书整理。

然而,随着国际产业转移的速度加快、发达国家和国内金融离岸外包需求的增加、国内银行业竞争的加剧和第三方服务商的兴起,在政府的积极推动和外包企业的不断努力下,我国服务外包业已步入了快速发展轨道。“十二五”期间,随着我国内需市场的不断扩张,我国的 BPO 产业将迎来迅速发展的契机,尤其是金融行业将成为推动我国 BPO 产业发展的主要动力,金融服务外包业极具发展潜力。国际外包专业协会、中国东部分会主席 Eric Rongley 在 2011 金融服务外包峰会上评论说:“根据印度的经验,中国正处于外包业务爆发式增长的开始,如果中国未来的发展趋势与印度相似,未来 10 年预计年均增幅可达 20% 至 25% ,10 年后的金融服务外包总额可达到 300 亿至 500 亿美元。”

近年来,国内从事金融服务外包的企业的规模呈逐渐扩大的态势。从企业的营业收入来看,以专门从事金融 IT 服务的信雅达系统工程股份有限公司为例,其 2005 年营业收入为 36 361.9 万元人民币,而 2010 年全年营业收入高达 63 472.3 万元人民币,五年的时间几乎翻了一番。从企业的人员规模看,于 2001 年成立的软通动力信息技术有限公司的全球员工数目前已超过 9 000 名;兼营金融服务外包的东软集团股份有限公司从成立至今的 16 年里,员工人数已达到 16 000 名。再看我国金融服务外包企业的分支机构设立情况,无论是以离岸外包业务为主还是以在岸外包业务为主的企业,虽然成立时间不长，但网点在全国以及全球的铺设速度都很快，为金融服务外包业在国内业务的扩张以及离岸外包业务的发展打下坚实的基础。例如软通动力，在中国大陆的主要城市以及中国香港、中国台湾、日本、韩国、北美、欧洲均设有分支机构；海辉软件集团，在中国拥有七个支付中心，并且在美国、日本、新加坡和香港地区设有分公司；文思信息技术有限公司作为第一家在纽约证交所上市的中国软件服务外包企业，其在深圳、南京、上海、大连、广州、成都、西安、武汉、天津、香港地区、台湾地区、日本东京、马来西亚、美国圣地亚哥、西雅图、旧金山和英国伦敦均设有分支机构。

（二）金融服务外包业务相对单一，产业成熟度不高

1. 银行业、保险业、证券业金融服务外包发展程度不均衡

首先，银行业的外包业务尚处于起步阶段，尤其是资金实力雄厚的大型国有商业银行参与外包的程度并不高。以 IT 技术为例，它们均将银行的软件开发、技术研究和支持推广业务交由隶属于总行的软件开发中心负责。例如，中国银行 1992 年成立的博科信息产业有限公司、中国工商银行 1996 年成立的软件开发中心都专为本行提供软件的开发与维护。银行业中信用卡业务的起步较早，但整合程度较低且规模较小，16 家发行信用卡的银行中只有 6 家采用外包，且外包服务商处理的卡量不足发卡总量的 3%。其次，证券业的服务外包业务则相对更少。

相反，国内保险业对外包的接受程度较高且渗透到新契约录入、定损、理赔、保全等多项业务环节。主要原因是保险业的飞速发展使得保险公司受理业务的难度进一步加大，也增加了采用发包方式引进国际先进经营管理技术和经验的市场需求，与此同时保险行业的集约化工作也为通过外包提高运营效率和质量做了必要的准备。然而，在承接保险外包业务上，我国的外包服务商尚显经验不足，主要服务集中于提高信息技术、营销和资产管理等，尚未涉及计算、产品开发、研究分析等高端业务，在承接国际保险外包业务领域也正处于萌芽状态。

2. 国内金融服务外包企业承接在岸外包业务为主，离岸外包还处于辅助地位

随着我国金融体系改革步伐的加快以及国家经济的持续高速发展，我国金融业发展迅速，金融机构实力不断增强，使得我国的在岸金融服务外包市场规模逐步扩大，2010 年我国在岸金融服务外包市场规模约为 500 亿美元。然而，我国离岸金融服务外包市场的发展却逊色许多，2010 年的规模

仅为 50 亿美元左右。表 3-3 所列出的 2010 年中国服务外包企业最佳实践 TOP 50 中 30 家从事金融服务外包的企业中，大约有 40% 的企业从事离岸金融外包业务，但主营离岸金融外包的企业中有 58.3% 是外资企业或中外合资企业。主要原因如下：第一，国内大多数服务外包企业都是兼营金融服务外包，专门从事金融服务外包的企业较少，在 2010 年中国服务外包企业最佳实践 TOP 50 强中仅有 23.3% 以金融服务外包业务为主；第二，国内的金融服务外包提供商，特别是中资企业的投资起点较低，业务定位于供应链低端且业务规模较小，不具备承接技术含量高的海外金融外包业务的能力；第三，国内金融机构对服务外包的需求激增，外包供应商自然不会舍近求远，在能力范围内只会选择承接较多的在岸业务。

3. 国内金融服务外包企业以承接低端业务为主，高端业务为辅

目前，我国的金融服务外包以低端的信息技术外包为主，如数据加工、单据审核、IT 服务等操作简单、重复性强的基本后台处理业务，而财务、人力资源、采购、金融市场的研究和数据分析、批发银行、保险理赔等前台高端业务流程外包业务并不多见。众所周知，我国的金融服务外包起步于 IT 外包，随着国内金融机构竞争的加剧、客户需求的多样化及金融业信息化进程的加快，金融机构 IT 外包已经成为并在以后较长的时间内成为金融外包业规模最大的领域。而业务流程外包产业与信息技术外包相比，两者发展程度并不均衡。从我国承接的金融服务离岸外包业务看，大部分来自于日本和韩国，这两个国家作为发包方十分保守，很少将高端业务外包，我国承接的只是技术含量较低、人工需求量较大的业务，很少获得核心业务流程项目。而欧美等发包方恰恰相反，他们往往采取整体外包的方式，将一系列工作整体交给外包服务供应商，对外包服务供应商的专业技术水平提出了相当高的要求。我国很少有企业有能力直接从欧美发包商手中接单，主要依靠的是从跨国公司驻中国的分支机构承接转包业务，其技术含量打了折扣。

（三）各类金融机构对服务外包的依赖程度不同

金融机构作为发包主体，受其性质和规模的影响以及自身约束条件的不同，各类金融机构对服务外包的依赖程度有所不同。

外资金融机构受其母公司整体运营策略和经营方式的影响，相继在我国建立金融服务离岸外包服务中心，在华开展金融外包业务。例如，1996 年，汇丰电子资料处理（广东）有限公司成立，成为中国第一个处理全球业务的外资银行运营中心；2002 年，汇丰集团将全球业务数据处理中心之一设

在上海,为汇丰集团在全球的业务进行数据处理;渣打银行将全国性的电话业务中心设在了上海;2006 年,全球最大的基金管理公司富达投资集团,在大连设立外包中心,开创了外资基金在中国设立后援中心的先河。

国内大型金融机构如中国银行、农业银行、工商银行、建设银行四大商业银行以及中国人寿保险公司、中国人保、平安保险公司等,由于发展规模较大,资金实力雄厚,运营较为成熟并且具备大量的专业技术人才,更倾向于以自建和内部运营的方式开展各类业务,对外包的依赖程度较小。然而,对于股份制银行、政策性银行、城市商业银行、股份制保险公司、地方性商业保险公司等中小型金融机构,为了降低成本,实现机构规模扩张,对外包的需求较为迫切,例如金融机构 IT 外包、银行卡外包、灾难备份外包、呼叫服务外包等业务的发包主体均以中小型金融机构为主。

（四）本土金融外包服务商有待进一步发展,市场竞争力有待加强

随着国内金融机构对外包服务的认可度不断提高,市场逐渐打开,本土服务商的技术能力和风险控制水平迅速提高,且具有成本低廉、便于沟通、熟悉政策环境等优势,国内金融外包市场由惠普和 IBM 垄断的局面正在改变。如神州数码凭借在核心业务系统外包方面的优势,赢得了建行、中行、交行、国家开发银行、广东发展银行等在内的一些银行的核心业务外包项目,成为国内第二大金融解决方案提供商,使国内银行 IT 系统外包市场整体竞争格局发生变化,同时,以华道数据、软通动力等为代表的部分从事金融服务外包的企业也在迅速成长。但是总体来看,本土金融服务提供商在规模、资质、技术能力和风险控制水平等方面与跨国服务商还存在较大的差距,在承接大型项目和系统服务能力方面稍显不足。

从规模上看,我国本土金融服务外包提供商的营业规模、人员规模及分支机构的设立规模等虽然都在快速扩张,但与外包业发达国家相比差距很大。例如,国际一流的服务外包企业,如 IBM、HP 等,营业额均超过 200 亿美元,印度服务外包巨头塔塔、Infosys、Wipro 等年度营业收入都超过 50 亿美元,而 2010 年我国服务外包企业的营业额最高的不过 50 亿元人民币,与国际先进企业相比还有很大的提升空间;全球领先的外包机构埃森哲在全球 49 个国家设有分公司,员工超过 18.6 万名,凯捷咨询公司则在全球 40 个国家拥有逾 11.2 万名员工,印度的 Infosys 在全球拥有的雇员也超过了 10 万人,分布于 27 个国家的 56 个主要城市,而我国 2010 年的服务外包最佳实践 50 强企业中,只有 6 家雇员过万,80% 的企业人数在 5 000 人以下,

并且企业的海外分支机构数目多为2~5个，只有个别企业在10个以上。

从金融服务外包行业的利润率看，我国本土金融服务外包供应商的盈利能力较弱。当前我国服务外包市场分散，进入壁垒较低，众多规模较小的企业顺利进入这一市场，加剧了市场的无序发展和恶性竞争，难以实现规模效益，行业整体利润率偏低。以较具代表性的软件外包业为例，我国软件服务外包行业整体利润率平均只有10%左右，而印度则高达40%左右。

从金融服务外包供应商的资质来看，我国本土金融服务提供商的产业组织和管理较不成熟，专业资质较低。以2010年我国服务外包五十强企业为例，获得CMM认证的企业有27家，略过半数，其中通过CMMI4和CMMI5认证的企业仅为45%，而在国际领先的外包企业中，这项比例高达80%以上。

（五）国内金融服务外包专业人才短缺，人才培养模式亟须优化

随着我国金融服务外包业的快速发展，专业人才的短缺是制约该行业发展的重要因素。我国金融服务外包人才匮乏主要表现在两个方面：一是金融服务外包人才的总量不足。数据显示，当前我国软件外包人才缺口为30万人，并且正以每年20%的速度递增。“十一五”期间，我国服务外包人才缺口每年约20万人，离岸服务外包行业的人才缺口也相当大，北京、上海、深圳、大连等服务外包发达城市的人才需求更为强烈。二是金融服务外包人才的结构失衡。外包关键技术人才极其短缺，精通海外外包行业规则、具有国际市场开拓能力、熟知海外客户语言和文化的人才稀缺；同时拥有熟练的英语技能、丰富的管理实践经验和金融知识的复合型人才也相当不足，限制了我国外包企业的进一步发展。

为此，我国政府、外包企业和高校通过多方合作，形成了多样化的人才培养模式。一是政府与行业协会共同推进外包人才的培养，经国务院批准，国家商务部和财政部动用中央外贸发展基金，对服务外包人才的培养予以资助。二是外包企业与大学联合培养人才，企业可与高校制订长期的人才培养计划，外包企业可以将最前沿的人才需求反馈到大学，提高大学相关专业课程的实用性和前瞻性。同时，相关专业的学生在毕业前也可进入这些企业进行实习和工作培训，为今后从事外包企业相关工作奠定基础。三是外包企业自建培训中心，根据企业自身的需求，有针对性地培养相关人才。四是通过一些民办的职业培训机构进行培养，然而这类机构的营利性过强，师资力量和学生质量都有待考量。

（六）政府对金融服务外包业的政策推动性较强，但行业内部尚未自成体系

自从服务外包业务在我国开展以来，中央政府和地方政府为推动我国各类服务外包产业的发展，广泛采取措施，提供诸如税收、人才培训、企业扶持、知识产权保护等相关政策支持（如表3-4所示），金融服务外包产业也获益匪浅。最为典型的则是2006年8月商务部、科技部等部委启动的“千百十工程”，确定了大连、西安、成都、上海、深圳为首批五个服务外包基地城市，此后又有北京、天津、广州、南京、杭州等城市被列为服务外包基地城市，无锡、苏州被认定为中国服务外包示范基地。近些年来，各大城市又展开了金融后台中心的争夺战，推动了我国金融服务外包及整个外包业的发展。

表3-4 部分金融后台城市的相关政策优惠

城市	税　收	人才培训支持	企业扶持政策	知识产权保护
北京	63号文件(注1)	44号文件(注2)	加大信贷支持力度，创新信贷支持模式。鼓励创业投资向服务外包企业倾斜，支持境外上市。给予账户开立、资金汇兑等便利	对知识产权保护和打击侵权给予资金支持
上海	增值税、营业税两免、企业所得税两免三减半	给予培训机构培训支持；本市劳动者参加培训予以补贴	设立服务外包外汇业务绿色通道，跨国公司允许其向境外关联公司支付代垫、分摊费用	把卢湾区等四区作为服务外包知识产权试点
深圳	63号文件	44号文件	企业100人以上租用面积2 000平方米以上，奖励200万~500万元；外包企业优先申请发展基金	对于知识产权保护给予资金支持
广州	63号文件	境内外培训费用扶持≤实际发生额60%，市政投资1∶1配套资金培训支持	创新研发项目扶持≤100万元。重点业务推广给予总额100%或50%扶持	

续表

城市	税　收	人才培训支持	企业扶持政策	知识产权保护
杭州	服务外包大于100万美元企业，比上年增量税收留成部分全部返还。小于100万美元返还50%。出口1美元奖励0.01元	政校、校企合作，建立培训基地；引进知名培训机构和大型企业开展培训；批准开展培训企事业单位和社会培训机构，给予奖励	来杭投资企业，注册资本≥1亿元，给予一次性资金补助；来杭落户企业总部，购建自用办公用房（含租赁用房），按每平方米计算，落户地财政给予补贴	2009年8月发布《杭州市服务外包知识产权保护若干规定（征求意见稿）》
大连	新办软件生产企业，自获利年起，两免三减半，增值税即征即退。高层人才按比例返还个人所得税	鼓励企业与培训机构开展合作，给予不超过实际费用50%的补贴等，资金50%为市专向资金，其余为所在地财政	市专向资金对于企业贷款给予不超过贷款利息30%的补贴；企业或培训机构取得风险投资的，给予不超过风险投资总额10%奖励	园区设有知识产权保护专员
成都	三税之和留成部分20万/年，返一半，50万/年返70%；新创办软件企业，自获利，两免三减半；出口额1%资金扶持	协调当地教育机构与入住公司合作，定向培训相关人才。培训基金每人1 000至2 000元不等。	设立成都市金融业发展专项资金。市财政从2009年开始每年安排不低于5 000万元资金，专项用于扶持金融业加快发展	大专以上的人才，签一年劳动合同可落户成都；对从事管理等人员给予所得税奖励，期限五年
天津	区内服务外包企业按实缴五税的留成部分，前五年全额奖励，后五年减半；人才中介营业税两免两减半；培训机构三年减半	鼓励企业和机构建立大学生实训基地，按核准的实训人数予以500元/人/月的实习补贴，最长不超过六个月	世界500强、国内外软件100强设立企业和机构，予以300万元至500万元鼓励资金	

资料来源：《棋至中盘，各显锋芒——中国金融后台城市比较分析》，载于《金融外包》2009年第3期。

注1. “63号文件”：对技术先进型企业减按15%的税率征收企业所得税，职工教育经费按不超过企业工资总额8%的比例据实在企业所得税税前扣除，离岸服务外包业务收入免征营业税。

注2. “44号文件”：每新录用1名大学（含大专）以上学历员工从事服务外包工作并签订1年以上劳动合同的，给予企业每人不超过4 500元的定额培训支持。对符合条件培训机构培训的大专以上学历从事服务外包业务人才，给予培训机构每人不超过500元的培训支持。

虽然中央及各地政府对服务外包业的发展给予了大量的政策推动与扶持，使得我国服务外包的发展也取得了长足的进步，但业界尚未设立权威性的行业协会，对服务外包尤其是金融服务外包产生了一定的影响。首先，业界与政府无法制定统一的服务外包发展战略，各地政府各行其是，导致我国服务外包业的发展显得毫无秩序，影响我国服务外包业的长期可持续发展；其次，我国外包服务业缺乏统一的行业标准，外包服务商提供服务的标准和水平参差不齐，影响我国外包行业的公信力；最后，在承接离岸外包业务方面，由于没有形成行业协会联盟，很难与国外发包商建立长久的合作关系，不利于我国外包服务行业海外市场的开拓。

三、我国金融服务外包业的发展趋势

全球的金融服务外包业自起步至今已三十余年，从最初的简单文书性事务外包，到大型金融机构后台业务的集中处理，再到专业外包服务提供商的兴起，金融外包产业逐渐发展成为具有一定规模的新兴产业，金融服务外包的全球格局也初步形成。我国金融服务外包业同样发展迅速，紧跟全球步伐，其发展趋势主要有以下几点：

（一）我国金融服务外包业的规模持续扩大，竞争加剧

1. 金融业对外开放和竞争的加剧提高了国内金融机构的外包需求

随着金融全球化的不断发展，我国金融业对外开放的步伐加快，金融业的竞争也日渐激烈，国内金融机构更为关注的是自身核心业务的发展创新、整体经营效益的提升和运营成本的减少，进而越来越多地尝试将金融机构部分非核心业务进行外包。此外，国内金融机构信息化起点较低，在新型金融业务流程方面存在人才、经验和技能缺口，可以直接采用已经相当成熟的外包模式进行补充，通过与外包服务商的战略合作，实现跨越式的发展。以上原因必会带来国内金融机构外包需求的增加。

因此，应鼓励国内金融机构释放内需，加大对金融服务外包产业的推介和宣传力度，鼓励本土金融机构尤其是大型国有银行和金融企业将服务外包作为减少风险投资、获得竞争优势和参与市场竞争的重要战略。同时，完善相关法律法规，改善金融机构服务外包发展的外部环境，以消除发包金融企业在风险管理和就业问题等方面的顾虑。

2. 跨国服务提供商的进入促进了本土服务商的整体水平和竞争力

从全球范围看，金融服务业是服务外包市场规模最大、业务模式发展较为成熟、竞争最为激烈的行业之一，欧美等服务外包强国的外包项目已经不

再局限于简单的操作性后台业务,而是以涵盖复杂环节的多节点整体业务流程外包为主。跨国服务供应商往往具有较强的业务流程咨询能力和 IT 系统设计与实践能力,发包商与接包商形成了稳定的长期合作关系,通常项目规模较大。随着外资金融机构和跨国服务商进入国内市场,其先进的管理方法、运营模式和业务规范必会给国内金融机构和本土服务商产生积极的示范效应,促进国内金融服务外包行业的发展和本土服务商国际竞争力的提升。

我国在发展金融服务外包业的过程中,应积极引进先进的专业金融服务外包公司,在外资金融机构密集、国际金融业务集中以及具有显著地缘优势或成本优势的地区加强金融服务外包园区的建设,鼓励发展金融服务外包中心,大力发展金融信息和金融研究中心,打造国际跨国金融机构的亚太总部基地和金融后台服务中心,积极发挥外资机构在培育市场和提升产业竞争力方面的示范和引导作用。

3. 金融后台城市的建设使国内金融服务外包业竞争加剧

2007 年之后,国内各大城市对于金融后台服务中心建设的竞争日趋激烈。例如,北京在 2008 年提出关于加强为稻香湖金融服务区入驻金融后台机构服务工作的意见,提出“一主一副三新四后台”的金融布局。目前,北京拥有央行清算中心、中银银行卡中心、国开行、光大、农行北方数据中心等近二十家金融后台业务中心,同时 IBM、惠普、文思、海辉、中软国际、华道数据、浙大网新、软通动力等金融相关服务外包商也入驻各服务外包园区。上海早在 2005 年将上海银行卡产业园确定为上海市金融信息服务产业基地,如今,张江金融后台服务中心也已经初具规模,已有多家国内外金融后台及外包提供商入驻。上海的金融服务外包商也不在少数,如中软国际、海辉、软通动力、浙大网新、信雅达等国内知名企业,还有塔塔、Wipro、Infosys 等国际外包行业巨头。而昆山作为县级市,其金融服务外包业的发展毫不落后于一线城市,花桥国际商务城在国内第一个提出了金融服务外包保税区的概念,也是第一个建立金融业务流程外包产业基金的外包园区。2010 年 4 月 28 日,花桥金融外包园区正式成立,同时,凯捷、华道、中银商务等金融业务流程外包领先企业开始了基地化运营的步伐。据估计,花桥国际商务城力争到 2015 年实现金融服务外包产值达到 150 亿元人民币,形成中国最佳金融后援区以及金融服务外包供应商和买家的最佳选择地,打响“金融硅谷品牌”。这些城市之间的激烈竞争将会使我国金融服务外包各供应商之间及买家之间的竞争加剧,将国内金融服务外包业的发展推向新的高潮。

与此同时,激烈的竞争要求国家及各地政府完善相关的法律和监管机制,建立金融服务外包提供商的资格审查、评级和监管机制,引导金融服务外包业在风险可控的前提下发展,为金融服务外包产业发展创造良好的环境。此外,还要加快对金融服务外包相关人才的培养,以满足我国金融服务外包业的发展壮大对专业人才的需求。

(二) 我国金融服务外包业务的内容与形式将逐渐深化

1. 高端业务将成为我国金融服务外包的主要方向

从全球金融服务外包的发展历程来看,金融服务外包起步于金融信息技术外包,成长壮大于业务流程外包,而最终的发展趋势将是金融知识流程外包,外包业务逐步向纵深发展。目前国外的业务范围较为广泛,涉及数据处理、IT 服务、人力资源管理和部分操作性业务等,而我国尚在起步阶段,主要业务集中在信息技术相关业务和信用卡业务的外包等。国内金融业服务外包管理能力普遍薄弱,引入专业化的咨询监理公司,对外包业务进行全过程的涉及、管理、咨询、评估是各金融机构的迫切需要,同时也是外包业务专业化发展的客观趋势。我国金融业必须将金融服务外包咨询监理等知识层面高、信息含量大、智力投入多、操作风险小的高端外包业务作为发展的重点。

2. 积极拓展海外市场,大力发展金融业离岸外包业务

如今,许多大型跨国企业为了降低成本,提升企业的利润空间,纷纷将部分金融业务交由其他国家完成或者通过建立离岸交易及服务中心来提高本企业的经营效率。金融机构除了将业务外包给离岸服务商外,还会把一些业务交由海外附属机构完成。在全球离岸金融服务外包的规模正在逐步扩大的过程中,我国备受瞩目。毕博管理咨询公司的彼得·郝勒维茨曾认为,到 2015 年中国和印度将成为全球金融服务外包业的中心。相比其他外包承接地,我国具备很大的优势:综合成本较低,基础设施建设良好;劳动力数量充足且成本低廉;社会稳定,经济发展迅速,投资环境优异;国内市场庞大且仍在不断扩大。

我国应紧随全球离岸金融服务外包的步伐,利用自身的优势,加快离岸金融服务外包业务的拓展。首先,应进一步优化金融服务外包环境,建设符合国际标准的服务外包园区;其次,建立全国性的金融服务外包行业协会,促进整个行业健康协调地发展;最后,进一步提高金融外包服务企业的竞争能力,拓宽企业的融资渠道,通过与国际金融企业合作、合资、并购、承接高端项目等方式,不断提高服务效率,增强其国际竞争力。

第四章

江苏省金融服务外包产业发展的现状与区位优势分析

20 世纪 90 年代,江苏抓住了以制造业为核心的国际产业转移的机遇,取得了外向型经济发展的巨大成就,但是这种加工贸易模式也带来了资源和能源消耗大、环境和生态成本逐渐加大等一系列问题。而服务外包作为一种新的商务模式,具有信息技术承载度高、附加值大、资源消耗低、环境污染少等特点,正掀起新一轮的世界产业结构调整。尤其是金融服务外包行业,承接近岸、离岸金融服务外包业务,首先,能够帮助江苏省金融机构发展外包后台业务,优化金融机构资源配置,突出其核心竞争力,使金融机构在服务外包上获得优先和主动发展,以提高其经营绩效;其次,促进江苏省金融服务外包产业发展,加快江苏省产业结构优化升级,推动江苏的科学发展、率先发展;最后,抓住以服务业为核心的国际产业转移的新机遇,加快发展国际金融服务外包,有利于江苏省打开吸引外资的新局面,还有助于建设环境友好型和资源节约型社会。

第一节　江苏省加快金融服务外包产业发展的意义与紧迫性

一、企业层面分析:金融服务外包对江苏金融机构的重要价值

金融服务外包对江苏金融机构的发展具有巨大的促进作用,金融服务外包作为业务外包(即资源外包)的一种有效形式,符合劳动分工理论、比较优势理论、价值链理论、木桶理论和核心竞争力理论。根据这些理论,金融服务外包对江苏金融机构而言具有以下的重要价值。

(一) 降低金融机构的经营成本,实现利润增长

外包的最初目的就是出于成本管理的需要,把自己次优的业务外包给

专业性公司去做。一个金融机构不可能在其业务流程中的每一个事务上都占据优势，这时金融机构将一些业务提供给专业性较强的机构去完成，不但有利于节省成本，还可以通过剥离其非核心业务，转移部分研究开发费、人力资源培训费和基础设施建设费到核心业务上，从而增加主营业务的利润。

（二）强化金融机构核心竞争力

随着电子信息技术的不断细化、金融全球化和金融市场竞争的日益激烈以及金融消费需求特点由“趋同”向“求异”的转变，任何单一金融机构要想在整体产品市场上取得全面的竞争优势已经非常困难。金融业在产品市场上的竞争焦点已由传统的价格竞争、功能竞争和品质竞争等转向了客户价值竞争和技术创新竞争。竞争形态的转换要求金融机构重新审视本机构在整条产品价值链上的增值优势，确立其核心业务范围，并将优质的资源和独特的能力集中到该领域，挖掘和寻求特定的客户群体，为客户提供最快的、能够带来最大价值的金融产品，形成具有核心竞争力的业务平台。通过金融服务外包，金融机构可以集中有限的资源，建立并强化自己的核心能力。

（三）提高金融机构的组织效率

在金融市场愈加国际化、现代化和社会化的今天，任何金融机构要想在市场竞争中取得全面的竞争优势已非常困难。竞争态势的变化促使银行必须集中有限的金融资源进行创新和发展，开发最大价值的金融产品，从而确保获得高额的利润。应用业务外包战略，将部分非核心业务采取一定方式外包出去，金融机构可以把资源集中到自己具有竞争优势的相关领域，从而提高效率。

（四）规避经营风险

金融服务外包的一项重要优势在于其能降低风险和与合作伙伴分担风险，从而使金融机构变得更有柔性，更能适应外部环境的变化。由于战略联盟的各方都可以利用公司原有的技术和设备，因而将从整体上降低整个项目的投资额，从而也就降低了金融机构的投资风险。此外，由于战略联盟的各方都利用了各自的优势资源，将有利于提高新的产品或服务的质量，提高新产品开拓市场的成功率。最后，采用外包战略的金融机构在与其战略伙伴共同开发新产品时，实现了与它们共担风险的目的，从而降低了由于新产品开发失败给金融机构造成巨大损失的可能性。

(五) 提升金融机构的技术水平,促进其效率的提高

金融机构业务外包可以使得其获得利用最先进的技术和工具的机会。在信息技术迅速发展的今天,金融机构要想自已投资研发这些技术往往不是不可能就是成本极其昂贵。所以,这些金融机构面临的选择要么是冒着极大的风险,花费大量的人力物力去研发这些新技术,要么就是忽略了客户——金融机构更重要的核心职能和服务,最终在竞争中被淘汰。金融机构如果选择将此项业务外包出去,既能充分利用别人的资源和优势,自己也能够更多地关注核心业务,增强竞争实力。

二、行业层面分析:金融服务外包有利于金融产业发展,促进江苏省产业集聚和技术升级

服务业位于产业链的高端,大力承接国际服务外包有助于江苏经济发展模式的转变和产业结构的升级,提升江苏产业结构在国际产业分工和价值链中的层次和地位。金融服务外包是现代服务业中的重中之重,金融服务外包有利于金融产业形成产业群,促进江苏省产业结构的全面升级。

(一) 促使江苏省金融产业进一步集聚

产业聚集是指在产业的发展过程中,处在一个特定领域内相关的企业或机构,由于相互之间的共性和互补性等特征而紧密联系在一起,形成一组在地理上集中的相互联系、相互支撑的产业群的现象。江苏省自身就是金融服务外包大省,同时又比邻上海、杭州这样的金融服务外包重点基地城市。各个外包城市之间是一种既竞争又合作的关系,呈现出横向扩展或纵向延伸的专业化分工格局,产生相互间的溢出效应。通过这种溢出效应,使得技术、信息、人才、政策以及相关产业要素等资源得到充分共享,聚集于该区域的企业因此而获得规模经济效益,进而大大提高整个产业群的竞争力。所以,江苏抓住毗邻上海的优势,与上海国际金融中心形成错位分工,以金融前台服务为辅,金融后台服务为主,致力于金融服务外包产业的发展,努力吸引一些金融机构的区域总部、分支机构以及金融后台服务等各种金融外包业务移师江苏省内的重点城市,如南京、苏州、无锡等,大力发展江苏省金融服务外包产业,形成特色鲜明的金融服务外包产业的集聚是十分可能的。而这种集聚还具备自我增强的能力。由于区位环境、资源、政策等众多优势,会不断地吸引新的金融服务外包承包商加盟,也同样会吸引国外金融服务外包发包商的整体关注。通过共享资源降低了成本,开拓了服务,打通了国内外市场,树立起长三角整体服务外包的品牌效应。而正是这样一种

力量使得这种产业集聚具备了自我增强的能力,从而带动了江苏省整个金融服务外包产业的发展。

(二) 通过技术外溢提升江苏金融行业的技术水平

由于服务外包具有信息技术承载度高、附加值大、资源消耗低、环境污染少的诸多优势,使得其具有正外部性的特点。与西方发达国家金融业相比,我国金融业的技术水平还是比较低的。在承接金融服务外包的过程中,虽然接触的大多是非核心业务,但是随着全球服务外包的发展和经济危机的影响,很多跨国公司也在逐步地把其核心业务中的一部分进行发包,以期望缩减成本获得收益的最大化。而在这样的一个过程中,我们可以通过承接其业务接触到高端的技术和管理方式,掌握最新的国际金融咨询和世界经济的动态走向,这不仅仅是对某区域的金融服务外包行业的发展具有促进作用,更是对服务外包乃至整个经济实体的发展具有重大的意义。在现在知识产权保护和核心技术保护愈加严密的时代,保有自身技术的领先无疑是保证自身行业发展的前提。而对于先进的技术和管理方式的获取往往是十分困难的,服务外包行业的发展为此提供了一个机遇,大量的技术外溢效应层出不穷。如果仅仅从一隅来看或许外包收益并不十分明显,但是从整个江苏乃至国家来看,外部性提供的各种效应,对于我们学习西方经验,赶超西方发达国家金融业是个重要的突破点。

三、经济层面分析:金融服务外包对江苏省经济发展的促进作用

金融是经济的核心,金融服务外包产业的发展对金融业促进作用的发挥和江苏省整体经济的发展与成长具有重要的意义。

(一) 促进经济增长方式的转变

一般说来,在工业化初期,经济增长方式大多以粗放型为主。但当经济发展到一定规模和水平,再延续这种增长方式,势必带来对资金和资源的高度依赖,并引发周期性的经济波动,特别是在发展市场经济的条件下,这种高投入、低效益的经济增长方式愈来愈难以为继。因而,为适应经济发展不同阶段的需要,及时转变经济增长方式,已成为提高国民经济整体素质和质量的迫切要求。

金融业属于高端服务业,金融服务外包业作为现代服务业重要组成部分,具有信息技术承载度高、附加值大、资源消耗低、环境污染少、吸纳就业尤其是知识型劳动力的能力强等众多优点。金融服务外包行业的发展可以在推动江苏金融业发展的同时,推动江苏经济增长方式由高投入、高消耗的粗放型经济向科技含量高、资源消耗低、环境污染少的集约型经济方向转化。

（二）缓解江苏就业压力

目前国内就业压力较大，每年都有上百万的新毕业大学生需要寻找合适的工作，解决就业问题，扩大就业面是当前社会的热点问题。而服务外包行业归根到底还是服务性行业，服务行业是吸纳就业人口天然的“蓄水池”。

发达国家服务业劳动就业的比重占到65%，中等和中下等发达国家服务业劳动就业比重也接近50%，而我国目前只有33%。就服务外包看，印度服务外包产业吸纳的就业人数达230多万，而我国目前承接国际服务外包业务从业人员只有120余万人。未来5～10年，全球服务外包市场将以30%～40%的速度递增，显然发展金融服务外包对缓解我国就业压力是一剂良药。根据中国服务外包网统计：2009年6月，全国新增服务外包企业1 406家，新增从业人员29.7万人，其中新增大学毕业生（含大专）就业人员23.9万人，占80.4%；经培训就业人员10.1万人，占34.1%。而商务部也提出了从2009年到2013年这5年内培训120万承接服务外包所需实用人才和新增100万大学（含大专）毕业生就业岗位的计划。从以上的数据我们可以清晰地看出服务外包产业能够带来的就业空间将是多么的广阔。金融业与金融服务外包是平台与支撑的相生相伴、不可分割的关系。随着金融机构外包趋势的发展，必将有越来越多的外包需求。江苏省金融业发展在全国位于前列，而且仍在大力地推动。金融服务外包产业的快速发展将催生大量的人才需求，尤其是作为知识密集型行业，金融服务外包业对人才的需求量更大。利用服务外包及金融服务外包缓解就业压力带动服务业发展，无疑是一种双赢的选择。

四、政策层面分析：国家和地方政府对金融服务外包产业发展的高度重视

胡锦涛总书记2006年12月5日《在中央经济工作会议上的讲话》中明确指出：“要以优化进出口商品结构为重点，加快转变外贸增长方式。更加注重调整和优化外商投资结构，引导跨国公司把更多高端制造、研发环节转移到我国，发展和承接服务外包业务，严格控制高能耗、高污染产业向我国境内转移。”

2009年3月5日，国务院总理温家宝在十一届全国人大二次会议上作政府工作报告时，明确强调要“大力发展国际服务外包”。2010年3月5日在第十一届人大三次会议政府工作报告中，他再次强调“要优化出口产品结构，大力发展服务贸易和服务外包”。

国务院的电子信息产业振兴规划也明确指出，“要促进信息化和工业化融合，加速信息基础设施建设，刺激国内市场消费需求，推动业务创新和服务模式创新，以新需求带动新增长”。

商务部也超前规划，强力推进“千百十工程”的实施。所谓“千百十工程”，即在5年内每年投入不少于1亿元资金，建设10个服务外包基地，吸引100家跨国公司将部分外包业务转移到中国，培养1 000家承接服务外包的企业。

2009年9月23日，财政部、国家发展改革委、科技部、工业和信息化部、商务部、国资委、银监会、证监会、保监会9部委联合下发《关于鼓励政府和企业发包促进我国服务外包产业发展的指导意见》。

财政部、国家税务总局、商务部2010年7月28日联合下发了《关于示范城市离岸服务外包业务免征营业税的通知》，通知规定2010年7月1日起至2013年12月31日，对注册的21个中国服务外包示范城市的企业从事离岸服务外包业务取得的收入免征营业税。

由此可见，无论是国家领导人还是国家各级政府和管理机构都十分重视服务外包产业在我国的发展。

目前，上海、深圳、北京等金融发达的城市纷纷建立金融服务中心。对中国而言，承接金融外包业务不单可以从美国、欧洲、日本等发达国家和地区吸引数以十万计的金融服务业的人才，而且可以改善区域及城市产业结构，提升工业化水平，促使产业结构升级，创造高附加值的优质GDP。江苏省作为一个制造业强省，面临的产业转型升级的任务非常迫切。为加快产业转型升级，推动金融服务业发展，江苏省必须加快金融服务外包的发展。因此，对江苏省而言，承接金融外包业务具有重大的经济与社会效益。江苏省加快发展金融服务外包产业顺应了我国金融服务产业发展趋势，同时也符合江苏省从“世界工厂”到“世界办公室”的产业升级转型的政策期望，也是江苏省转变经济增长模式，缓解就业压力的重要举措。

第二节　江苏省金融服务外包产业发展的现状与特征分析

一、江苏省服务外包产业发展的总体现状

江苏省委、省政府对服务外包产业高度重视，提出要像抓外贸、外资一样抓服务外包。目前，在国家认定的 20 个中国服务外包示范城市中，江苏就有三家，即南京、苏州、无锡，总数位居全国第一；拥有苏州、无锡、常州、昆山、太仓、江阴等 6 个省级服务外包基地城市；同时无锡国家高新技术产业开发区、无锡(国家)工业设计园、常州软件园、常州国家动画产业基地、江苏昆山花桥经济开发区等 5 个开发区成为江苏省国际服务外包示范园，80 多家服务外包企业成为省服务外包重点企业。江苏省不断加大对全省服务外包产业的支持力度，2008 年 2 月 4 日，省财政厅、省外经贸厅会同省发改委、省信息产业厅、省科技厅、省劳动与社会保障厅制定下发了《江苏省促进国际服务外包产业加快发展若干政策措施实施办法》，明确了对服务外包基地城市、示范区、服务外包企业的考核办法和奖励标准，从平台建设、企业培训、人才培训、市场开拓、资质认证等方面加大对服务外包产业的扶持。江苏省商务厅数据显示：2007 年以来江苏服务外包发展迅速，2010 年江苏服务外包合同总额高达 87.36 亿美元，同比增长 57.09%，服务外包从业人员达 48.5 万人，外包企业数增至 3 778 家，各项指标连续四年在全国保持领先地位。

江苏服务外包产业 2007 年开始起步，四年来，联创科技、润和软件、华道数据、方正软件、药明康德、软通动力等一批企业迅速成长。2008 年以来，江苏每年都评定 100 家服务外包成长型企业和 30 家骨干型企业，对成长型和骨干型企业分别给予 50 万～100 万元的奖励。

目前，江苏已建成各类服务外包载体超过 2 000 万平方米，各地软件园、物流园、创业园、创意园、生物医药园、研发设计中心、商务中心等各类外包产业集聚园区纷纷投入运营。依托这些载体，江苏已初步形成以软件外包、动漫创意、工业设计、医药研发、供应链管理、金融后台服务等为特色的服务外包产业集群。

与此同时，江苏服务外包企业还利用自身技术、人才等方面优势，积极“走出去”，联创科技、润和软件等企业已在欧美等多个国家设立研发中心、接单中心。按 2010 年统计数据，目前江苏已有离岸外包业务的企业达 800

多家，仅离岸外包业务金额超300万美元的企业就有240家。南京中兴软创、无锡药明康德等近20家企业的离岸外包合同金额均在4 000万美元以上，其中药明康德还进入了全国服务外包重点企业十强。世界外包100强、国内外包50强企业也被江苏的政策、环境、人才等优势吸引，纷纷落户。2010年先后有法国索迪斯，美国ATS、IBM、耐克（中国）物流中心、Acxiom（安客诚）全球信息服务中心，日本富士通综合质量技术（无锡）实验所，墨西哥Softtek（萨孚凯），英国UBI集团、戴尔—福中呼叫中心、携程呼叫中心等著名服务外包企业，落户在南京、苏州、无锡、常州等地。2010年年底，全省离岸合同总额已飙升至49.81亿美元，其中，离岸执行总额40.56亿美元，同比增长45.06%。

二、江苏省金融服务外包产业的发展现状及特征

江苏省凭借毗邻上海国际金融中心的独特优势，近年来金融服务外包产业取得了不俗的成绩：目前江苏金融服务外包执行额及从业人数全国领先；率先实现了金融服务外包产业的集群发展；开始制定省级金融服务外包产业标准。江苏金融外包产业发展现状和主要特征体现在以下几个方面：

（一）金融服务外包产业集聚化发展趋势明显

2008年，全国首家金融服务外包基地——昆山花桥国际商务城成立，一批金融产品研发、金融软件开发、金融创新和系统集成能力较强的高端企业，一批国内外知名的金融业务流程外包领军企业和龙头企业，一批金融IT基础设施服务企业先后进驻商务城，形成了比较完整的金融服务外包产业链。截至2011年，昆山花桥商务新城已经吸引了70多家具有规模的金融外包企业。法国凯捷、柯莱特科技、颠峰软件、华道数据、远洋数据、中金数据、万国数据、东南融通等一批国内外知名的金融服务外包供应商入驻商务城后，业务成长迅速，外包服务执行能力和规模不断扩大，商务城已经成为国内比较有影响的金融服务外包承接地，形成了“金融上海、后台花桥”的格局。

（二）离岸外包前景良好，在岸金融服务外包市场巨大

目前江苏省金融服务外包主要以在岸外包为主，在岸与离岸金融业务流程外包市场规模之比约为10∶1。江苏省金融业发展迅速，金融机构数量在全国范围名列前茅，再加上毗邻上海国际金融中心，由此引发的金融外包需求为江苏在岸金融服务外包市场的内生性发展提供持久的动力。随着经济的持续高速发展，银行业的实力迅速增强，在金融业快速发展的同时，金

融同业竞争也日趋激烈。面对巨大的竞争压力,各家银行致力于提高服务的质量,关注客户的满意程度,控制成本,增强核心竞争力,促使银行选择更加高效的途径,使得客户得到更加专业、更加周到的服务。江苏离岸金融服务外包业务规模不大的主要原因是,一方面目前我国金融服务外包规模较小(印度独揽离岸金融外包服务80%的业务),另一方面江苏离岸金融服务外包业务主要来自国外金融机构在省内建设金融服务企业专门承接母公司业务,所占省内金融服务外包市场比例较小。但是随着我国本土服务商和全球服务商在华分支机构数量的快速增加,江苏省离岸金融服务外包业务的发展速度将会进一步加快。

(三)金融服务外包的接包企业发展迅速

江苏金融外包企业加速发展扩张,从事金融服务外包的企业多达数百家。目前江苏金融接包企业可以大致分为三种类型:一是本土成长起来的软件外包企业如新宇科技、润和软件等;二是国内知名外包企业如华道数据、东南融通纷纷在省内设立的分支机构;三是法国凯捷、佳能软件、欧索软件这些国外著名外包企业也在江苏设立的研发机构。这些企业主要从事软件外包、数据处理等外包业务。2010年,全省仅离岸外包业务超300万美元的企业就有240家,南京中兴软创、新宇科技等近20家企业的离岸外包合同金额均在4 000万美元以上,在“2010年中国服务外包领军企业及成长型企业”发布会上,江苏省新宇软件、方正国际软件、江苏润和软件、南京中兴软创、好莱坞数码、泛亚信息等22家江苏服务外包企业跻身中国成长型企业百强。这些企业的员工规模一般都超过1 000人,外包合同执行额超过千万美元,以金融服务外包为主业的外包公司,年均增速都在100%左右。

第三节 江苏省发展金融服务外包产业的区位优势分析

所谓区位优势是指生产地点或特定区位的政策和投资环境等各方面相对优势产生的对投资的吸引力。科尼尔公司按照财务吸引力、人员和技能可得性以及商业环境三大类别,构建了涵盖43个具体指标的评估体系,对全球离岸服务目的地的吸引力进行了评价,其中财务吸引力包括工资成本、基础设施成本、税收和监管成本等占40%,人员和技能的可得性指标及商业环境指标各占30%。结合上述指标,与我国主要的服务外包地相比,江苏省在承接金融服务外包方面具有以下区位优势:

一、营运成本优势

有效降低营运成本是金融机构进行业务外包的一个主要因素。服务外包产业的主要成本是人力资本支出,约占75%左右。江苏的工资水平不仅与发达国家的发包方相比具有显著的优势(我国一个入门级的金融服务外包员工月收入约为300美元,这一数字仅是美国的1/10,比印度更有竞争力)。而且与我国主要服务外包接包地如上海、广东、北京等相比,江苏也具有明显的人力成本优势。就商务成本而言,目前昆山花桥商务城的综合成本仅为上海的五分之一,甚至十分之一。

二、服务外包人才优势

江苏的教育优势历来是推动江苏科技和经济发展的关键因素。江苏省劳动力资源丰富,高校毕业生数量居全国前列。服务外包人才优势相对突出,2008年,全省服务外包培训录用人数2.15万人,企业培训人数1.45万人,培训机构培训人数0.74万人,均列全国首位。目前江苏省的服务外包人才培训已形成体系。江苏省大力实施服务外包人才培训工程,南京、苏州、无锡、昆山四市被商务部和教育部共同确定为中国国际服务外包人才培训中心。目前,江苏省已基本形成以普通高校、软件学院及职业技术学院等学历教育为第一层次,专业培训机构、社团、企业等非学历教育为第二层次,其他软件人才培训机构为第三层次的服务外包人才培养体系,形成了以高等院校为主体,政府、企业和社会多渠道培养服务外包人才的格局。

三、市场需求优势

中国巨大的国内市场和经济发展潜力促使不少跨国公司将中国作为其离岸外包战略地点。从近年来中国金融业的快速发展可以看到,由此引发的金融外包需求将为我国金融服务外包市场的内生性发展提供持久的动力,同时也将为承接离岸金融外包服务商提供广阔的生存空间。江苏省经济发达,2010年全省GDP达到4.09万亿元,人均GDP超过7 000美元。苏州、昆山地区人均GDP已经超过10 000美元。据统计,只有在人均GDP达到5 000美元时,真正的外包才开始。经济的发展必将带动金融业的发展,江苏金融行业发展态势良好,仅银行类金融机构个数11 462个,约占全国5.85%,从业人数179 155人,约占全国5.81%,资产总额71 555.4亿元,约占全国8.11%。在长江三角洲区域,江苏金融总量超过上海,本外币存款余额超6万亿元,位居全国第三。这必然形成旺盛的金融服务外包需求。

四、基础设施等商业环境优势

金融服务外包的特点决定了交通、通信、供电等配套措施是金融服务外包企业选址的重要考虑因素，江苏省具有高质量和大规模的交通、通信等现代基础设施和世界级的电信基础设施，与其他省份相比具有明显的优势。

江苏省的高速公路总里程达到了 3 725 公里，密度为 3.27 公里每百平方公里，居全国各省区之首，全省境内国道、省道纵横交错；城际轻轨以及京沪高铁的开通使苏南城市与上海之间、省内各城市之间同城化趋势日益明显；全省有五个城市拥有机场；江苏省拥有世界级的电信基础设施，可实现 99.98% 的网络连接率，一些服务外包产业园还开通了高容量国际专线的电信服务，能够为主要服务外包基地提供稳定的、不间断的双电源双回路电力设施和高可靠性的供水供气设施。江苏省大力推进国家级和省级两个层次的服务外包载体建设。在国家认定的 21 个中国服务外包示范城市中，南京、苏州、无锡三市占据三席，是全国示范城市最多的省份。江苏还在全国率先开展省级国际服务外包示范城市和示范区的认定工作，先后两批认定了常州、镇江、南通、昆山、太仓、江阴 6 个省级示范城市和无锡新区、苏州新区等 34 个省级示范区。目前，全省建成各类服务外包载体超过 2 000 万平方米，各类外包产业集聚园区内完善的技术支撑体系及企业服务体系为服务外包企业的发展提供了良好的环境，也为承接服务业国际转移打下了基础。

五、地缘和政策导向优势

江苏省位于长江三角洲的中心区域，紧邻着上海的地缘优势是江苏发展金融服务外包行业的机遇。上海国际金融中心的建设，不仅吸引了世界主要金融机构进入上海金融市场，同时促进上海提供更好的金融前台服务和金融后台服务，支撑上海国际金融市场，而江苏上海之间便捷的交通和高效的电信服务使得江苏具备成为上海建设国际金融中心后援基地的条件；日韩是比较大的金融服务外包的发包国，日韩长期以来与江苏贸易往来频繁，在地域、语言、文化等方面都具有一定的优势，江苏已成为日韩企业投资的热点地区，因此利用地缘优势可以使江苏的金融服务外包更上一个台阶。江苏国际服务外包产业的发展得益于优惠政策的支持。2007 年 5 月，商务部将苏州工业园区作为全国唯一一家国际服务外包示范基地，并将相关政策在苏州工业园区先行先试。从 2007 年开始，国家外包专项资金对江苏省服务外包产业给予了积极扶持，截至目前，江苏省外包企业、培训机构及示范城市获得的国家级资金已达 2.7 亿元；财政部、国家税务总局、商务部联合下发了《关于示范城市离岸服务外包业务免征营业税的通知》，规定 2010 年 7 月 1 日起至 2013 年 12 月 31 日，对注册的 21 个中国服务外包示范城市的企业从事离岸服务外包业务取得的收入免征营业税。

第五章

江苏省金融服务外包产业发展中存在的主要问题与障碍分析

近年来,江苏省金融服务外包有了迅速的发展,从事金融服务外包的企业多达数百家,昆山金融商务城等已经成为国内外比较有影响的金融服务外包承接地,苏州、无锡、南京等地已经开始出现金融服务外包产业的集聚趋势。但金融服务外包在江苏省尚处于起步阶段,还存在着很多问题与发展障碍,本章就江苏省目前金融服务外包存在的主要问题与障碍进行分析。

第一节　金融服务外包成熟度问题

一、外包内容简单,产业成熟度低

江苏金融机构近几年来进行的金融服务外包在有效利用外部资源、集中资源于自己的核心业务、缩短新业务或新产品推向市场的时间、降低成本等方面取得了一定的效果,但从业务内容看,相对简单,总体处于初级阶段。从服务层级和内容看,目前江苏金融服务外包业务以操作简单、重复性强的如 IT 服务、数据加工、单据审核等基本后台处理低端业务为主,大部分职能型业务,如财务会计、人力资源、采购及金融市场的研究和数据分析、批发银行、保险理赔等前台高端业务外包很少;从业务深度看,以局部外包业务为主,相对复杂、涵盖环节较多的整体流程外包尚不多见;从发包商和服务提供商的合作关系来看,金融机构对外包业务提供商的价值定位主要在短期"补缺"方面,特别是短期的人力和技能等资源提供方面,通过与外包商长期合作实现流程优化、业务创新以及改善运价模式等长期目标的战略外包较少。

二、外包范围狭窄，主要局限于 IT 业务

目前，江苏省低端外包多，涉及业务流程方面的高端外包相对较少。可以说，江苏省金融业的外包主要集中在数据录入、计算机业务系统及设备的维护维修等 IT 业务。此外，各金融机构各自开发和使用本单位业务系统，系统软件开发缺少统一规划，不仅成本支出巨大，而且限制了各金融机构整体业务效率的提高。这不仅是外包市场不成熟的表现，也是由于 IT 技术成本高，出于降低成本的考虑而易于首先被选择进行外包的原因。银行业的外包业务还涉及信用卡业务，但迄今为止省内 16 家已发卡银行中只有 6 家采用了外包方式，而由外包服务商处理的卡量也不足市场总发卡量的 3%。另外，根据江苏省地区来观察，从发包金融企业的类别和规模来看，除国家开发银行以外，资金实力雄厚的四大国有银行并没有参与业务外包项目，积极参与业务外包的金融机构是大中型非国有控股的商业银行。以 IT 业为例，四大国有银行拥有技术实力雄厚的 IT 系统维护和软件开发人员，所以 IT 外包的可能性微乎其微。对于涉及银行核心业务的 IT 系统，如数据中心的管理维护和数据备份，四大国有银行出于安全性和保密性的要求，很难选择外包；而对于非核心的 IT 系统维护工作，四大国有银行由于拥有技术实力雄厚和规模庞大的 IT 系统维护和软件开发人员，亦可内部解决，所以外包业务量极少。另外，由于地方性商业银行 IT 系统规模较小，通过 IT 外包服务所能带来的成本节约也不具有很大的吸引力，所以地方性商业银行的外包业务同样进展缓慢。

三、接包企业规模小、市场集中度低，竞争力不高

江苏本土金融服务外包提供商产业组织和管理较不成熟，专业资质普遍较低。在江苏排名靠前的软件公司，仅有 20% 的企业获得了 CMMI4 或 CMMI5 级认证，国际领先软件外包企业的这一比例高达 80% 以上。服务外包企业的发展一般可分为三个阶段：第一个阶段是以发包方提供较低成本人力资源和基础设施等为竞争力；第二阶段是以流程建设和行业经验为竞争力，能够帮助客户找到更好的解决方案；第三阶段以知识产权为竞争力，这是服务外包企业的最高境界，这需要企业有极强的行业背景，具备提供咨询服务的能力。省内金融服务外包行业刚起步不久，服务外包公司大多数处于第一阶段，主要集中在数据录入等 IT 方面的外包，缺乏核心竞争力、交付和议价能力差、缺乏风险控制能力、人才短缺，这些企业在低利润的生死线上苦苦挣扎，其技术实力、经营状况以及社会信誉等方面皆难以满足金融

机构的要求。

四、外包服务商资格审查制度欠缺,质量信誉优异的外包服务商稀少

从江苏市场来看,承接中国金融企业外包项目的服务商主要是外资或合资的大型国际 IT 企业,本土企业除联想集团外,几乎很少参与。我国相关监管部门对外包服务商的设立还没有规范的资格审查制度,缺乏完善的外包服务商准入评级体系,所以无法有效地对外包服务商进行综合实力与信誉的评定,造成外包服务商质量参差不齐,信誉难以保证。

第二节 金融服务外包风险控制问题

金融服务外包具有风险性,这对江苏市场也不例外,而监管制度的不成熟和风险防范的不完善,必将对江苏省金融服务外包的发展带来障碍。

一、江苏市场金融服务外包业务存在的风险

尽管金融服务外包对金融业有诸多益处,但金融机构也必须面对外包业务带来的风险。按照巴塞尔银行监管委员会、国际证监会组织、国际保险监督管理协会、国际清算银行的有关规定,金融服务外包主要存在以下风险:

(一) 信息不对称诱发外包的逆向选择与道德风险

由于信息不对称的存在,外包中可能发生隐藏经营性风险现象,这可能引发契约协商困难与契约修订成本、隐藏的服务费用、法律争端与诉讼以及其他服务成本增加等经营性外包风险。

(二) 由外包收益分配的不确定性导致的风险

由于资产的专用性,已签订外包合同的双方必定会处于一定程度的双边垄断。双边垄断的程度与外包的产品或服务所在的行业竞争激烈程度负相关。此外,任何外包合同都是不完全合同,因为签订外包合同的双方都不可能完全预测到未来执行合同时可能出现的各种情况,以及相应的解决办法;即使可以预测到未来执行合同时可能出现的所有情况和相应采取的对策,但不可能完全没有争议地把它们写进合同中。即使可以都写进合同中,也不能确保所有条款都有可证实性。合同的不完全性与双边垄断的结合将产生一定的准租金,由于机会主义的存在,对于准租金的分配会有很大的不确定性,从而提高了外包收益的不确定性,进而使金融机构承担很大的盈利风险。

（三）学习机会和核心能力培养机会丧失带来的风险

从根本上讲，金融机构的核心竞争力是金融机构独特的知识和技能的集合，它对金融机构的作用在于提供动态的整合资源的能力与应对环境变化能力。外包部分或全部金融产品的生存环节，金融机构或许有可能保住它们当前产品的竞争优势，但可能会破坏作为整体的设计与生存活动的互动关系，损坏自身的竞争力。

（四）战略性风险

外包服务供应商可能会根据自身的利益，采取与外包机构的整体战略目标不一致的做法，金融机构未能对外包提供实施适当的监督以及监督服务供应商的能力不足都会导致战略风险。

二、监管制度不成熟，风险防范不完善

金融服务外包在降低成本的同时也带来了诸多问题和隐含的风险，金融风险尤其值得关注。由于外包也是近些年来迅速发展起来的新型业务操作方式，所以省内的监管机构还没有建立起有效的风险防范措施和监管制度。银监会、证监会和保监会至今没有发布确切的有关金融服务外包的指导性文件，同时也没有构建起规范有效的外包监控制度。

第三节　金融服务外包相关法律问题

从江苏金融服务外包的法律环境来分析，主要存在以下问题：

一、缺乏客户数据保密的立法

由于金融服务离岸外包常常伴随着客户个人保密信息的转移，如果没有相应的措施确保个人资料的安全，无疑将被要求个人资料严格保密的国家拒之门外，成为涉足金融服务离岸外包业务的一大障碍。印度政府在解决金融外包领域的客户数据保密与安全保障问题上，正全力构建金融服务法律构架。目前，印度的很多金融服务外包商在美国四大审计公司的审计中都赢得高分评定。而准备参与金融外包业务的印度企业，也都积极争取相应的国际认证。

二、缺乏知识产权的有效保护

金融服务外包通常采取电子交付的方式，这就使得传统的知识产权法律体系受到了网络的挑战。如何对网络环境下的新型知识产权给予保护，成为我国完善金融服务外包领域知识产权立法的目标之一。1994 年的印度议会对1957年的版权法进行了彻底的修正，于1995年5月10日正式生效。该法除明确规范版权人及使用者的权利、责任、义务及利益之外，还依据世贸组织的基本原则，对数据库知识产权、以源代码或目标代码表达的计算机程序、著作出租权的保护范围、权利限制与作品的合理使用等方面进行了重大调整，进一步向国际惯例和世贸组织的有关协议靠拢。该版权法对侵犯版权的行为规定了严厉的民事与刑事指控。

三、缺乏金融监管的相关立法

目前，我国银监会颁布的涉及金融服务外包的立法主要有《电子银行业务管理办法》，其中第五章涉及我国境内金融机构业务外包的管理规定，第六章是对我国境内金融机构对外提供跨境银行服务的管理（包括我国境内的金融机构承接外包的金融服务）。但是该法对于非金融机构承接境外的服务以及金融机构承接境外非核心金融服务均未作出规定。作为另外两家金融业务的监督机构（即证监会和保监会），也未确立完善的金融服务外包立法。

四、规范的纠纷处理机制缺失，金融业务外包存在风险

如某些外包服务商服务质量低劣，存在欺诈行为；对客户不能提供与发包机构同一标准的服务；外包服务商的操作方式不符合发包机构的传统做法；外包服务商没有足够的资金来完成承包的工作，且无力采取补救措施；外包服务商不能严守客户的隐私；等等。一旦出现纠纷，则无法取得法律及相关处理程序和制度的援助。

江苏省内的外包商主要是国外相关服务商的分支机构和国内近几年发展起来的服务商，外包服务商服务质量参差不齐，信誉难以保障。金融机构在选择服务商时缺少评判标准，甚至分不清外包商和金融机构的权利义务，在遇到纠纷时，由于没有相应的专业机构来解决纠纷，以至于金融机构在是否外包问题上相当谨慎。

为了规范维护金融服务外包的市场秩序，江苏首先要推动相关政策法规的出台，明确金融监管机构、金融机构以及外包商之间的权利义务，为金融服务外包提供完善、强大、有序的法律制度保障。中国可借鉴国外的经验，结合中国具体的市场环境完善《商业银行法》、《合同法》等相关配套法律，以此来鼓励和支持金融服务外包，为维护交易双方的权利提供法律保障。

第四节　人力资源方面的问题

充足的人力资源、低成本的专业技术人才优势被认为是我国发展金融服务外包，乃至整体服务外包的优势。但认真分析后可以发现，外包发展的真正原因，是“服务需求”对“有着高等教育背景和经验人群的追逐”。所以，包括教育背景、行业经验、开发技能、质量和过程控制能力、守时交付、信息安全、沟通能力、对买家文化的理解等方面的服务企业团队软实力等逐步成为驱动服务业全球转移的引擎。因而，出现了目前金融服务外包产业人力资源短缺和就业难同时并存，人力资源现状与金融服务外包产业需求存在明显的弱匹配性。综观江苏金融服务外包人力资源市场，可以发现以下主要问题。

一、金融服务外包人才结构不合理，高端复合型人才奇缺

目前江苏真正适合于国际市场的从事金融服务外包的人才极为短缺，人才的结构性不平衡更为突出，人才结构问题已经成为制约江苏，乃至中国金融服务外包行业的一大瓶颈。江苏省许多金融外包企业难以引进懂金融、精外语的高端复合型、国际化人才。金融服务外包人才的培养速度尚不能满足金融外包企业的需求，许多金融外包企业缺乏具有全球眼光，能带领大型团队承接复杂金融外包业务订单的高级管理人才；大量缺乏具备特定外包要求的外语能力，熟悉外包国商业文化的技能型人才；基础员工队伍缺乏向外国企业提供服务的经验。但从目前来看，复合型人才相对较少，使得企业根本不能实现人力资源方面的储备。江苏人才资源与全国相比相对还算丰富，但其人才结构问题也十分突出。在国内传统的学历教育培养出来的人才与企业所期望的人才素质之间还存在较大差距，金融服务外包人才培养机制尚未有效建立。主要体现为学生普遍缺少项目实践经验和专业技能，很难达到企业的用人标准，满足社会需要的针对性不够强、结构上不合理等。

二、语言能力制约了离岸金融服务外包业务的承接

从金融业务承包方面来看，印度是金融外包的最大受益国。在全球金融业务离岸外包市场中，印度的市场占有率已经达到80%，年均增长保持在20%左右。同印度相比，我国同样具有低劳动力成本优势，同时政府也大力支持服务外包业务的发展，但我国金融服务外包业务的规模却远远落后于印度，这在很大程度上受语言能力的限制。我国金融服务外包业务从业人员的英语水平与运用能力不如印度等以英语为官方语言国家的竞争对手，使得中国的金融外包服务企业争取到欧美大型金融企业外包订单的机会降低。从这一点上讲，江苏金融外包市场也是如此。

三、文化素养和思维方式制约了离岸服务外包业务的承接

人力资源供给不是单纯指有多少中、高等院校，或是每年多少毕业生，重要的是具有从事服务外包综合素质的人力资源。回望印度，为什么42%的美国公司首选印度提供外包服务？难道这仅仅是语言的原因吗？答案是否定的，文化素养和思维方式应该是更重要的原因。印度在近代史上的历史背景使其在与西方国家交流中减少了思维方式的磨擦。现在我们要从事的是与服务相关的外包业务，在从事这项看似简单的业务的时候，对人才的要求除了要有一定的语言沟通能力外，更需要有一定的专业技能和文化的融合能力。如金融后台的从业人员，如果连基本的财务知识都不明白，如何提供服务？由于我国服务业发展滞后，国际化程度低，目前中国大部分金融服务外包承接方与发达国家客户群存在"消费心理鸿沟"，缺乏国际化的服务意识和经验。

四、高校毕业生实际操作能力与企业用人要求之间存在差距

当前在校生为提高自身就业竞争力，纷纷参加各种证书的考试，忽视了实际操作能力的提高。然而根据我们在华道数据、大宇宙、方正国际等服务外包企业调研的情况，企业普遍认为实际操作能力是最重要的考量指标，对学历与证书反而不很看重。同时，金融服务外包业务本身的特点又决定了工作时间要与外国发包方工作时间相适应，中外时差的问题不可避免，这使得服务外包从业人员的劳动强度较大、人员流动性较强，因此企业缺乏招聘学生后把他们培养成为合格从业人员的动力，害怕为他人做嫁衣，所以希望直接招聘实际操作能力强，能迅速接手工作的人才。

第五节　质量和过程控制能力问题

江苏金融服务外包市场还存在其他不规范的现象，如外包服务质量的监控还不到位、服务外包合同还不是很规范、履行合同也不是很严格、缺乏行业标准以及存在市场不正当竞争等现象。而在服务外包行业，发包商的决策在很大程度上看重接包商的交付能力。全球交付能力（Global Delivery

Capability),是指服务外包供应商向全球客户提供他们所需的高质量服务的能力,包括服务提供内容的合适性、服务的效率、质量和满意度,还有对客户商务目标的贡献价值等。因此,在外包服务领域,还必须关注服务外包的整个生命周期,延伸到包括开发前的项目开拓、谈判、定价、服务水准协议签订,以及开发交付后的善后跟踪服务等。这也是当前我国从业人员普遍缺乏的能力和意识。全球交付能力低也是被许多研究机构和学者认为是中国服务外包落后于印度的重要因素。服务外包产业或许将成为第三次全球化浪潮中最有发展前途的产业之一。而对于在这一领域起步较晚的中国来讲,要想抓住机遇,就必须提高从事外包领域的人才的全球竞争能力。为此,我国已明确提出了"从过程成熟到人员成熟"的发展目标,作为赶超印度的根本性措施。以人才"职业化"和"国际化"建设为目标,着手改进人员的知识体系,为高质量培养急需的外包人才奠定科学基础。

第六节　同质化竞争问题

江苏省金融服务外包发展比较迅速,但与全国其他城市的同质化竞争明显。北京、上海是我国金融服务外包发展的一线城市,它们有着丰富的人力资源和较为完善的知识产权保护体系,与它们相比,江苏的金融服务外包产业的发展还有一定差距。那么与全国其他省会城市相比,江苏省金融服务外包发展中的特色应该在哪里?这是需要我们迫切思考的问题。

比如国内有17个城市近年来在原有的城市建设与规划的基础上,提出了建立金融后台中心的目标。其中第一类是以综合环境与条件占优势,战略地位突出为特征的北京与上海。北京规划的三大金融服务区(位于朝阳金盏、海淀稻香湖和通州新城),主要为CBD、金融街等北京金融业核心功能区提供专业化的后台服务。而上海正在积极推进国际金融中心建设,需要大力开拓金融业务流程外包业务,把大量国际金融后台业务部门优先吸引到上海,逐步把上海建设成为跨国金融机构的亚太总部和服务全球的后台中心。第二类是地缘优势明显的七个城市,分别是大连、深圳、广州、佛山、天津、昆山、杭州。其中,大连以地缘优势谋事而动,开拓日韩金融服务外包市场。深圳的选择是成为香港的金融后台金融服务中心;天津是想建设成为北京国内金融中心的后台营运基地,主要以北京地区的银行总部和本地金融机构为服务目标;杭州和昆山都提出要依托利用上海国际金融中心的溢出效应,发展金融服务外包产业。第三类则是成本优势明显的成都、重庆、西安、武汉以及长沙。而列为第四类的沈阳、青岛、铁岭三个城市也提出要建设金融后台服务中心,但目前动作还不大。在前三类城市中,江苏省金融服务外包产业发展与北京和上海相比还具有一定的差距,与第二类浙江杭州相比属同质竞争,如何在金融服务外包发展中发挥自己的优势避免同质化竞争,这是江苏省金融服务外包发展中急需解决的课题。

第六章

江苏省金融服务外包产业综合竞争力实证分析

江苏省金融服务外包发展与国内其他主要城市相比,其综合竞争能力到底如何?本章我们将以江苏省金融服务外包的重点城市南京、苏州、无锡与常州为代表与国内其余15个金融外包的主要城市进行比较,用实证的方法分析江苏省金融服务外包的综合竞争力。

研究方法的选择是因子分析法和灰色关联度法。研究的样本选择是南京、苏州、无锡、常州、北京、上海、深圳、广州、佛山、天津、杭州、大连、成都、西安、重庆、武汉、长沙、青岛、沈阳等19个主要的金融服务外包城市。

第一节 研究方法

一、因子分析法

因子分析(Factor Analysis)源于1904年查尔斯·斯皮尔曼(Charles Spearman)对学生考试成绩的研究。最早被应用于心理学和教育学的研究,后来由于计算机技术的发展,因子分析的理论在许多领域得到了更多的运用。

因子分析法是指从研究指标相关矩阵内部的依赖关系出发,把一些信息重叠、具有错综复杂关系的变量归结为少数几个不相关的综合因子的一种多元统计分析方法。基本思想是:根据相关性大小把变量分组,使得同组内的变量之间相关性较高,但不同组的变量不相关或相关性较低,每组变量代表一个基本结构——公共因子。由于因子分析评价的结果较科学合理,因此在区域和行业竞争力方面应用较为普遍。

用因子分析法进行江苏省金融服务外包城市综合竞争力评价分析的基

本思路是:将原有指标变量用一组公因子来表示,而这些公因子涵盖了原有变量绝大多数的信息,并且同组公因子表示的变量间相关性较强,而异组公因子表示的变量间相关性较弱。由于每个公因子表示的变量不同,因此使得每个公因子具有不同的实际意义,可以对不同的因子进行命名,增强公因子的可理解性。同时,因子分析适用于指标间相关性显著的情况,当构成因子的指标之间不相关或相关度很低时,该方法将不适用。

进行因子分析的步骤如下:

(1) 对原始数据进行标准化处理,目的在于消除指标间量纲不同及数量级的差异。设原始数据为 $X=(X_{ij})_{m\times n}=\{x_1,x_2,\cdots,x_n\}$,表示 n 个指标和 m 个城市样本,X_{ij} 表示第 i 个金融服务外包承接城市第 j 项指标的数据;$Z=(Z_{ij})_{m\times n}=\{z_1,z_2,\cdots,z_n\}$ 表示标准化后的矩阵,Z_{ij} 表示第 i 个承接城市第 j 个指标标准化后的值。标准化公式为:$z_{ij}=\dfrac{x_{ij}-x_j}{S_j}$,$(i=1,2,\cdots,n;\ j=1,2,\cdots,m)$

其中:$\overline{x_j}=\dfrac{1}{n}\sum_{i=1}^{n}x_{ij}$;$S_j=\sqrt{\dfrac{1}{n-1}\sum_{i=1}^{n}(x_{ij}-\overline{x_j})^2}$

(2) 对标准化后的数据进行 KMO 检验和 Bartletts 球度检验,识别指标间的相关性,强相关性的指标更适合因子分析,一般而言 KMO 的值要大于 0.7 最理想。

(3) 根据标准化后的矩阵 Z 求得的相关矩阵 R,R 的特征值 $\lambda_1,\lambda_2,\cdots,\lambda_m$ 和对应的特征向量 $U_1,U_2,\cdots,U_m$。

(4) 提取主因子并写出表达式。根据特征值和特征向量求出因子的方差贡献率 $w_j=\dfrac{\lambda_j}{\sum\lambda_j}$ 和 z_i 在 f_i 的载荷值 $a_{ij}=u_{ij}\sqrt{\lambda_j}$,并按累计贡献率≥85%的准则提取 k 个主因子,并对求出的因子载荷矩阵做正交旋转,使其尽可能地向 +1、-1 或 0 的方向靠近,由旋转后的载荷矩阵写出因子表达式:

$$\begin{cases}x_1=a_{11}f_1+a_{12}f_2+\cdots+a_{1k}f_k\\x_n=a_{n1}f_1+a_{n2}f_2+\cdots+a_{nk}f_k\end{cases}\qquad(式6\text{-}1)$$

(5) 因子命名。对式 6-1 计算得到的因子载荷矩阵中的 a_{ij} 进行观察,有较高载荷的变量会有规律地分布在各个因子上,根据实际含义对因子进行命名并对其进行解释。

(6) 计算综合因子得分。根据上面计算得到的载荷矩阵计算因子得分:

$$F_i = \left(\frac{\sum a_{ij} x_{ij}}{\sum a_{ij}} \right) \quad \text{（式 6-2）}$$

以每个主因子的方差贡献率 w_i 为权数，根据式 6-2 计算出的因子得分构造综合评价模型为：

$$F = \sum_{i=1}^{k} w_i F_i \quad \text{（式 6-3）}$$

其中：F 表示金融服务外包承接城市综合竞争力得分；w_i 表示第 i 个因子的权重，即该因子的方差贡献率；F_i 表示第 i 个因子的因子得分。

二、灰色关联度法

1982 年，华中理工大学的邓聚龙教授在国际经济学会议上提出灰色系统的概念，并建立了灰色系统理论（Grey System Theory）。该理论主要是针对系统模型之不明确性、信息之不完整性情况下，进行关于系统的关联分析和模型建构，并借助于预测与决策方法来探讨及了解系统。灰色关联度分析（Grey Relational Analysis）便是灰色系统理论应用的主要方法之一。

灰色关联度分析法实质上是一种因素比较分析法，它通过对灰色系统内有限数据序列的分析，寻求系统内部诸因素间的关系，找出影响目标值的主要因素，进而分析各因素间关联程度。对于两个系统之间的因素，其随时间或不同对象而变化的关联性大小的度量，称为关联度。在系统发展过程中，若两个因素变化的趋势具有一致性，即统计数列所构成的各条曲线集合形状越接近，同步变化程度较高，各条曲线越平行，即可谓两者关联程度较高；反之，则较低。因此，灰色关联分析法是根据因素之间发展趋势的相似或相异程度，衡量因素间关联程度的一种方法。在本章中，以各指标之中最优值作为参考数列，其余被评价指标作为比较数列，求其关联度。关联度越大说明这一地区金融服务外包产业的竞争力越强；反之，就越弱。关联度大小的排序，体现了研究总体内金融服务外包竞争力的强弱。

按邓聚龙教授给出的基本原理，关联系数的计算步骤如下：

（1）根据评价目的确定评价指标体系，收集评价数据。

设 m 个数据序列形成如下矩阵：

$$(X_0, X_1 \cdots, X_m) = \begin{pmatrix} x_0(1) & x_1(1) & \cdots & x_m(1) \\ x_0(2) & x_1(2) & \cdots & x_m(2) \\ \vdots & \vdots & \vdots & \vdots \\ x_0(n) & x_1(n) & \cdots & x_m(n) \end{pmatrix}$$

其中：n 为指标的个数；m 为城市个数；$X_i=(x_i(1),x_i(2),\cdots,x_i(n))^T$，$i=1,2,\cdots,m$。

（2）确定反映系统行为特征的参考数列和影响系统行为的比较数列。参考数列为 $X_0=[x_0(1),x_0(2),\cdots,x_0(m)]$

（3）对指标数据序列用关联因子进行无量纲化（本文用区间值法进行无量纲化），无量纲化后的数据序列形成如下矩阵：

$$(X_0',X_1'\cdots,X_m')=\begin{pmatrix} x_0'(1) & x_1'(1) & \cdots & x_m'(1) \\ x_0'(2) & x_1'(2) & \cdots & x_m'(2) \\ \vdots & \vdots & \vdots & \vdots \\ x_0'(n) & x_1'(n) & \cdots & x_m'(n) \end{pmatrix}$$

（4）逐个计算每个被评价对象指标序列与参考序列对应元素的绝对差值。即：

$$\Delta_i(k)=|x_0'(k)-x_i'(k)| \quad (k=1,\cdots,n,i=1,\cdots,m)$$

（5）确定 $M=\min\limits_{i=1}^{n}\min\limits_{k=1}^{m}|x_0'(k)-x_i'(k)|$ 与 $m=\max\limits_{i=1}^{n}\max\limits_{k=1}^{m}|x_0'(k)-x_i'(k)|$。

（6）计算关联系数。所谓关联程度，实质上是曲线间几何形状的差别程度。因此曲线间差值大小，可作为关联程度的衡量尺度。对于一个参考数列 X_0，各比较数列 X_i' 与其在各个时刻的关联系数 $R_{i(k)}$ 可由下列公式算出：

$$R(x_0'(k),x_i'(k))=\frac{m+\xi\cdot M}{\Delta_i(k)+\xi\cdot M} \quad (k=1,\cdots,n)$$

式中 ξ 为分辨系数，它的取值直接决定灰色关联系数的分布状况，一般取值为 $0<\xi<1$。ξ 越小，关联系数间的差异越大，区分能力越强，通常 ξ 取 0.5。

（7）计算关联度。因为关联系数是比较数列与参考数列在各个时刻（即曲线中的各点）的关联程度值，所以它的数不止一个，而信息过于分散不便于对其进行整体性比较，因此有必要将各个时刻（即曲线中的各点）的关联系数集中为一个值，一般即求其平均值，作为比较数列与参考数列间关联程度的数量表示。关联程度公式如下：

$$R(X_0,X_i)=\frac{1}{n}\sum_{k=1}^{n}R_{0i}(k)$$

（8）根据所求关联度大小排序。因素间的关联程度，主要是用关联度的大小次序描述，而不仅是关联度的大小。将 m 个子序列同一母序列的关联按大小顺序排列起来，便组成了关联序，记为$\{X\}$，它反映了对于母序列来说各子序列的“优劣”关系。若$R_{0i} > R_{0j}$，则称$\{X_i\}$对于同一母序列$\{X_0\}$优于$\{X_j\}$。

三、研究方法的评价

因子分析法具有简化指标的优点，运用降维的思想，用较少的指标尽可能较多地反映原来的指标信息，避免指标间的信息重叠并简化了原有的指标结构。在因子分析法运用中，因子的权重不是人为确定的，而是根据因子的方差贡献率大小确定的。这克服了某些评价方法中人为确定权数的缺陷，使评价结果唯一且较客观。但是过程比较烦琐，而且对样本量要求较大，在提取公因子时，会出现因子含义难以概括或者单个公因子含义太过广泛的情况。

而灰色关联度分析法不需要大量的样本，样本也不需要有经典的规律性分布。其计算较简便，计算工作量小，过程通俗易懂。但由于关联度相关的因素很多，如参考序列、比较序列、规范化方式、分辨系数等，只要取值不同，就会导致关联度值的不唯一。并且不能解决评价指标间相关造成的评价信息重复问题，因而指标的选择对评价结果影响较大。目前，建立各种灰色关联度量化模型的理论基础比较狭隘，单纯从比较曲线的角度来确定因素之间的关联程度是不合适的。

根据金融服务外包产业竞争力评价指标体系的特点，以及以上各种评价方法的特色，这里选择用因子分析法与灰色关联度分析法共同评价各城市金融服务外包竞争力大小，并对结果进行总结与对比。一是因为影响金融服务外包产业竞争力的因素太多而且复杂，选用因子分析法可以简化原有指标结构，获得对问题的基本判断；二是因为我们无法知道对指标产生影响的所有因素，而且有些指标数据可以从现有统计资料中直接获得，有些却无法获得，因此评价时只能选取有限的主要指标来进行分析。由于金融服务外包综合竞争力评价系统具有信息不完全的“灰色”特征，同时也为了克服分析方法中过多主观因素作用带来的负面影响，所以这里将在因子分析法的实证基础上进一步选择灰色关联度分析法进行研究。

第二节　指标选取标准

一、建立指标体系的原则

对产业的竞争力进行评价需要建立指标体系。在建立指标体系时，应遵守以下原则：

（一）系统性与针对性

金融服务外包产业竞争力是一个由多个因素和子系统构成的多层次综合性复杂系统，其评价指标应该能多角度、系统性地反映产业的发展水平。同时，指标体系还应针对不同对象的不同要求，分别突出影响作用大的因素，也就是要求把该领域关键的影响因素挑选出来做重点分析，使得分析评价的结果更有价值。

（二）科学性

金融服务外包产业竞争力中每一个指标都应具有确定的、科学的内涵。指标系统的建立还应该根据金融服务外包与城市及经济社会发展的内在联系，依据统计指标系统建立的科学理论和原则，做到硬环境与软环境指标、定性指标与定量指标相结合，要选择含义准确、便于理解、易于合成计算及分析的具体、可靠和实用的指标进行分析，以客观、公正、全面、科学地反应评价对象的本质和规律性。

（三）简洁性

在保证指标体系的评价目的可以实现的前提下，遴选和设置的指标需要具有典型性、代表性和独立性。用尽可能少且信息量尽可能大的指标去反映多方面的问题，把全面性和简洁性结合起来，避免重复、烦琐而造成评估时多重共线或序列相关。

（四）可比性、可行性与稳定性

在各评价指标中，量纲相同的指标直接可比，量纲不同的指标经量纲化间接可比，对于定性指标则可通过专家评估量化可比。可操作性指系统评估指标应该具有实用性和可行性，指标数据的选择、获得、计算必须立足于现有统计年鉴、文献资料以及可靠的网络资料，并采取国际认可或国内通行的统计口径，指标的含义必须十分明确，便于有效地进行定量的分析和评估。在稳定性方面，构成指标体系的指标应该是变化比较有规律性的，因此那些受偶然因素影响、大起大落的指标要尽量少选。

二、指标的选取

金融服务外包产业是有组织结构的复杂系统,必然有许多相互关联的因素影响和制约它的发展。我国现在已有21个服务外包示范城市,其中部分外包示范城市和二三线城市提出要建设金融后台服务中心,重点发展金融后台服务外包。要对各城市金融服务竞争力进行评价,既需要有反映金融服务外包产业发展情况的典型指标,也需要有反映地区产业竞争力的基础指标。

本研究从金融服务外包接包方视角出发,参照迈克尔·波特的"钻石模型"以及加拿大学者 Padmore 和 Gibson 建立的 GEM 模型,借鉴国内学者对我国区域产业竞争力的影响因素以及指标选取的研究,考虑到数据的可得性,遵循指标选取的原则,将评价指标分为七个部分,包括经济环境、产业环境、社会环境、科技环境、人才环境、制度环境、区位环境等七个方面。

经济环境反映了承包方城市的经济、市场状况。金融服务外包作为辅助性质的高新复合产业,需要有雄厚的经济基础与开放的市场环境作为后盾。对此将经济的衡量指标细化为资本竞争力指标与金融市场发达程度指标。其中,金融市场发达程度指标用金融产业增加值占地区生产总值比例度量。同时,更具竞争力的运营成本是金融企业前后台分离的驱动力,更加低廉的雇员工资和办公楼租用或者建造购买的费用是吸引金融外包服务机构入驻的亮点之一。

产业环境反映区域产业组织结构和产业聚集程度。对于金融企业或者金融外包提供商来说,适度的聚集可以使得业务运转顺畅,可及时获得所需行业的相关信息。从生产要素与需求要素角度对产业环境指标分别以金融企业数量、外包商个数与后台服务中心数量进行解释。

社会环境反映了金融服务外包生存与发展的平台。在完善的信息技术基础设施和政府支持下,外包企业的生存与发展才能持续。其中政府支持是金融服务外包城市对金融企业与金融外包提供商是否具有吸引力的一个重要因素。政府支持包括税收、人才培训、政策监管、政府重视程度等多方面。我国自2006年起陆续推出了"千百十工程"、服务外包人才培训专项基金等扶持外包产业发展的措施,各外包城市也出台了配套优惠政策。政府的支持与政策的执行力度直接关系到外包企业的入驻选择。

良好的科技环境是金融服务外包技术升级以及提高承接外包项目含金量的助推器。科技竞争力指数从科技资源投入、科技资源产出与科技转化能力三方面较全面地衡量了区域科技环境。

人才环境是一个行业发展的最关键因素。金融服务外包产业兼有劳动密集型和知识密集型的特点,能否获得众多蓝领技术人员和高端金融类人才对金融服务外包的成功与否将起到举足轻重的作用。印度在金融服务外包领域的领先地位,与其丰富的可以直接利用的人才有着重要的关系。由企业和学校合作办学培养毕业生,企业只需要进行简单培训就可以派往各地提供服务。

区位环境是金融企业或者外包提供商选址时越来越关注的因素。金融企业或者外包提供商在选址的时候,都会考虑该城市是否具有区位优势、交通是否便捷、地理和社会等各方面是否具有不安全因素等。区位优势明显的城市的接包活动更为活跃,而国外发包企业也更热衷于在国内对外开放程度高的城市中寻求供应商。

制度环境的稳定性反映在对财产保护力度、经济自由度、市场完善程度、政府监管制度与城市法律制度上。如个人及法人财产保护度、知识产权保护度、自由创业者比例、公平充分竞争程度等是对该指标比较好的诠释。

本研究最初选取金融企业数量、金融相关服务外包商数量、城市拥有金融后台业务中心数量、金融产业增加值占 GDP 比重、政府管理能力指数、政府支持指数、产权保护制度指数、单位在岗职工平均工资、办公楼市场平均租金、普通高校与中等职业学校的在校生人数、计算机与软件业从业人员数量、科学竞争力指数、信息技术基础设施指数、专利授权数量、开放程度指数、资本竞争力指数、综合区位指数、制度竞争力指数等 18 个标准化后的指标排列组合进行 KMO 和巴利特球度检验,检验结果发现其中 15 个指标的 KMO 检验统计量[1]为 0.654,为最适合做因子分析的一组指标。本研究的指标设计见表 6-1。

〔1〕 KMO(Kaiser-Meyer-Olkin)检验统计量是用于比较变量间简单相关系数和偏相关系数的指标。KMO 统计量取值在 0 和 1 之间。KMO 值越接近于 1,意味着变量间的相关性越强,原有变量越适合作因子分析;当所有变量间的简单相关系数平方和接近 0 时,KMO 值接近 0。KMO 值越接近于 0,意味着变量间的相关性越弱,原有变量越不适合作因子分析。

表 6-1　本研究涉及的指标说明

一级指标	二级指标	指标含义	指标确定方法	数据来源	编号
经济环境	资本竞争力指数	资本质量、便利性及可控力度	见本章附录 A 表 B	参考文献[37]	X_1
	开放程度指数	区域及人文国际化程度	见本章附录 A 表 B	参考文献[37]	X_2
	金融市场发达程度指数	金融市场发展状况	金融产业增加值占 GDP 比重	各地统计年鉴(2010)	X_3
	运营成本指数(元/平方米/天)	人力资源成本与经营成本	单位在岗职工平均工资与办公楼市场租金	各地统计年鉴(2010)、参考文献[36]	X_4 X_5
产业环境	生产要素指数(个)	金融外包服务供给方状况	金融相关服务外包商数量、城市拥有金融后台业务中心数量	参考文献[36]	X_6 X_7
	需求要素指数(个)	金融外包服务需求方状况	金融企业数量	参考文献[36]	X_8
社会环境	信息技术基础设施指数	技术型基础设施	见本章附录 A 表 B	参考文献[37]	X_9
	政府支持力度指数	当地政府对产业支持力度	基于各地政策的专家评分	参考文献[37]	X_{10}
科技环境	科技竞争力指数	科技、创新及转化能力	见本章附录 A 表 B	参考文献[37]	X_{11}
人才环境	从业人员数量(万人)	计算机、软件业人力资源投入数量	计算机、软件行业从业人员数量	各地统计年鉴(2010)	X_{12}
	人才储备指数(万人)	人力资源的规模与潜力	普通高校与中等职业学校的在校生人数	各地统计年鉴(2010)	X_{13}
区位环境	综合区位指数	城市地区的发展经济的优势	见本章附录 A 表 B	参考文献[37]	X_{14}
制度环境	制度竞争力指数	财产保护程度、经济自由度、市场完善程度、政府监管与城市法律制度	见本章附录 A 表 B	参考文献[37]	X_{15}

由于我国服务外包产业发展的时间并不长,系统性资料不多,因而原始数据的查找相当困难。而针对金融服务外包的统计数据更是寥寥无几。本研究通过查找国内各城市统计局网站所披露的各城市统计年鉴(2010)、中国服务外包网、江苏国际服务外包网、有关期刊和报告,确定了各个城市各指标的原始数据与指标说明。(见本章附录A)

三、指标的预处理

由于系统中各因素的物理意义不同,各项指标数据的量纲也不尽相同,因此要对这些指标进行无量纲化处理。这里采用区间值法进行标准化处理,使其转化为取值在[0,1]区间的相对化数据。公式如下:

若评价指标 x_i 为正指标,则

$$x_i' = \frac{x_i - x_{\min}}{x_{\max} - x_{\min}} \qquad (式 6-4)$$

若评价指标 x_i 为负指标,则

$$x_i' = \frac{x_{\max} - x_i}{x_{\max} - x_{\min}} \qquad (式 6-5)$$

其中:x_i'为转化后的值,$x_{\max}$为最大样本值,$x_{\min}$为最小样本值,x_i 为原始值。

x_4、x_5 为负指标,参照式 6-5 标准化;其余都为正指标,参照式 6-4 标准化。标准化后的数据如表 6-2 所示。

将 15 个指标分为 6 组,用图表更直观地显现各城市在各指标上竞争力的高低。

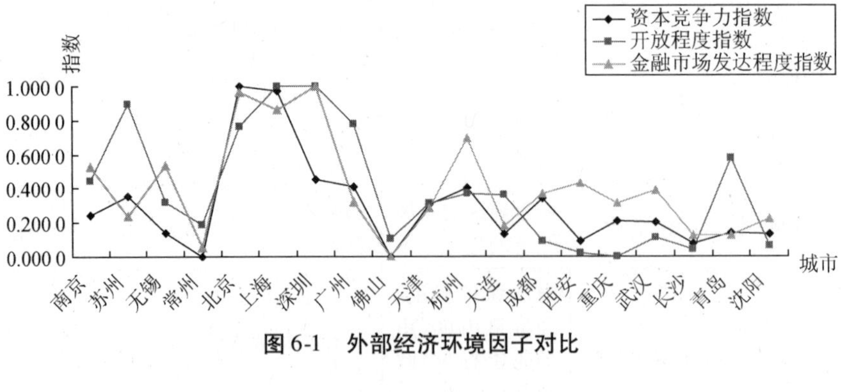

图 6-1 外部经济环境因子对比

表 6-2　标准化处理后的数据

城市	X_1'	X_2'	X_3'	X_4'	X_5'	X_6'	X_7'	X_8'	X_9'	X_{10}'	X_{11}'	X_{12}'	X_{13}'	X_{14}'	X_{15}'
南京	0.245 9	0.444 9	0.524 4	0.422 2	0.076 9	0.093 8	0	0.129 8	0.289 9	0	0.120 3	0.203 9	0.715 6	0.394 2	0.189 4
苏州	0.356 0	0.896 2	0.235 1	0.519 9	0.346 2	0.218 8	0.055 6	0.050 3	0.549 0	1	0.329 6	0.127 1	0.179 7	0.163 5	0.701 9
无锡	0.140 5	0.319 9	0.533 5	0.738 3	0.653 8	0.125 0	0	0.005 8	0.447 0	0	0.091 5	0.073 0	0.112 3	0.067 3	0.947 2
常州	0	0.190 7	0.054 2	1	0.961 5	0.062 5	0	0	0.349 0	0	0.042 6	0.014 5	0.098 7	0	1
北京	1	0.760 6	0.967 5	0	0.153 8	1	1	0.788 3	0.496 6	0.75	1	1	0.546 2	1	0.012 4
上海	0.969 6	1	0.859 0	0.378 8	0	0.875 0	1	1	1	0.75	0.778 2	0.365 3	1	0.934 6	0.158 4
深圳	0.452 0	1	1	0.332 0	0.230 8	0.187 5	0.388 9	0.210 5	0.530 2	0.50	0.271 9	0.071 2	0.024 0	0.480 8	0.686 3
广州	0.407 5	0.775 4	0.316 5	0.259 5	0.307 7	0.125 0	0.277 8	0.183 6	0.919 5	0.25	0.085 2	0.266 7	0.810 3	0.686 5	0.111 8
佛山	0.002 3	0.103 8	0	0.866 8	1	0	0.444 4	0.043 3	0.694 0	0.75	0.010 0	0.045 5	0	0.142 3	0.496 9
天津	0.304 4	0.309 3	0.282 1	0.440 8	0.500 0	0.093 8	0.055 6	0.083 0	0.644 3	0.50	0.200 5	0.035 0	0.389 9	0.482 7	0.155 3
杭州	0.405 2	0.370 8	0.696 2	0.412 7	0.307 7	0.281 3	0	0.230 4	0.527 5	0.50	0.165 4	0.073 2	0.318 3	0.401 9	0.313 7
大连	0.133 5	0.358 1	0.178 1	0.563 4	0.615 4	0.625 0	0	0.100 6	0.504 7	0.25	0.040 1	0.159 6	0.237 5	0.298 1	0.130 4
成都	0.339 6	0.091 1	0.365 3	0.897 6	0.615 4	0.218 8	0.666 7	0.148 5	0.232 2	0.75	0.195 5	0.113 4	0.620 5	0.428 8	0.251 6
西安	0.089 0	0.021 2	0.434 0	0.972 0	0.730 8	0.093 8	0.111 1	0.066 7	0.002 7	0.25	0.175 4	0.043 0	0.535 6	0.288 5	0
重庆	0.206 1	0	0.313 7	0.790 2	0.692 3	0.062 5	0.055 6	0.055 0	0	0	0.023 8	0.110 2	0.478 8	0.532 7	0.170 8
武汉	0.203 7	0.114 4	0.391 5	0.747 7	0.692 3	0.156 3	0.666 7	0.104 1	0.426 8	0.75	0.132 8	0.053 5	0.887 8	0.461 5	0.006 2
长沙	0.077 3	0.040 3	0.128 4	0.676 1	0.884 6	0	0	0.055 0	0.349 0	0	0	0.001 8	0.546 2	0.257 7	0.118 0
青岛	0.138 2	0.576 3	0.127 5	0.952 2	0.884 6	0	0	0.064 3	0.562 4	0	0.060 2	0.010 9	0.356 5	0.313 5	0.006 2
沈阳	0.133 5	0.059 3	0.223 3	0.568 9	0.730 8	0.031 3	0	0.084 2	0.273 8	0	0.032 6	0	0.343 3	0.426 9	0.167 7

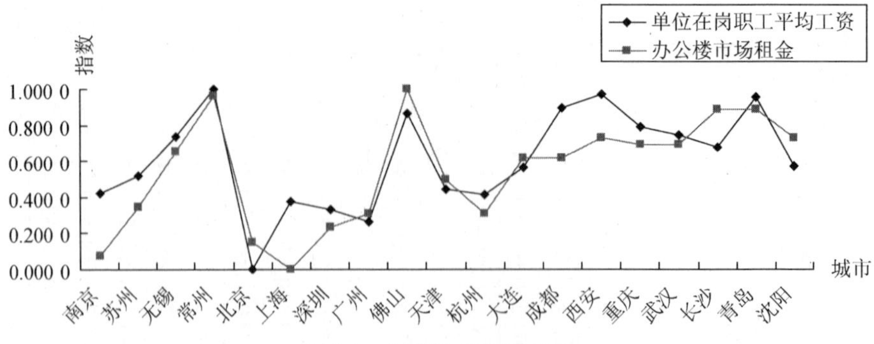

图 6-2　运营成本因子对比

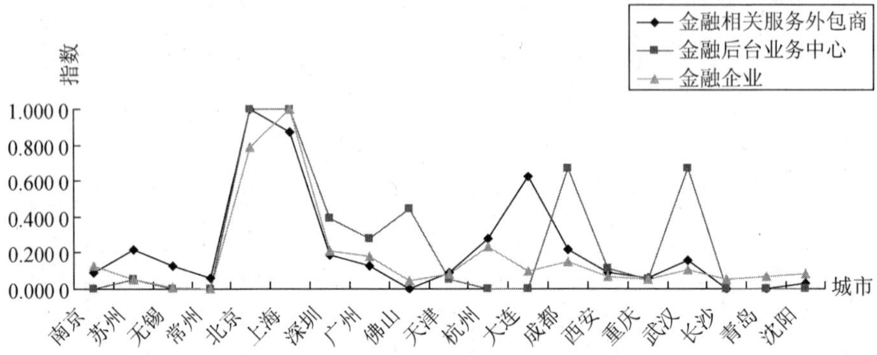

图 6-3　产业环境因子对比

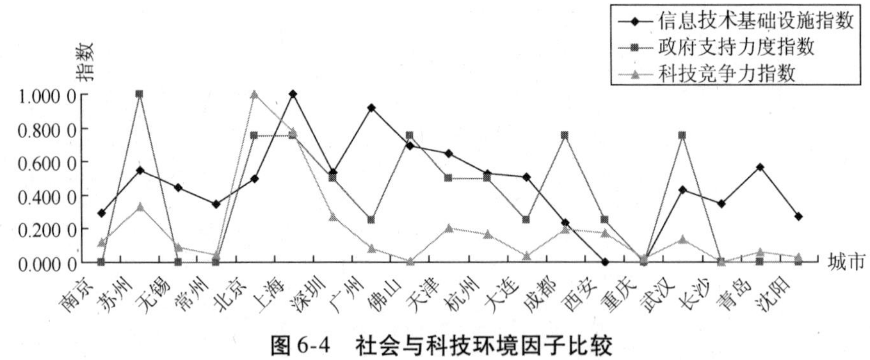

图 6-4　社会与科技环境因子比较

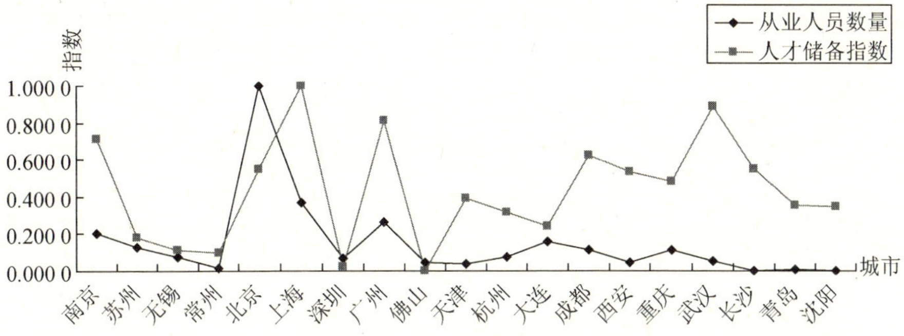

图 6-5 人才环境因子对比

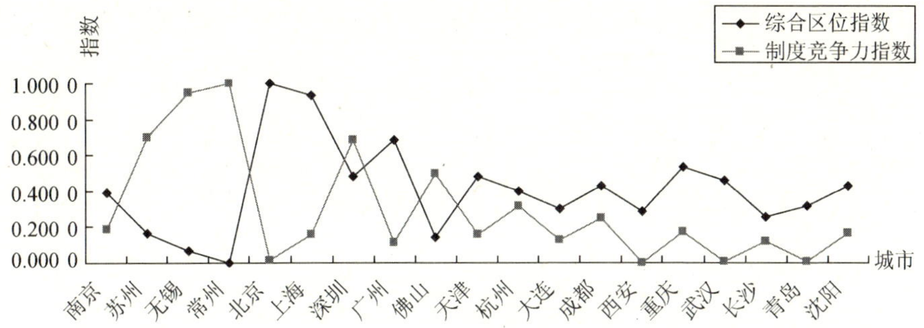

图 6-6 区位与制度因子对比

第三节 运用因子分析法进行分析

利用 SPSS16.0 统计软件对标准化后的数据进行变量之间相关关系分析以及 KMO 和 Bartlett 检验。从表 6-3 可以看出，近似卡方值为 285.931，自由度为 105，伴随概率 P 值为 0.00 0，即相关矩阵不是一个单位阵，可以进行因子分析。KMO 是用于比较观测偏相关系数以及相关系数值的指标，其值越接近 1，表明对变量的因子分析效果越好。本研究中 KMO 值为 0.654，原有变量比较适合进行因子分析。

表 6-3 KMO 和巴利特球度检验

Kaiser-Meyer-Olkin Measure of Sampling Adequacy		.654
Bartlett's Test of Sphericity	Approx. Chi-Square	285.931
	df	105
	sig.	.000

表6-4 给出了15个变量的共同度,从中可以看出变量的共同度都在75%以上,说明因子的提取效果比较理想,包含了原始变量的大部分信息。

表6-4 变量共同度

	Initial	Extraction
资本竞争力指数(X_1)	1.000	.970
开放程度指数(X_2)	1.000	.874
金融市场发达程度指数(X_3)	1.000	.797
在岗职工平均工资(X_4)	1.000	.834
办公楼市场平均租金(X_5)	1.000	.862
金融服务相关外包商数量(X_6)	1.000	.799
金融后台业务中心数量(X_7)	1.000	.901
金融企业数量(X_8)	1.000	.890
信息技术基础设施指数(X_9)	1.000	.906
政府支持力度指数(X_{10})	1.000	.757
科技竞争力指数(X_{11})	1.000	.938
计算机、软件行业从业人员数(X_{12})	1.000	.788
普通高校与中等职业学校的在校生人数(X_{13})	1.000	.826
综合区位指数(X_{14})	1.000	.924
制度竞争力指数(X_{15})	1.000	.853

Extraction Method: Principal Component Analysis.

表6-5 是特征根与方差贡献率。特征根表示因子影响力大小的指标,若特征根小于1,说明该因子的解释力度不如直接引入一个原变量的平均解释力度大。因此,在因子选取时以特征根大于1为纳入标准。从表中可看出,有4个因子特征根大于1,且4个因子的方差贡献率达到了86.133%,占所有因子的方差贡献率的绝大部分,说明这4个因子已经包含了原始变量的大部分信息。

表 6-5　特征根和方差贡献表

Component	Initial Eigenvalues			Rotation Sums of Squared Loadings		
	Total	% of Variance	Cumulative %	Total	% of Variance	Cumulative %
F1	8.796	58.643	58.643	5.675	37.836	37.836
F2	1.926	12.839	71.482	3.048	20.319	58.155
F3	1.183	7.889	79.371	2.379	15.861	74.016
F4	1.014	6.761	86.133	1.817	12.116	86.133
F5	.611	4.070	90.203			
F6	.474	3.158	93.361			
F7	.268	1.783	95.144			
F8	.245	1.636	96.780			
F9	.204	1.360	98.140			
F10	.113	.753	98.893			
F11	.076	.506	99.399			
F12	.040	.266	99.664			
F13	.033	.217	99.881			
F14	.012	.078	99.960			
F15	.006	.040	100.000			

Extraction Method: Principal Component Analysis.

为了使得4个公因子具有明显的经济意义，利用Varimax方法对因子载荷进行旋转。表6-6是经过旋转后的因子载荷矩阵与因子得分系数矩阵。

表 6-6　旋转后的因子载荷矩阵与因子得分系数矩阵

	Rotated Component Matrix				Component Score Coefficient Matrix			
	F_1	F_2	F_3	F_4	F_1	F_2	F_3	F_4
X_1	.786	.481	.239	.252	.113	.051	.000	.000
X_2	.629	.154	-.138	.660	.093	-.127	-.105	.364
X_3	.866	.216	.017	.018	.303	-.097	-.130	-.206
X_4	-.803	-.019	-.159	-.405	-.222	.269	-.022	-.163
X_5	-.834	-.060	-.163	-.369	-.232	.247	-.011	-.122
X_6	.675	.560	.153	.072	.097	.164	-.061	-.141
X_7	.328	.837	.292	.090	-.150	.426	.034	-.061
X_8	.675	.549	.314	.185	.052	.126	.041	-.029
X_9	.139	.267	.039	.903	-.227	.036	.074	.684
X_{10}	.098	.796	-.050	.334	-.246	.472	-.091	.158

续表

	Rotated Component Matrix				Component Score Coefficient Matrix			
	F_1	F_2	F_3	F_4	F_1	F_2	F_3	F_4
X_{11}	.729	.622	.118	.079	.106	.194	-.094	-.158
X_{12}	.732	.455	.208	-.039	.168	.084	-.039	-.227
X_{13}	.176	.148	.876	.072	-.101	-.054	.451	.100
X_{14}	.650	.324	.612	.151	.070	-.046	.230	.007
X_{15}	-.045	.030	-.917	.092	.092	.083	-.486	-.013

Extraction Method: Principal Component Analysis.
Rotation Method: Varimax with Kaiser Normalization.
A. Rotation converged in 12 iterations.
Component Scores.

从表6-6可以看出，变量 X_1、X_3、X_4、X_5、X_6、X_8、X_{11}、X_{12}、X_{14} 在第一个因子 F_1 上载荷较高，代表了各城市金融服务外包产业综合竞争力情况，是一个涵盖面较广的综合性因素，反映了金融服务外包行业聚集程度、经营成本以及行业外部的科技、资本与区位竞争力，可命名为一般竞争力因子；第二个因子 F_2 在 X_7 与 X_{10} 上载荷较大，意味着产业供给方要素与政府支持力度与第二个因子的相关程度较高，可命名为产业与政策因子；第三个因子 F_3 在 X_{13} 与 X_{15} 上载荷较大，说明制度环境与人才储备与该因子相关程度高，可命名为制度与人才因子；第四个因子 F_4 在 X_2 与 X_9 上载荷较大，说明该因子与城市的开放程度以及信息基础设施状况有更紧密的联系，可命名为文化与设施因子。依据因子得分矩阵，可以得出用15个原始变量来表达这4个公因子的表达式：

$$F_1' = 0.113X_1 + 0.093X_2 + 0.303X_3 - 0.222X_4 - 0.232X_5 + 0.097X_6 - 0.150X_7 + 0.052X_8 - 0.227X_9 - 0.246X_{10} + 0.106X_{11} + 0.168X_{12} - 0.101X_{13} + 0.070X_{14} + 0.092X_{15}$$

$$F_2' = 0.051X_1 - 0.127X_2 - 0.097X_3 + 0.269X_4 + 0.247X_5 + 0.164X_6 + 0.426X_7 + 0.126X_8 + 0.036X_9 + 0.472X_{10} + 0.194X_{11} + 0.084X_{12} - 0.054X_{13} - 0.046X_{14} + 0.083X_{15}$$

$$F_3' = -0.101X_2 - 0.130X_3 - 0.022X_4 - 0.011X_5 - 0.061X_6 + 0.034X_7 + 0.041X_8 + 0.074X_9 - 0.091X_{10} - 0.094X_{11} - 0.039X_{12} + 0.451X_{13} + 0.230X_{14} - 0.486X_{15}$$

$$F_4' = 0.364X_2 - 0.206X_3 - 0.163X_4 - 0.122X_5 - 0.141X_6 - 0.061X_7 -$$

$$0.029X_8 + 0.684X_9 + 0.158X_{10} - 0.158X_{11} - 0.227X_{12} + 0.100X_{13} + 0.007X_{14} - 0.013X_{15}$$

通过以上 4 个表达式可以算出 19 个城市对应因子得分，见表 6-7。

表 6-7　各城市竞争力各因子得分

城市	F_1'	F_2'	F_3'	F_4'	城市	F_1'	F_2'	F_3'	F_4'
南京	0.086 3	0.079 3	0.198 1	0.163 6	杭州	-0.020 6	0.451 8	-0.090 9	0.268 0
苏州	0.766 4	0.780 2	-0.458 1	0.577 7	大连	-0.235 7	0.504 4	0.002 9	0.202 0
无锡	-0.094 9	0.405 6	-0.506 3	0.062 7	成都	-0.462 5	1.079 8	0.114 2	-0.056 8
常州	-0.395 1	0.587 0	-0.483 7	-0.005 3	西安	-0.316 1	0.586 4	0.179 9	-0.291 8
北京	0.421 9	1.163 3	0.103 8	-0.031 4	重庆	-0.191 4	0.382 2	0.183 5	-0.271 1
上海	0.077 0	1.124 3	0.304 0	0.613 0	武汉	-0.568 8	0.983 7	0.382 7	0.158 2
深圳	0.182 4	0.515 7	-0.481 2	0.398 8	长沙	-0.406 3	0.374 8	0.230 7	0.061 7
广州	-0.174 8	0.323 4	0.373 6	0.776 1	青岛	-0.438 4	0.403 9	0.160 3	0.329 0
佛山	-0.756 6	1.081 3	-0.252 5	0.321 9	沈阳	-0.248 2	0.318 8	0.134 4	0.004 1
天津	-0.293 5	0.511 1	0.108 6	0.423 0					

由于每个公因子所包含的信息量是不一样的，以每个公因子的方差贡献率差异来区别其重要性程度。因此将方差贡献率作为每个因子的权重，对因子得分进行加权处理，计算加权后的一般竞争力得分。得分排名表达式：

$$s_i = 58.643\% \times F_1' + 12.839\% \times F_2' + 7.889\% F_3' + 6.761\% F_4'$$

由于因子得分出现负值，无法解释竞争力的经济学意义，需要对因子得分进行修正，使因子值区间为[0,100]，0 表示因子得分最低，100 表示因子得分最高。公式如下：

$$s_i' = \frac{s_i - s_{\min}}{s_{\max} - s_{\min}} \times 100 \qquad (式 6\text{-}6)$$

其中：s_i'为修正后的因子得分，s_i 为原始因子的得分，$s_{\max}$表示原始因子得分最大值，$s_{\min}$为原始因子得分最小值。

再将修正后的各因子得分加权加总，得分结果如表 6-8 所示。

表 6-8　加权因子得分及加权一般竞争力得分

城市	一般竞争力	产业与政策	制度与人才	文化与设施	综合竞争力得分	排名
南京	55.34	0.00	79.24	42.65	41.59	5
苏州	100.00	64.66	5.42	81.42	72.88	1
无锡	43.45	30.10	0.00	33.20	31.59	11

续表

城市	一般竞争力	产业与政策	制度与人才	文化与设施	综合竞争力得分	排名
常州	23.74	46.83	2.54	26.83	21.95	18
北京	77.38	100.00	68.63	24.38	65.28	2
上海	54.73	96.41	91.14	84.73	57.39	3
深圳	61.66	40.26	2.83	64.67	45.92	4
广州	38.20	22.52	98.98	100.00	39.86	7
佛山	0.00	92.44	28.55	57.47	18.01	19
天津	30.40	39.83	69.17	66.94	32.93	8
杭州	48.33	34.36	46.73	52.42	39.98	6
大连	34.20	39.22	57.28	46.24	32.74	9
成都	19.31	92.30	69.80	22.00	30.17	12
西安	28.92	46.78	77.19	0.00	29.06	14
重庆	37.11	27.94	77.59	1.94	31.60	10
武汉	12.33	83.43	100.00	42.14	28.68	15
长沙	23.00	27.26	82.91	33.10	25.77	17
青岛	20.89	29.95	74.98	58.13	25.94	16
沈阳	33.38	22.09	72.07	27.71	29.97	13

根据表6-8可以看出，苏州、上海、北京以高分位列前三，由于北京、上海为直辖市，较之于其他城市在资源方面有显著优势，因子综合竞争力得分最高是正常的。省内城市南京、无锡、常州分列第5、11、18位。苏州有着较为开放、包容的城市文化氛围以及良好的基础设施，在由金融服务外包行业供需状况、经营成本以及行业外部的科技、资本与区位竞争力组成的一般竞争力指标上名列第一，并且政府支持力度较大，使得金融服务外包行业的聚集带来了一定的规模经济效应。由于一般竞争力指标权重较大，故苏州综合排名在各城市中第一。南京市在一般竞争力指标上具有优势，人才与制度方面优势明显，但产业与政策因子得分全国最低，由于权重影响，得分排名仍处于上游水平。无锡、常州、苏州属于中小城市，缺乏高校使得三市在人才储备方面捉襟见肘，完全依靠人才流动与引进是这些城市金融服务外包产业发展的最大软肋。

第四节　运用灰色关联法分析

确定参考数列和影响系统行为的比较数列，将表6-2数据转置，得出新表6-9。

表 6-9 灰色关联分析数据

指标	南京	苏州	无锡	常州	北京	上海	深圳	广州	佛山	天津	杭州	大连	成都	西安	重庆	武汉	长沙	青岛	沈阳	参考序列
X_1	0.245 9	0.356 0	0.140 5	0	1	0.969 6	0.452 0	0.407 5	0.002 3	0.304 4	0.405 2	0.133 5	0.339 6	0.089 0	0.206 1	0.203 7	0.077 3	0.138 2	0.133 5	1
X_2	0.444 9	0.896 2	0.319 9	0.190 7	0.760 6	1	1	0.775 4	0.103 8	0.309 3	0.370 8	0.358 1	0.091 1	0.021 2	0	0.114 4	0.040 3	0.576 3	0.059 3	1
X_3	0.524 4	0.235 1	0.533 5	0.054 2	0.967 5	0.859 0	1	0.316 5	0.000 0	0.282 1	0.696 2	0.178 1	0.365 3	0.434 0	0.313 7	0.391 5	0.128 4	0.127 5	0.223 3	1
X_4	0.422 2	0.519 9	0.738 3	1	0	0.378 8	0.332 0	0.259 5	0.866 8	0.440 8	0.412 7	0.563 4	0.897 6	0.972 0	0.790 2	0.747 7	0.676 1	0.952 2	0.568 9	1
X_5	0.076 9	0.346 2	0.653 8	0.961 5	0.153 8	0	0.230 8	0.307 7	1	0.500 0	0.307 7	0.615 4	0.615 4	0.730 8	0.692 3	0.692 3	0.884 6	0.884 6	0.730 8	1
X_6	0.093 8	0.218 8	0.125 0	0.062 5	1	0.875 0	0.187 5	0.125 0	0	0.093 8	0.281 3	0.625 0	0.218 8	0.093 8	0.062 5	0.156 3	0	0	0.031 3	1
X_7	0	0.055 6	0	0.000 0	1	1	0.388 9	0.277 8	0.444 4	0.055 6	0	0	0.666 7	0.111 1	0.055 6	0.666 7	0	0	0	1
X_8	0.129 8	0.050 3	0.005 8	0.000 0	0.788 3	1	0.210 5	0.183 6	0.043 3	0.083 0	0.230 4	0.100 6	0.148 5	0.066 7	0.055 0	0.104 1	0.055 0	0.064 3	0.084 2	1
X_9	0.289 9	0.549 0	0.447 0	0.349 0	0.496 6	1	0.530 2	0.919 5	0.694 0	0.644 3	0.527 5	0.504 7	0.232 2	0.00 27	0.000 0	0.426 8	0.349 0	0.562 4	0.273 8	1
X_{10}	0	1	0	0	0.75	0.750 0	0.500 0	0.250 0	0.750 0	0.500 0	0.500 0	0.250 0	0.750 0	0.250 0	0.000 0	0.750 0	0	0.000 0	0	1
X_{11}	0.120 3	0.329 6	0.091 5	0.042 6	1	0.778 2	0.271 9	0.085 2	0.010 0	0.200 5	0.165 4	0.040 1	0.195 5	0.175 4	0.023 8	0.132 8	0	0.060 2	0.032 6	1
X_{12}	0.203 9	0.127 1	0.073 0	0.014 5	1	0.365 3	0.071 2	0.266 7	0.045 5	0.035 0	0.073 2	0.159 6	0.113 4	0.043 0	0.110 2	0.053 5	0.001 8	0.010 9	0	1
X_{13}	0.715 6	0.179 7	0.112 3	0.098 7	0.546 2	1	0.024 0	0.810 3	0	0.389 9	0.318 3	0.237 5	0.620 5	0.535 6	0.478 8	0.887 8	0.546 2	0.356 5	0.343 3	1
X_{14}	0.394 2	0.163 5	0.067 3	0	1	0.934 6	0.480 8	0.686 5	0.142 3	0.482 7	0.401 9	0.298 1	0.428 8	0.288 5	0.532 7	0.461 5	0.257 7	0.313 5	0.426 9	1
X_{15}	0.189 4	0.701 9	0.947 2	1	0.012 4	0.158 4	0.686 3	0.111 8	0.496 9	0.155 3	0.313 7	0.130 4	0.251 6	0.000 0	0.170 8	0.006 2	0.118 0	0.006 2	0.167 7	1

一、指标分组

将15个指标分为三组,从三个维度对各城市金融服务外包产业竞争力进行考量。

表6-10 指标分组

名　　称	反映指标
经济环境因子	X_1、X_2、X_3、X_4、X_5
产业与政策因子	X_6、X_7、X_8、X_{10}、X_{12}
一般竞争力因子	X_9、X_{11}、X_{13}、X_{14}、X_{15}

其中,经济环境因子不仅仅是对各城市资本、开放程度以及金融市场发达程度的正向考量,更融合了运营成本负指标,是对各城市经济环境平衡性的综合考量。产业与政策因子综合反映了各城市金融服务外包产业的发展程度,包含金融服务外包产业相关生产与需求要素指数、政府支持指数与从业人员数量。一般竞争力因子是对各城市综合竞争力的考量,包含信息技术基础设施指数、科技竞争力指数、人才储备指数、综合区位指数与制度竞争力指数。

二、灰色关联度的计算

运用DPSV3.01软件分别计算各城市三因子关联度以及15个指标的综合关联度,见表6-11:

表6-11 各城市三因子关联度及评价指标的综合关联度

城市	经济环境	排名	产业与政策	排名	一般竞争力	排名	综合结果	排名
南京	0.673 8	6	0.733 3	10	0.735 1	5	0.743 1	10
苏州	0.702 0	4	0.706 4	12	0.717 9	10	0.755 4	8
无锡	0.681 4	5	0.644 7	18	0.606 5	16	0.667 9	14
常州	0.457 6	18	0.671 4	14	0.595 3	17	0.619 0	19
北京	0.548 4	15	0.948 3	1	0.728 0	8	0.807 7	3
上海	0.602 5	11	0.901 3	2	0.812 7	2	0.832 1	1
深圳	0.614 1	10	0.804 9	6	0.722 3	9	0.785 9	4
广州	0.741 0	3	0.898 2	3	0.655 5	14	0.763 2	7
佛山	0.428 5	19	0.661 4	15	0.565 0	19	0.628 4	18

续表

城市	经济环境	排名	产业与政策	排名	一般竞争力	排名	综合结果	排名
天津	0.791 8	2	0.718 5	11	0.758 3	3	0.777 7	5
杭州	0.806 0	1	0.772 8	7	0.829 0	1	0.831 6	2
大连	0.658 5	7	0.760 7	8	0.732 0	7	0.752 2	9
成都	0.644 4	8	0.744 5	9	0.753 7	4	0.770 7	6
西安	0.578 5	13	0.827 7	5	0.628 8	15	0.690 06	12
重庆	0.566 2	14	0.857 6	4	0.591 9	18	0.667 33	15
武汉	0.624 5	9	0.706 3	13	0.687 6	12	0.731 35	11
长沙	0.471 6	17	0.605 4	19	0.699 4	11	0.644 89	17
青岛	0.602 4	12	0.648 8	17	0.655 8	13	0.653 26	16
沈阳	0.543 4	16	0.653 0	16	0.734 9	6	0.689 65	13
平均	0.617 7		0.750 8		0.695 2			

注:分辨系数取0.5。

三、评价结果分析与结论

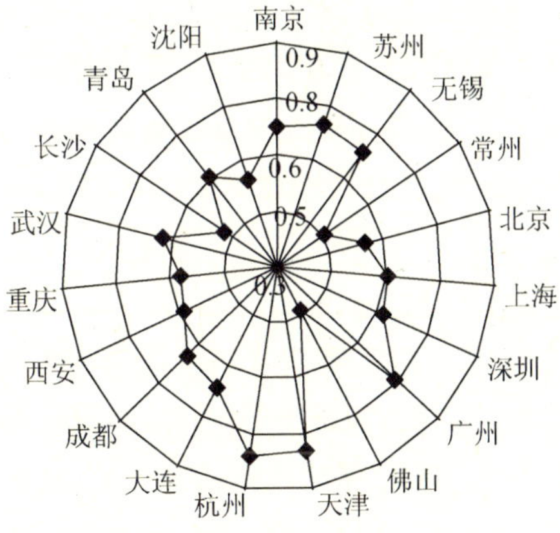

图 6-7　经济环境因子关联度

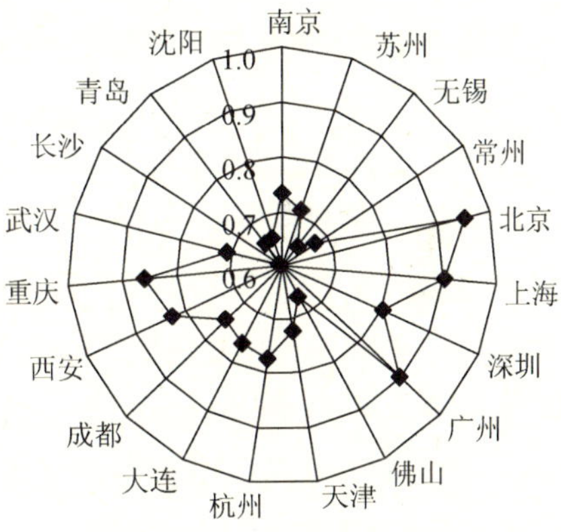

图 6-8　产业与政策因子关联度

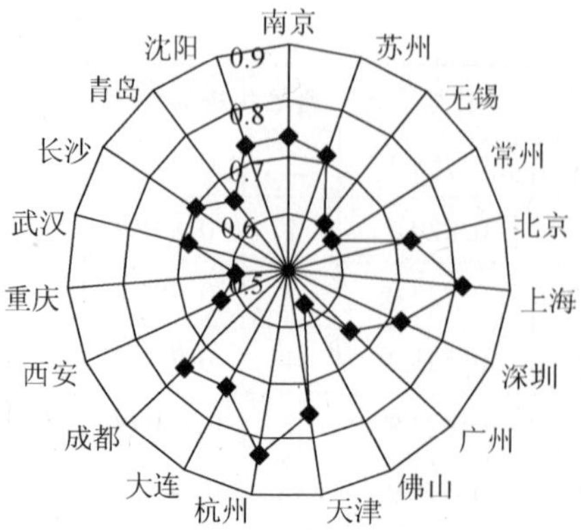

图 6-9　一般竞争力因子关联度

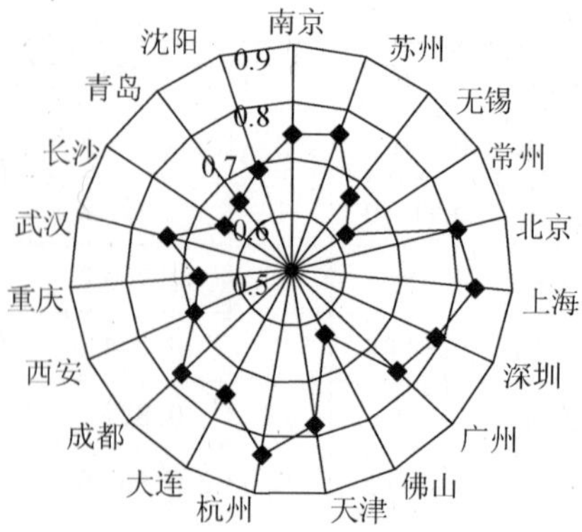

图 6-10　综合关联度

结论 1:从三因子关联度大小看,关联度最大的是产业与政策因子,这表明建立在更具产业特色的需求与供给要素以及政府支持力度上的竞争力优势,比建立在其他因素上的竞争力优势更加稳定与显著。因此,对金融服务外包产业的竞争力而言,起决定作用的是产业聚集所带来的规模效应的大小与政府的支持力度。

结论 2:从经济环境因子竞争力水平来看,江苏省内三市南京、苏州、无锡均位列杭州与天津领头的第一梯队,说明江苏省代表城市在经济环境指标上处于上游,特点是既具备雄厚的资本与较发达的金融市场,又做好了国际化的准备,而相对一线城市较低的运营成本是与其他城市比拼金融服务外包产业吸引力的"杀手锏"。因此,应该发挥好得天独厚的经济环境优势,大力发展金融服务外包产业。

结论 3:从产业与政策因子竞争力反映情况看,北京、上海、广州拔得头筹,南京、苏州、无锡、常州四市均为下游水平甚至不及西安与重庆等西部城市。由于苏州、无锡、常州为二、三线城市,所以金融企业、金融服务外包提供商、相关行业从业人员聚集程度不及以北京、上海、广州为代表的一线城市甚至西安、重庆为代表的西部大城市。在政府支持力度方面,除苏州有着较强竞争力以外,其余三城市均有明显差距。就关联度数值而言,省内四市与排名上游城市相比差距并不大,说明从长远看,江苏省发展金融服务外包产业具有较强的潜力。

结论 4:就一般竞争力因子而言,南京市竞争力较强,苏州市处于中游水平,而无锡、常州处于下游水平。南京市科技、信息基础设施、制度环境、综合区位方面条件优越,且拥有众多高校,而且这些高校还有众多与金融、软件行业相关的本科生、研究生，并拥有众多国家级的重点实验室和科研院所，有充足的科技与人才储备。苏州、无锡、常州三市没有众多的高校，但有着较完备的信息基础设施，综合区位和制度优势在19市中也位列前茅。由于省内四市在一般竞争力方面有自身的优势与不足，所以应该熟悉与了解自身，这样才能使潜力得以更好的发挥。

结论5：从综合竞争力水平看，江苏省的样本在全国各城市排名中处于中下游。但省内四市有自身特色，它们应发挥自身独有的优势来弥补自身的不足，以利于又快又好地发展金融服务外包产业。

第五节　总体评价

通过运用因子分析法与灰色关联度分析法对我国19个主要金融服务外包接包城市综合竞争力分析，比较得出以下总体评价：

（一）就综合竞争力排名而言，南京市与苏州市位列19个城市中的中上游水平，而无锡与常州的竞争力处于中下游水平

对于南京与苏州两市而言，排名差异较大，以因子分析法计算的排名靠前，以灰色关联度分析法得出的排名相对靠后。无锡与常州两市排名稍有差异，但差异不大。差异的形成是由于两种方法对公因子的指标组成有不同的划分，并且两种方法在公因子权重上也有不同处理方法（因子分析法将公因子的方差贡献率作为因子权重，而灰色关联度分析法默认各因子等权重）。但总体而言与实际情况一致，根据实际情况认为灰色关联度分析法的结果更具有说服力。

（二）产业环境与政府支持力度是决定金融服务外包接包城市综合竞争力最为突出的重要因素

政府支持力度的大小与政策的完善程度决定了该城市对于金融服务外包产业供需双方吸引力的大小。政府颁布的税收、人才等方面的利好政策促使金融服务外包产业集聚的发生，而后台服务中心更是将产业聚集所带来的规模效应与示范效应扩大。因子分析法中，南京、苏州、无锡、常州在由金融后台业务中心数量以及政府支持指数构成的产业与政策因子得分上分别排名第19、6、14、7位；在灰色关联度分析法中，再加入金融相关服务外包商数量、金融企业数量以及从业人员数量三指标组成的产业与政策因子上，四个城市排名变化为第10、12、18、14位。这说明，就南京市而言，产业与政

策优势的支撑完全依靠较为密集的金融企业与服务外包商的集聚，而金融后台业务中心以及政府支持力度的缺乏成为其发展金融服务外包产业的短板。就苏州市而言，昆山花桥已成为金融服务外包中心的典范，国内外知名金融服务外包商在此集结，服务对象立足长三角，面向世界。虽然本土金融机构数量不足，但得益于靠近上海的地缘优势，对于整体综合竞争力并无太大影响。值得注意的是，应加大对计算机、软件、金融等金融服务外包相关或者对口行业人才的培养与引进，才能使得苏州市金融服务外包行业的发展具有可持续性。

（三）经济环境是发展金融服务外包产业的有力支撑

扎实的经济基础是江苏省四个城市在金融服务外包产业综合竞争力中的优势，在经济环境因子得分排名前六名中占据三个席位。在良好的经济环境之下，无锡与常州两市低廉的运营成本成为越来越有利的竞争手段。另外，苏锡常三市稳定的制度环境，是城市软实力的体现。它们在这方面的优越性是其他城市所不具备的。而高等教育机构不足使得三市在人才储备上捉襟见肘，较大程度上依靠人才流动与引进是这些城市金融服务外包产业发展的共同短板。

附 录

表 A 15 个城市各指标原始数据

城市	X_1'	X_2'	X_3'①	X_4'	X_5'②	X_6'③	X_7'	X_8'④	X_9'	X_{10}'⑤	X_{11}'	X_{12}'	X_{13}'	X_{14}'	X_{15}'
南京	0.537	0.576	8.30%	43622	2.9*	4*	0	114*	0.471	1*	0.298	11	92.9	0.685	0.833
苏州	0.584	0.789	5.10%	40261	2.2*	8	1	46	0.664	5	0.465	7.18	26.1	0.565	0.882
无锡	0.492	0.517	8.40%	32750	1.4*	5*	0	8*	0.588	1*	0.275	4.49	17.7	0.515	0.906
常州	0.432	0.456	3.10%	23751	0.6*	3*	0	3*	0.515	1*	0.236	1.58	16	0.48	0.894
北京	0.859	0.725	13.20%	58140	2.7	33	18	677	0.625	4	1	50.6	71.79	1	0.736
上海	0.846	0.838	12%	45114	3.1	29	18	858	1	4	0.823	19.03	128.35	0.966	0.825
深圳	0.625	0.838	13.56%	46723	2.5	7	7	183	0.65	3	0.419	4.4025	6.6952	0.73	0.752
广州	0.606	0.732	6%	49215	2.3	5	5	160	0.94	2	0.27	14.1231	104.7083	0.837	0.809
佛山	0.433	0.415	2.50%*	28330	0.5	1	8	40	0.772	4	0.21	3.12	3.7	0.554	0.878
天津	0.562	0.512	5.62%	42983	1.8	4	1	74	0.735	3	0.362	2.6	52.3	0.731	0.76
杭州	0.605	0.541	10.20%	43947	2.3	10	0	200	0.648	3	0.334	4.5011	43.379	0.689	0.909
大连	0.489	0.535	4.47%	38766	1.5	21	0	89	0.631	2	0.234	8.8	33.3	0.635	0.766
成都	0.577	0.409	6.54%	27272	1.5	8	12	130	0.428	4	0.358	6.5	81.04	0.703	0.647
西安	0.47	0.376	7.30%	24715	1.2	4	2	60	0.257	2	0.342	3	70.46	0.63	0.703
重庆	0.52	0.366	5.97%	30965	1.3	3	1	50	0.255	1	0.221	6.34	63.3832	0.757	0.713
武汉	0.519	0.42	6.83%	32429	1.3	6	12	92	0.573	4	0.308	3.52	114.36	0.72	0.65
长沙	0.465	0.385	3.92%	34889	0.8	1	0	50	0.515	1	0.202	0.9507	71.7835	0.614	0.685
青岛	0.491	0.638	3.91%	25396	0.8	1	0	58	0.674	1	0.25	1.4	48.1369	0.643	0.846
沈阳	0.489	0.394	4.97%	38576	1.2	2	0	75	0.459	1	0.228	0.8589	46.4898	0.702	0.735

① * 表示数据缺失，根据近几年数据近似得来。

② * 表示对互联网资料、新闻整理近似估算得来。

③ * 表示根据中国服务外包网、江苏国际服务外包网站资料整理而得。

④ 金融机构包括银行、保险公司、证券公司等地区总部级机构。

* 表示根据互联网资料、新闻整理而得。

⑤ * 表示根据江苏国际服务外包网站提供资料与《中国金融业服务外包报告》中整理的其他城市出台政策措施比较而得。

表 B　指数型指标说明

指标名称	指标含义	指标衡量方法
资本竞争力指数(X_1)		
资本数量指数	资本规模	
金融机构年存款总余额	资本供应总量	金融机构年存款余额
金融机构年贷款总余额	资本需求总量	金融机构年贷款余额
金融机构年贷款增长率	资本需求增长	金融机构年贷款余额增长率
资本质量指数	资本质量	
资本使用率	金融机构存贷率	金融机构年存、贷款余额
金融资产质量	企业讨债比例,银行呆账坏账风险	问卷调查
资本实际利率	银行利息+各种贷款开支	问卷调查
金融控制力指数	金融控制与服务	
外贸金融机构数	外资金融机构数量	专家估计
内资金融机构数	内资金融机构数量	专家估计
金融服务多样性	企业获得金融服务的便利性	问卷调查
资本获得便利性指数	获得资本难易	
银行贷款获得便利性	获得银行资本难易	问卷调查
资本市场可接近性	获得证券市场资本难易	问卷调查
民间及风险资本可得性	获得民间和风险资本难易	问卷调查
开放竞争力指数(X_2)		
经济国际化程度	国际开放度	
外贸依存度		(进口+出口)/2×城市 GDP
外贸占固定资产投资的比重		外资/固定资产投资
外企占城市总企业的比重		规模以上:外企/总企业数
区域经济化程度	区域开放度	
城市区域开放度	对外来投资的歧视、外地产品销售的现状、对外地人就业的限制	问卷调查
基础设施区域共享程度	交通通信设施等	问卷调查
产业分工程度	城市参与区域、全球产业分工程度	问卷调查

续表

指标名称	指标含义	指标衡量方法
人文国际化指数	人文开放度	
移民人口指数 外语普及率 外来文化影响度	人口国际、区域化程度 语言国际化程度 文化多样性	暂住人口占年均人口比重 专家估计 问卷调查
社会交流指数	社会交流程度	
政府间正式交流指数 民间非正式社会交往指数 社会远距离交流程度	正式对外交流程度 民间、非正式城市内外交流程度	问卷调查 问卷调查 人均邮电业务量
信息技术基础设施指数(X_9)		
每百人拥有移动电话机数	一般信息设施	每百人拥有移动电话机数
每百人拥有互联网用户数	高级信息设施	每百人拥有互联网用户数
科学竞争力指数(X_{11})		
科技实力指数	科技资源投入	
大学、科研院所指数 科技开发人员指数 R&D 投入综合指数	大学、科研院校、企业研究中心 科技工作、科技服务人员 政府、企业科研投入	企业办科技机构数 科技活动人员、科学家与工程师数量 R&D 占 GDP 比重
科技创新能力指数	科技产出	
专利产品数 论文发表数	一定时期获得批准专利数 一定时期国内发表论文数	授权专利(件) 论文发表数
科技转化能力指数	科技转化	
产学研合作指数 企业技术转化指数 企业研发效率指数	公司和大学的研究合作 引进国内外技术能力 企业研发效率	问卷调查 问卷调查 2009 年各类专业人员,论文发表数,授权专利
综合区位指数(X_{14})		
自然区位便利度指数	城市区位的天然方便程度	
自然区位便利度 城市在区域中优势度	距离海河湖的远近 城市在区域城市群的位置有利性	专家估计

续表

指标名称	指标含义	指标衡量方法
经济区位优势指数	城市地区的发展经济的优势	
经济腹地发展水平		腹地人均 GDP
经济腹地市场规模		专家估计
经济区域物流能力		客运量、货运量、邮电业务量
资源优势度指数	城市地区的资源禀赋	
淡水资源丰富度	水资源供给状况	问卷调查
土地资源丰富度		人均可耕地面积
政治文化区位优势指数	社会区位优势	
城市行政中心等级指数	行政级别	专家估计
城市科教文中心等级指数	科技教育大致级别	专家估计
制度竞争力指数(X_{15})		
产权保护制度指数	财产保护程度	
非规范收费收敛程度	个人及法人财产权益保护度	问卷调查
盗版知识产品状况	知识产权保护度	问卷调查
法院体系保证履约状况	人身财产保护度	问卷调查
个体经济决策自由度指数	经济自由度	
个体从业人数占总就业人数比重	自由创业者比例	私营个体从业人数占总单位就业人数的比重
利润比税收	创业激励程度	利税总额与 GDP 的比值
税收占财政收入的比重	政府退出企业经营的程度	利税收入与地方财政一般预算内收入的比值
市场发育程度指数	市场完善程度	
市场定价程度	商品和商场要素通过市场定价的程度	问卷调查
竞争充分程度	公平充分竞争程度	问卷调查
政府审批与管制指数	政府监管制度	
企业创办难易度	申办企业的难易、申办时间环节	问卷调查
行业准入限制度	政府对民营企业经营的行业限制	问卷调查
政府监管有效性	政府对生产、交易、运输等经济秩序的监管有效性	问卷调查

续表

指标名称	指标含义	指标衡量方法
法制健全程度指数	城市法律制度	
地方法律条例的健全性	地方法规的条例健全程度	问卷调查
主要法规政策的连续性	主要法规政策的可持续程度	问卷调查
政策法规普及和透明度	市民对法制的了解程度	问卷调查

资料来源:《2011 年中国城市竞争力蓝皮书:中国城市竞争力报告》。

第七章 江苏省金融服务外包产业发展战略、思路、模式、路径与政策选择

第一节 江苏省金融服务外包产业发展总体战略与思路

一、发展战略

（一）发展战略的指导思想

从国际产业转移和全球产业价值链形成看，经过三十余年的发展，经济金融全球化与信息技术革命交织在一起，给全球经济发展带来了很多深刻的变化，主要体现在以下两个方面：一方面，随着经济全球化的日益深化，国际产业转移的制度性障碍不断消除；另一方面，信息技术革命和创新，有效降低了通信成本，极大地提高了运营效率等，为国际产业转移和全球产业价值链的形成创造了必要条件。随着经济全球化的发展和全球产业结构调整，以服务外包和高科技、高附加值的高端制造及研发环节转移为主要特征的新一轮全球产业结构调整正在兴起，服务外包已成为这一轮产业转移新的重要推动因素，蕴藏着巨大的发展机遇。

从我国制造业与服务业的发展看，很好地抓住了国际制造业产业转移和制造业价值链形成的历史机遇，加工贸易和制造业吸收外资规模逐年扩大，作为世界制造业中心的地位不断得到提升。服务业产业转移及其全球价值链是20世纪90年代兴起的，发展的广度和深度远远低于制造业，也正是因为如此，这一领域的发展潜力和空间非常巨大。当前，我国的制造业发展已进入成熟时期，为保持经济的长期、稳定、可持续发展，必须转变经济发展方式，不断推进产业结构升级。服务业作为高附加值行业，已成为各国产业进步的标志。近年来，发达国家服务业产值占GDP的比重均在70%以

上，全球服务业产值占 GDP 的比重已经超过 50%，而我国服务业占 GDP 的比重 2009 年为 43.4%，2010 年为 47%，2011 年为 43.1%，显然与国际先进国家水平还有很大距离。

从制造业与服务业关系看，两者相互依赖、互促发展。首先，服务外包等服务业发展以制造业发展为前提和基础，制造业发展为服务外包行业提供了广泛的市场需求，如信息技术外包和业务流程外包，业务来源大都是制造业。其次，制造业发展能够为服务外包行业发展创造良好条件。江苏省在以往的发展中，通过承接发达国家制造业转移，在构建经济环境、塑造区域品牌、规范经济秩序、提高人才素质、拓展海外市场等方面，取得了巨大成就，这些都是发展服务外包所必须具备的条件。通过发展服务外包产业，可以延长以制造业为主的跨国公司的产业链，满足这类企业多方面的商务需求，在发展服务外包业的同时，让已经进入中国的跨国公司“落地生根”。总之，积极应对，构筑承接服务外包的战略措施，是江苏省转变经济增长方式，优化产业结构，加快现代服务业发展，提升对外开放水平的有效途径之一。

种种迹象表明，越是金融危机、经济低迷，国际企业为了降低自身营运成本，提高核心竞争力，就越要把非核心业务外包出去，这就给服务外包行业带来了新的契机。国内不少城市看到服务外包产业的发展潜力后，纷纷进行产业结构调整和升级，选择服务外包产业作为未来的主要增长点，陆续推出鼓励服务外包发展的各项政策和措施。在国家批准北京、上海、南京、苏州、无锡等 20 个城市成为国内首批“中国服务外包示范城市”后，各大中城市便以服务外包为中心，展开了一场“八仙过海，各显神通”的激烈竞赛。

从根本上说，中国服务外包产业的发展，最终都要走特色化和差异化的道路，哪个城市走在前面，哪个城市就能占得先机。多年来，在软件信息业和金融服务业上，江苏省累积了相对的优势。金融服务外包具有产业层次高、附加值高、专业性强等突出特点，敢于将服务外包锁定在金融业上，不但需要见识与勇气，更需要信心与实力。江苏需要深刻认识到金融服务外包的重要性，确定优先发展金融服务外包的战略，把金融服务外包产业培养成为江苏现代服务业的支柱产业。要增强机遇意识，抢抓金融服务外包发展先机；增强紧迫意识，加快江苏金融服务外包进入全球服务外包分工链的进程；增强优先意识，把金融服务外包各项工作落到实处，使江苏发展成为中国乃至世界重要的金融服务外包基地。

（二）发展战略的总体定位

专业化分工可以提高效率，这是经济学分工理论详细阐述和被社会发展实践所反复证明了的真理和事实。金融服务专业外包商比金融机构往往具有更丰富的专业化知识和经验，因而会产生更高的生产效率与更低的经济成本，所以金融服务外包是金融产业未来发展的趋势。在发展金融服务外包过程中，结合本地的优势、特点和产业基础，江苏应重点发展金融软件外包、金融专业技术性外包和高端金融业务流程外包，建设金融支撑体系的研发基地和高端金融流程的服务基地。在发展思路上，江苏省应坚持“四个突出”：一是突出品牌效应；二是突出中高端环节；三是突出优势领域；四是突出示范基地。在宏观政策、规划设计、招商引资、综合协调等方面给予支持，并通过专项基金扶持基地城市的公共信息平台、人力资源培养、服务外包基地城市基础设施和投资环境等方面的建设。

近年来，全球金融服务外包市场发展迅猛，江苏省应及时跟踪国际金融服务外包的最新发展趋势，掌握跨国公司金融服务外包的战略布局和选择，动态跟踪主要竞争对手如印度、爱尔兰等国承接海外金融服务外包的发展情况，主动挖掘其成功的经验和失败的教训，因势利导，顺势而为，少走弯路，科学谋划金融服务外包产业布局，持续推进金融服务外包产业的发展。

由于在地域上，江苏与日本、韩国临近，往来方便，历史渊源深厚，经济交往密切，人才流动频繁，在承接日韩金融服务外包项目上有先天优势。江苏掌握日语和韩语的人才较多，而印度等其他国家若要承接日韩服务外包业务，必须再额外增加语言培训成本，这将使其难以与江苏竞争。经过近几年的发展，江苏在承接日韩金融服务外包方面已具有良好的市场基础和较强的市场竞争力。同时，日韩金融服务外包市场很大，如 2011 年日本发生地震后，很多日本银行考虑在海外建立备份系统，对于临近的江苏来说是值得争取的市场机会。江苏省应继续巩固并拓展日韩金融服务外包市场，积极提升自身的服务水平和服务能力，充分发挥自身已有的先天优势，主动承接日韩高端金融服务外包项目，为金融服务外包产业的发展奠定坚实基础。

与此同时，由于欧美国家是世界上最大的外包发包国，能否在欧美服务外包市场中获得业务，夺得份额，这对江苏省服务外包产业发展具有举足轻重的影响。尤其是金融服务外包市场，欧美的银行、经纪公司、保险公司、共同基金和其他金融服务公司向海外外包的业务超过了全球金融服务外包市场的 2/3，其外包项目从低端到高端都有，且高端项目所占比例呈持续上升趋势。因此，江苏省必须高度关注欧美金融服务外包市场，出台有针对性的欧美金融服务外包市场拓展促进措施和方案，加大扶持力度，为吸引和承接欧美金融服务外包项目创造条件。

随着中国经济的快速增长，金融产业的整体规模迅速扩大，金融资产不断增加。与印度等国相比，具有广阔的本土市场是中国最重要的优势之一。目前，国内的金融企业正逐步接受外包的概念和做法，国内的各大银行和保险公司，其 IT 等非核心业务都是通过外包实现的。因此，我们对国内金融服务外包市场要有清醒的认识和科学的把握，金融服务外包业务市场的开拓，不应只眼盯海外，不可"厚外薄内"，将自身最具有优势的在岸外包市场拱手相让，而应在做好做足国内金融服务外包市场的同时，积极开拓海外金融服务外包市场，走在岸外包与离岸外包协同发展、有机结合的金融服务外包发展之路。

（三）发展战略的总体目标

随着全球金融服务业竞争的加剧和分工的细化，商业银行、投资银行、基金公司、保险公司等金融机构越来越多地进行信息技术和业务流程外包，我国金融服务外包将呈现在岸外包与离岸外包并驾齐驱的良好发展态势。据毕博管理咨询公司预测，到 2015 年，中国和印度将可能成为全球金融服务外包业的中心。

在这样的发展浪潮中，江苏省需要围绕江苏社会经济发展的"十二五"总体规划和产业转型升级、经济稳定增长的长期目标来制定金融服务外包产业的发展目标、产业布局、发展重点和战略措施，进一步提升金融服务外包产业发展规划，在这一增长潜力巨大的领域中占得先机。要进一步明确发展目标，争取到 2015 年，金融服务外包收入在 2010 年的基础上翻两番，努力把江苏打造成我国重要的金融服务外包基地。要进一步明确发展定位，大力发展金融软件外包、金融专业技术性外包和高端金融业务流程外包。要进一步明确发展路径，培育具有知识产权的金融服务外包骨干企业，大力吸引和承接著名跨国银行金融服务外包业务，不断提高江苏金融服务外包能级。要进一步明确发展重心，进行金融服务外包示范基地建设。具体来说，江苏发展金融服务外包行业的总体目标为：

（1）将金融服务外包作为服务业跨越发展的工作重点，着力打造产业集中、特色鲜明的金融服务外包集聚区，加快引进一批国内外大型金融外包企业，培育一批具有自主知识产权和自主品牌的本地金融服务外包骨干企业，培育一批承接跨国公司服务外包高端市场的龙头企业。把金融服务外包产业真正发展成江苏现代服务业中的重要支柱产业，把江苏建设成为国际一流的金融服务外包基地，为使江苏成为我国金融服务外包创新发展的主要基地之一，成为亚太地区金融服务外包业务的承包和转包中心奠定坚实的产业基础。

（2）通过组建金融服务外包联盟，重点引进国内外知名金融机构的银行卡中心、数据处理中心，以及国际知名金融信息服务企业、跨国银行的地区数据处理中心，使金融服务外包产业达到一定规模。鼓励在本地设立独立的金融服务外包法人企业，为外国及港澳台地区企业、其他经济组织提供下列服务外包业务：以承接客户内部信息系统的设计、开发、运营和维护为主的信息技术外包服务；为客户提供技术研发、产品设计、财务管理、后勤管理、人力资源管理、供应链管理、数据处理及分析、客户服务等业务流程外包服务；大力发展社会信用体系、社会保障体系等城市公共管理信息系统外包服务。

（3）金融服务外包配套设施建设要进一步完善，形成符合金融服务外包产业发展需要的交通设施、通信系统、产业配套完整的现代化金融服务外包产业基地以及与之相配套的环境优美、生活设施完善、具有高品位的文化氛围、适合高科技人才生活与发展要求的现代生活社区。

（4）依托各级培训机构，充分利用当地的优质人才，同时引进熟悉高端金融服务外包的海归或本土人才（例如在国际大型金融发包方工作的高级管理人员），再结合金融服务外包产业园区提供的优质软硬件环境及相应的上下游产业链，来迅速提升外包企业的竞争力。

二、发展思路

（一）2012—2013年，夯实基础、构建环境阶段

这一时期的任务，主要是在制定整体规划的基础上，统一观念，深化认识，加大宣传，并致力于营造金融服务外包投资和发展的基础环境，包括搭建面向金融服务外包的公共服务平台、公共信息平台、公共技术平台、公共培训平台，建立合理的服务外包管理机制，加强统计管理和相关促进政策。

（二）2014—2015年，塑造品牌、完善格局阶段

这一时期的任务，主要是在完善商业环境的基础上，争取中央政府对金融服务外包集聚区的政策扶持；以重点项目为依托，引进国际上知名品牌和较大的金融服务外包公司入驻和集聚，以先进的理念、管理、业态和经营模

式，推进金融服务外包产业的国际化进程；引导和培育大企业和大企业集团，帮助企业拓展市场、获取人才、进行市场并购、融资上市、参与国际认证等；推动产业联盟，促进本地金融服务外包企业与国际金融服务发包方、其他第三方机构的合作；围绕人才引进和培训机制，进一步促进高校、企业、培训机构与政府合作，推广在实践中得到证明的灵活有效的人才引进和培训模式，实现高层次金融服务外包人才的集聚。

（三）2015 年之后，产业提升阶段

这一时期的任务，主要是全面整合金融服务外包的要素资源，在基础设施、人才质量、投资环境、公共服务平台等方面进一步完善，提升江苏金融服务外包产业的层次和能级；实现江苏金融服务外包产业的主要功能目标，形成布局合理、功能完善的金融服务外包集聚区，发挥品牌效应、资本及运营管理效应，带动全省的服务外包业发展，增强对区域产业结构提升和税收、就业的贡献，推动区域分工合作体系的优化。

第二节　江苏省金融服务外包产业发展模式与路径依赖

一、国内外金融服务外包发展模式分析

国际金融机构的业务外包始于 20 世纪 70 年代，最初主要是欧美证券行业为降低成本，将一些文书类业务外包。随着技术不断进步，信息类业务外包日益普遍。20 世纪八九十年代，国际金融机构信息技术外包已有相当规模，金融机构经常将技术部门整体外包，这样既能降低成本，又能跟上技术进步的步伐。在 IT 业务外包实践中金融机构积累了外包项目决策、管理等方面的经验，逐步把外包业务的范围由 IT 部门向其他运营部门扩展。

欧美金融机构最初是把劳动密集型业务或较为独立的业务流程外包，比如客户呼叫中心、应付账款服务、支票图像、数据管理、ATM 服务、网上银行服务等，此类业务属于流程独立性好、便于发包、易于控制风险等的非核心业务。随着外包逐步深入，许多大银行正在争相将其操作管理中一些涉及核心业务功能的流程或部门整体外包出去。在德国的金融外包实践中，越来越多的信贷机构将贷款业务处理流程外包给专业的、不受监管的服务提供商，它们被称作“贷款工厂”，这些服务提供商专做贷款业务的后台服务，涉及一般贷款、抵押贷款，有时还会决定是否发放贷款。在保险和基金管理业，很多机构甚至选择了把投资管理、基金单位定价及托管、核保与索

赔支付等核心业务进行外包。

近几年国际金融机构服务外包在规模迅速增长的同时，形式也越来越复杂，业务种类不断推陈出新，金融机构与服务商的合作模式也由传统的服务提供转变为战略合作。从地域角度分析，国际金融机构业务外包时选择接包商的范围已由在岸扩展到离岸市场，形成全球金融服务外包布局，带动了印度、爱尔兰等接包国的发展。

分析国际上主要的金融服务外包发包国和接包国发展模式和国际金融服务外包运作模式的演进历程，从江苏省金融服务外包所处发展阶段出发，选择适当的发展模式，制定具有科学性、前瞻性和可操作性的金融服务外包发展战略，对推动江苏省金融服务外包产业发展，促进产业结构升级和经济发展方式转变，具有十分重要的意义。

（一）国外金融服务外包发包模式分析

1. 美国

美国是全球服务外包市场最大的发包国，根据美国 Cutting Edge 公司最近发表的报告，目前 90% 的美国公司（约 1 700 万家）至少有一项业务被外包。美国跨国公司为了降低服务成本，为顾客提供及时、优质的服务，常常实行整体性外包，即把某些服务的整个流程而不是某一项功能外包出去。2009 年服务外包的总量占全球的 45%，其中金融服务外包量占据重要位置。以 IT 外包为例，IDC 的研究报告认为，银行业、保险业和其他金融业位列美国 IT 外包需求量最大的前 10 位行业。美国金融业是全球金融业的一个缩影，考察美国金融业服务外包市场，有助于洞察金融机构离岸金融服务外包模式，判断全球金融业服务外包的发展趋势。

从 20 世纪 80 年代开始，非核心业务外包在美国银行业兴起，将近一半的美国主要银行在爱尔兰设有离岸服务中心。随着爱尔兰面临熟练的专业外包从业人员短缺、运营成本上升等问题日渐突出，这些服务中心转向承接价值链较高端的业务外包，低端的外包业务已向成本更低的印度、菲律宾等亚洲国家转移。进入 21 世纪后离岸服务外包发展迅速，并已成为美国金融机构发展战略的重要组成部分，花旗集团、摩根大通银行、美洲银行以及世界银行等都率先开展了业务外包。花旗银行在印度孟买设立控股公司，招聘 3 000 名印度员工，专门承接花旗银行在南亚、东欧和非洲的支票业务、贸易融资和客户服务等业务，印度每名员工每年能为花旗银行节约 3 万美元人工成本。2000 年，世界银行把其在华盛顿特区处理的后台业务转移到印度，外包给印度的服务提供商，此项目外包不但使后台业务经营成本下降了15%，同时还有效提高了应收和应付账款的管理效率。从近几年美国金融机构外包情况分析，印度已成为美国银行外包业务的首选目标国。

美国金融机构业务外包具有如下特点：一是外包业务从金融业务价值链的低端向高端延伸，呈现明显的阶段性。第一阶段主要是信息技术业务外包（ITO），特别是后台业务中的程序编写和设备维护等，美国金融机构把此类业务交给设在印度的离岸服务中心或当地的接包商，利用印度在价格和语言等方面的优势降低成本。第二阶段是业务流程外包（BPO）快速增加。美国金融机构外包的业务流程主要有：呼叫中心、财务与会计业务、人力资源的登记与数据管理、收付账管理等。第三阶段，美国金融机构尝试把知识创新和研发等高技术含量的环节也转移给海外提供商完成，处于价值链高端的离岸业务外包迅速兴起，如经济金融数据分析、市场风险分析、投资决策支持和资产管理等知识流程外包（KPO）等。二是美国金融机构业务外包决策时主要考虑业务外包的可行性和成本节约程度两大重要因素。如图7-1所示，呼叫中心、项目管理、财务会计和各类贷款业务成本节约最明显、较易外包的业务，也是美国各金融机构最早向海外外包的业务；而资产管理等业务对投资决策等核心能力要求更高，外包存在一定难度。

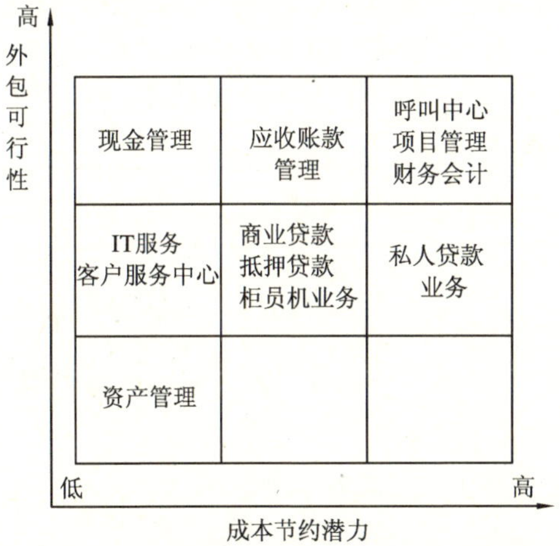

图7-1 美国金融机构业务外包决策因素

美国金融机构在长期业务外包实践中形成了自身独特的外包模式，供应链上不同的业务或流程外包采取不同的模式。

第一种是金融机构专属模式，即美国金融机构在海外选择合适的国家建立本机构专属的业务处理中心(Captive Processing Center),集中处理本机构在全球或某区域的某种业务。如摩根斯坦利投资银行在印度孟买设立营运中心(Moran Stailley Advantage Services,MSAS),负责处理摩根斯坦利在全球的机构证券业务;花旗银行在 Chennai 建立专属业务处理中心,都属于这种模式。这些业务运营中心专门承接所属金融机构的外包业务,而不为其他金融机构提供相应服务。专属模式下美国金融机构对这些业务运营中心有完全的所有权和管理权,中心专注于处理本机构某类业务,可以保证整个外包业务的处理流程按照一定的规范和标准运作,保证服务质量,保守金融机构的商业秘密。大型跨国金融机构更倾向于采用专属模式。此类机构有大量的业务需要集中处理,虽然业务处理中心的初始资金投入比较高,但从业务量以及风险控制等角度综合考虑采用专属模式收益更高。

第二种是金融机构采用第三方模式。此模式下美国金融机构与海外独立的第三方外包服务提供商签订外包合约,把业务转交给服务提供商处理。金融机构可以根据全球众多服务提供商的比较优势,选择最理想的合作方,实现外包降低成本、突出核心竞争力、改进企业绩效的目标。同时与多家服务提供商合作,可以降低业务依赖程度,保持调整外包合作对象的灵活性,降低合作的道德风险。独立服务提供商有自身的竞争优势,通常有能力提供客户支持、软件开发和市场分析等知识密集的增值业务。采用第三方模式金融机构不需要投资、管理和运营业务中心,可以在全球选择最优的服务提供商,但对发包出去的业务可能失去控制,存在一定风险。

第三种是金融机构采用合资合作模式。在这种模式下美国金融机构在国外选择合格的外包服务提供商,双方建立合资公司,组成战略联盟。合资公司可以专营美国转移到海外的业务,也可以在完成美国外包业务的同时承接其他金融机构的外包项目,这主要取决于合资公司成立时合同的约定。按照美国税法条款,金融机构建立海外合资公司的股权投入资金可以作为成本在当年的收入中扣除,从而取得免税的好处。同时在合资合作模式下,美国金融机构与外包服务提供商形成战略联盟,保持对合资公司一定的控制,降低外包服务提供商的道德风险。合资合作模式是金融机构与外包服务提供商较高层次的战略合作,依赖于接包方的知识积累和学习范围,金融机构可以获取服务商的行业最佳资源,填补自身资源不足,帮助金融机构提高服务质量和盈利水平。

2. 欧盟

欧盟的服务外包支出额居全球第二位，占全球支出的34%，整体的外包业务呈现积极态势。据安永会计师事务所2008年提供的《2008年欧洲外包调查》显示，欧洲70%的企业已经将至少一项业务职能实行了外包，并且20%的企业在未来两年计划要提升业务外包的规模和层次。这些企业越来越将外包作为一种取得竞争优势的手段，欧洲是仅次于北美洲的全球主要离岸服务外包发包市场。在行业层面，金融行业在开展业务外包方面最为成熟，据Deloitte Research统计，在欧美各行业部门离岸外包中金融服务外包份额最大，在2004年已高达35%的比重。

欧盟的金融服务外包的发展，除了上述美国金融机构开展服务外包的原因外，还有一个重要原因是和制造业相比，欧美的金融业有更大垂直整合空间。例如，德国的电子行业自行生产20%的产品，汽车部门自行生产25%的产品，而银行却自行生产了80%的产品，因此德国银行业有广阔的业务整合潜力。离岸外包为欧盟金融业创造了一个真正的全球整合平台，通过业务流程外包来整合资源。

相比美国金融服务外包，欧盟的离岸金融服务外包业务开展得较晚，但是发展非常迅速。欧盟金融机构服务外包模式与美国也存在差异，主要采用下列模式：

一是欧盟金融机构的服务外包模式通常采取“可控模式”（Captive Models）外包，即外包业务的承接方通常是发包方金融机构可控制的附属公司、合资公司或战略联盟。这类公司有的设在境外，以所在国廉价的劳动力资源或运营成本满足母公司金融机构的服务需要，并有效降低成本。银行很少选择集团外部的服务提供商进行外包合作，欧洲中央银行2004年调查显示接近2/3的银行都倾向运用比较谨慎的“可控模式”。

二是欧盟金融机构一般采用在岸外包，把业务发包给国内的外包服务提供商。除大型金融机构可能采用离岸外包外（如汇丰银行英国总部在印度设立后台业务外包中心，把13%的业务交由海外离岸中心完成），其他机构很少进行业务的离岸外包，特别是很少选择新兴市场经济国家作为离岸外包中心。这表明欧盟银行离岸业务外包的发展相对保守和滞后。

三是欧盟金融机构选择外包地时大多采用近岸外包。随着欧盟区域内经济整合逐步深入，经济一体化日渐成熟，欧盟金融机构更倾向于在其联盟内的国家选择外包服务提供商。特别是东欧国家，在劳动力成本、语言、文化、法律、地理等方面都具有明显优势,吸引欧美金融机构采取近岸外包,把业务交由东欧的服务提供商处理。

3. 日本

在亚太地区,日本是主要的离岸服务外包业务发包国,其外包规模占全球服务外包市场的8%。自20世纪90年代初以来,日本受泡沫经济破灭的影响,经济一直不景气,日本企业经营面临很大压力,实施业务外包成为降低成本、改善经营业绩的有效途径。

日本外包模式受到日本文化和公司治理结构的深刻影响,在日本由于单一民族文化的影响,企业间的关系是"金字塔型"的,日本企业相应也是采取"金字塔型"外包模式。一级接包商(总接包商)从发包商(最终客户)那里承接外包项目,然后对项目进行总体设计和分解,将分解后的模块再转包给若干个二级接包企业,二级接包企业还可能再根据项目模块的流程,寻找三级或四级接包企业帮助它一起完成模块的设计、代码转换或测试工作。日本这种"金字塔型"外包模式决定了发包企业和一级接包商、二级接包商直接关系非常密切,只有当任务细分到三级或四级后,这一外缘层次的业务才有可能实行离岸外包。因此日本的离岸外包业务多数属于三级接包或四级接包,单量规模普遍较小。

相近的文化与共同的方块文字,使中国承接了70%的日本离岸服务业务,在金融服务外包领域同样如此。从我国承接离岸金融服务外包区域分布看,主要承接的是日本、韩国等邻国的近岸外包。国内较具代表性的服务外包企业中,软通动力日韩业务占65%,欧美业务只占35%;大展集团日本业务占1/3,是最大的一块,其后依次为北美、欧洲和国内业务;东软对日外包业务占90%,欧美业务只占10%左右。日本金融离岸外包业务,特别是金融机构IT类离岸业务外包今后仍将是中国离岸外包市场的重要构成部分。

(二) 印度发展离岸金融服务外包接包模式分析

印度是承接离岸服务外包业务最成功的国家,由于印度重视IT、英语教育,而且劳动力成本优势明显,20世纪80年代以来一些欧美跨国公司将一些IT非核心业务外包,服务外包业在印度孕育而生。在随后的近三十年里,印度服务外包业快速增长,成了迄今为止最受离岸外包发包方青睐的地区,成为全球的后台办公室,是全球最大的服务外包承接国。

印度的金融外包产业自20世纪90年代末开始飞速发展,年均增长率高达 56%，到 2005 年金融外包营业额为 280 亿美元，从业人员 25 万人。当前在全球金融离岸业务外包市场，印度占有 80% 的市场份额，其金融外包业务已经步入了金融分析、客户系统软件开发等多种高端作业。印度金融服务外包很注重为金融机构提供特殊功能的外包服务，完善业务操作过程，协助客户提高服务效率和质量，提升金融机构产品价值。截至 2008 年，全球 100 家大型金融机构向印度输送超过 100 万个后台与技术工作职位，约占全球金融业职位总数的 15%，印度是目前承接金融服务外包最为成功的国家。

总结印度金融外包的发展历程，可以归纳为三个发展阶段：一是初级阶段，大型跨国金融集团和机构为降低成本，在印度设立外包中心，从事较简单的文书类业务处理。20 世纪 90 年代中后期，美国运通、GE 金融公司（GE Capital Co.）、戴尔、富达基金、福特、汇丰银行、麦肯锡、渣打银行、世界银行等在印度建立内包基地。二是发展阶段，外包中心逐渐适应当地情况，业务品种不断增加，同时出现了大量独立的第三方外包企业。1999—2001 独立的金融业务外包中心在 VC、专业化的企业手中建立，如 Daksh，ICICI 等公司，而且印度从事软件外包而闻名的 Infosys 与萨帝扬（Satyam）也建立了专业从事业务流程外包的控股公司。三是成熟阶段，业务发展较为成熟的外包企业开始为客户提供综合报告、趋势预测、决策参考等服务。同时跨国并购增加，很多企业被国际大公司所收购，第三方外包企业的国际化程度大为提高。如 2004 年 10 月，印度 Scandent Group 以 1.75 亿美元购买了芝加哥怡安保险公司的办公室支持部门“剑桥一体化服务集团”（Cambridge Integrated Services Group）。使 Scandent Group 成为美国第三大保险业办公室支持部门。

从金融服务外包企业层面分析印度的外包发展模式，可以发现印度公司在承接国际离岸金融服务外包业务的发展过程中形成了类似于美国发展离岸外包采用的三种业务模式：一是自有中心模式，由国际金融机构在印度设立纯粹的内部服务中心，采取内包的方式把集团的某类业务交由印度的内包中心处理；二是战略联盟或合资企业模式，金融服务外包发包方和外包提供商共建合资企业，或在外包项目合作方面形成战略联盟；三是纯外包或管理式外包模式，纯外包模式是由印度独立的金融服务外包提供商进行离岸远程服务，管理式外包是在印度的第三方管理机构有专职人员在外包项目现场协调业务切换和管理。

从产业发展的宏观层面分析，印度政府在推动金融服务外包发展时政策推动模式十分突出。印度政府为金融外包的迅速发展提供了良好的政策环境，在基础设施、知识产权保护、资金方面提供了充分支持。例如，在税收和资金方面，据有关资料显示，在印度发展服务外包的成本要比中国低30%左右，企业负担基本上是“零税赋”。1998年印度政府设立风险投资基金，用于支持中小外包企业发展。并且从1991年开始，印度对班加罗尔、马德拉斯、海得拉巴、孟买、加尔各答等地建立的技术园区内的企业实行各种优惠政策，对软件和服务公司的银行贷款实施“优先权”等。

（三）国内金融服务外包发展的典型模式

国内金融服务外包尚属起步阶段，典型的模式即为上海模式和大连模式。

1. 上海模式

按照到2020年基本建成国际经济、贸易、金融、航运中心的目标，上海需要服务外包产业的发展来提供新型支撑体系。国际金融中心建设过程中，国内外金融机构会进一步云集上海，客观上存在大量的金融服务外包市场需求。上海已把金融服务外包作为重点培养产业，建立了全国第一个金融业务流程外包基地——上海市金融信息服务产业基地，并于2003年3月成立了上海市银行卡产业园，主要以银行卡业务和金融信息服务为核心，以技术密集型和资本密集型的金融技术服务为支持，打造以产业集群和技术优势为特征的金融业务流程外包业务发展平台。最终形成以陆家嘴CBD为核心的金融前台功能区和以上海市银行卡产业园为载体的国际金融信息服务产业基地的基本格局及联动发展态势。

上海推动金融服务外包的发展模式属于政府推进模式。上海把国际金融后台业务部门先吸引到上海，把上海建成国际跨国金融机构的亚太总部和服务全球的后台部门，打造全球性金融服务外包中心，为上海最终建成国际金融中心的目标服务。上海金融服务外包具有高起点、高水平、立足国际金融外包市场等特点，需要政府从宏观层面根据金融服务外包的国际水准进行规划建设。上海市政府、金融服务外包园区相继出台推动金融服务外包发展的投资、税收、资金、人才等政策，推动金融服务外包成产业发展。

2. 大连模式

大连是我国服务外包产业发展最早的地区之一，软件外包产业从20世纪90年代初起步，增长速度很快，1998年软件和服务外包销售收入只有2亿元，到2007年已增长到215亿元，软件和信息服务产品出口年增长率超过70%。据IDC亚太区提供的数据,大连的全球外包交付指数位居全国第一,全球第五,在国际上仅次于班加罗尔、马尼拉、新德里和孟买。1998年建成的大连软件园已逐步发展成为国内最具特色、以对日软件及信息技术外包为主要特点和竞争优势的专业性、国际化软件园区。借鉴软件外包的成功经验,大连的金融服务外包近几年也快速发展,先后引进了花旗银行对日后台服务中心、埃森哲(德意志银行)呼叫中心、GE金融后台服务中心、IBM信用卡中心等知名金融机构的后台服务中心,引进了富达基金、日本软银、日本财险等国际金融外包企业,培育了信雅达、新中联、同方软银、奥远电子等国内金融外包企业。

大连服务外包产业在实践中形成了外包企业、职业教育学校和"官助民办"软件园三位一体的"大连模式"。大连软件园已成为国内软件外包业务的一大聚集地,其成功经验被用于七贤岭、黄泥川构建离岸金融外包功能区,在河口湾、凌水湾构建在岸金融外包功能区。首先是引进花旗、GE、IBM等国际知名金融机构的后台服务中心,直接带来大量的离岸服务外包订单,提高城市在外包行业的知名度。同时培育本地服务外包龙头企业,提升企业技术创新能力。其次是独特的职业教育人才培养体制。服务外包产业是典型的知识密集型行业,对从业人员的素质和技能要求明显高于传统产业,大连通过学历教育、岗位培训、国内外招聘等渠道,由24所大专院校、116所中职学校、近200个社会培训机构培养大量服务外包从业人员。再次是独创的民企出资,政府指导、扶持与市场化运作相结合的"官助民办"的发展模式,充分发挥了政府和服务外包企业各自的优势,按照市场经济原则配置各种资源,园区内部加速形成服务外包产业集群效应。

二、江苏省金融服务外包产业发展模式的选择

从金融服务外包企业的微观角度看,在承接金融外包项目时和金融机构的合作模式决定了双方的收益水平和合作前景;从区域金融服务外包产业发展的角度分析,地方政府选择适当发展模式,在一定程度上决定了产业政策的成败。

(一)金融服务外包企业的微观模式

1. 金融服务外包模式之一:成本—交易伙伴型

成本—交易伙伴型服务外包模式,是指发包金融机构出于降低运营成本的目的,将特定业务或流程外包。这种"成本导向型"的业务外包关系,实质上是人力资源或知识资源在不同国家或地域的"套利"活动。发包方金融

机构成本的节省，来源于发包方和接包方之间员工工资差异，或接包方在专业领域的经济规模、较高的管理水平和较高的生产效率。接包方的运营成本、外包交易成本、管理成本低于金融机构内部运营成本时，金融机构可以将某类业务外包给接包方，建立起短暂、浅层次的交易伙伴关系。如图 7-2 所示，曲线 *A* 为在金融机构业务内部运营成本，曲线 *B* 为接包方承接外包业务的运营成本，曲线 *C* 为业务外包的交易成本和管理成本，曲线 *D* 为金融机构业务外包总成本。金融机构业务内部运营成本曲线 *A* 和业务外包的总成本曲线 *D* 交叉于 *E* 点，*E* 点左侧的业务外包总成本低于金融机构自营的内部成本，金融机构可以把相应的非核心业务外包，达到降低成本的目标。

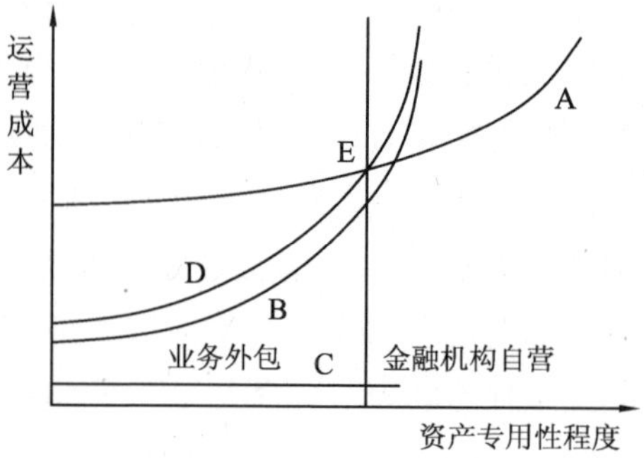

图 7-2　金融机构外包成本分析

该模式在 20 世纪 80 年代非常普遍，特别是在信息技术快速发展的背景下，金融业对 IT 依赖性越来越大，金融机构服务水平与其 IT 基础设施和应用软件先进程度成正向变化。国际金融机构逐步把软件开发维护、终端用户支持、网络管理等信息技术外包（ITO）。此模式有利于节约成本，发包方在服务质量满足要求的前提下重点关注成本降低程度，双方停留在简单的契约关系阶段，业务活动的价值附加较低，外包过程中的道德风险、机会主义等因素难以消除。该模式是金融机构尝试服务外包时必然选择的模式，我国很多金融服务外包在初次开展服务外包，或者对外包重要性没有系统认识的情况下，必然会选择成本—交易伙伴型模式。江苏省内的金融外包服务提供商，特别是中小型外包企业应重点发展交易—伙伴型金融服务外包模式，先行占领市场份额，随着外包产业的成熟发展再行提升外包合作层次和深度。

2. 金融服务外包模式之二：竞争—战略伙伴型模式

该模式是金融机构为了应对来自国内外激烈竞争和新商业模式的挑

战，为保持核心竞争力或形成新竞争优势，把非核心业务外包出去，是一种因竞争而和承接方形成战略伙伴关系的外包模式。金融机构专注于开发能够满足现在及将来竞争优势的资源，对于其他资源则可以借助于外部最优的专业化资源予以整合，从而获得竞争优势，增强企业对环境的应变能力。如图 7-3 所示，横轴表示金融机构的企业边界，纵轴表示和接包方相比业务运营的相对成本。金融机构的核心业务和核心能力在短期内难以提升，也就是说能力提升在短期内弹性很小，可以由曲线 A 表示。当非核心业务相对成本曲线 $\Delta C<0$ 时，由金融机构自营有成本优势；$\Delta C>0$ 时，业务应外包；$\Delta C=0$ 的 B 点是企业边界，表明企业自营业务的范围。随着金融机构竞争加剧，以及外包服务提供商专业化提升而成本逐步降低，ΔC 曲线左移到 $\Delta C'$，企业边界由 B 点缩小到 B'，金融机构可以把更多资源配置到核心业务，以增强核心竞争力。

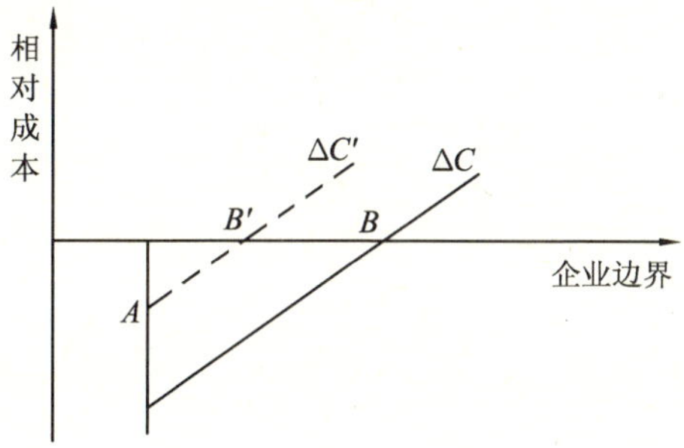

图 7-3　核心竞争力与金融机构的企业边界

竞争—战略伙伴型服务外包模式盛行于 20 世纪 90 年代到 21 世纪初，金融机构开始外包部分业务流程（BPO），以期形成更加完整的外包服务供应链。业务外包的主要目的是为了提升公司竞争力，与接包方的关系由外包服务提供转变为战略合作。通过与行业最佳的接包方建立长期合作关系，依赖于接包方的知识积累和学习范围，金融机构可以集中开发自身优势资源，同时获取服务商的行业最佳资源，填补自身资源的不足，获得竞争优势。

与成本—交易伙伴型外包模式相比，这种模式下金融机构和接包方之间的信任度有所增加，从价值链角度看外包业务环节附加价值的含量也有所提升，接包方提供较为复杂的外包服务，帮助金融机构提高服务质量和盈利水平，接包方自身也可以获得更高的附加值、更大的增长空间和利润。这种外包模式是当前国际金融服务外包的主体合作模式，也是江苏省金融外包服务提供商重点开拓的类型,原有的成本—交易伙伴型外包模式合作双方需要加大合作力度和深度,在外包项目上形成战略伙伴型合作,实现双方共赢发展,并推动江苏省金融服务外包水平的提升。

3. 金融服务外包模式之三:创新—联盟伙伴型模式

该模式是金融机构为了进行柔性化经营与管理,以积极参与革新、使自身能够高效地进行业务转型,和接包方建立联盟伙伴关系,是一种“创新导向型”的联盟关系。这是金融机构不断增长的风险分担、运作柔性以及业务变革需要驱动的结果。

金融服务外包不是退出相关业务,而是把自营的非核心业务交由专业接包方提供,给最终客户提供更好的产品和服务,并且可以利用接包方的客户渠道,迅速提升金融机构市场份额。由于金融机构要获得更多市场份额,必须投入相应营销费用以及其他费用,费用的上升有可能抵消市场份额上升所带来的盈利。如图 7-4 所示,当市场份额超过 *A* 点以后,盈利能力曲线 *I* 由高点下降。在动态不确定性的环境下,接包商成为金融机构获取竞争优势的联盟伙伴,金融机构依赖于服务商提供的关键资源,形成行业最优的交付模式和创新解决方案,可以降低拓展市场和运营的费用,盈利能力曲线由 *I* 移动到 *II*。市场份额由 *A* 点上升到 *C* 点,盈利能力在 *A* 点到 *C* 点之间不但没有下降,反而由 *B* 点上升到 *D* 点,图形 *ACFDBE* 是金融机构业务外包所带来的收益。

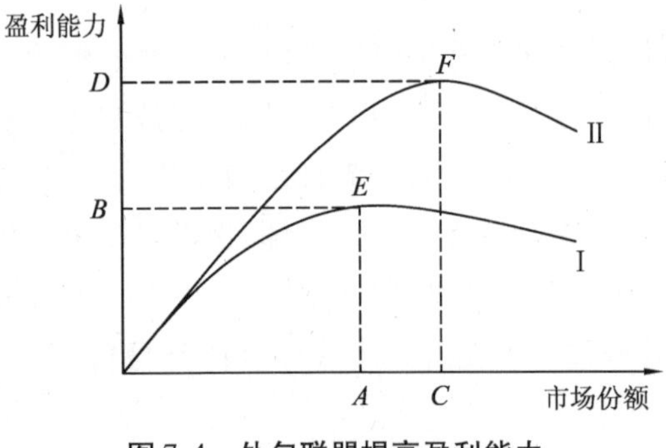

图 7-4　外包联盟提高盈利能力

创新—联盟伙伴型外包模式在 21 世纪逐渐增多,业务流程外包也成为外包战略的重点,投资管理、保险理赔等较为核心的业务开始外包。埃森哲对全球金融机构 400 多位信息技术官调查表明,他们更看重接包商精深的行业专长、全面的业务能力,甚至是全球的经营触角。此模式要求接包商具备发包金融机构难以获得的高端知识、资深的领域知识和行业相关知识来形成整合的创新解决方案。接包商需要熟悉金融行业以及发包金融企业的战略目标，需要把握金融企业的需求并且能主动适应，提供前瞻性、主动性的服务才能为发包方带来战略价值。创新—联盟伙伴型外包模式是金融服务外包的发展趋势和最高合作形式，江苏省内大型金融外包服务提供商应在巩固和金融机构战略伙伴的基础上，探索如何拓展创新—联盟伙伴型外包模式，以自身在金融和外包行业的特殊优势为金融机构提供创新解决方案，赢得更多金融机构的外包项目，引领江苏省甚至全国金融服务外包产业。

4. 金融服务外包三种外包模式的演进

成本—交易伙伴型外包模式是以"成本"为导向，以承接方优质而价格低廉的外包服务为合作基础，但这种比较优势会随着各地区经济发展、劳动力工资水平变动而弱化，因此这是低级、脆弱的外包模式。随着发包金融机构对外包重要性的认识逐步深入，更看重接包商的资源优势，成本因素会退居次要地位。随着接包方技术能力和学习能力增强，以及双方"信任度"提升，业务附加值含量也逐步提高，使得双方外包模式提升到竞争—战略伙伴型。

在第二种模式下双方仍旧没有建立起相对稳固的业务关系，当金融机构发现有承接技能更高的接包商，特别是能够帮助其实现柔性化经营、创新解决方案的接包商时，就可能要与其建立创新—联盟伙伴型外包模式，而与原外包合作伙伴终止合作。接包商也可以在第二种模式合作中，通过提高技术能力和学习能力，为发包金融机构提供更优的解决方案，把双方合作模式提升到创新—联盟伙伴关系。

江苏省金融服务外包目前仍处于发展初期，金融机构对服务外包认识程度不同，服务提供商的接包能力也是参差不齐，在金融服务外包市场上必然同时存在着三种外包模式，成本—交易伙伴型是当前主要的合作模式，只有少数外包服务提供商和金融机构形成了竞争—战略伙伴型模式。个别行业经验丰富的外包服务提供商和金融机构形成了创新—联盟伙伴关系的雏形。金融服务外包市场企业间成熟的模式应是以竞争—战略伙伴型模式为主体，并向创新—联盟伙伴关系过渡。江苏省金融服务外包产业的持续发展，需要金融外包双方在合作中实现良性互动和共赢，实现外包模式的动态演进升级。

（二）政府主导的区域性金融服务外包产业集聚发展模式

从微观层面看，根据江苏省和我国金融服务外包的发展阶段、金融机构对业务外包的认识程度和管理水平，服务外包提供商选择适宜的合作模式，这是推动江苏省金融服务外包发展的基础。考虑到地方政府在区域经济发展中对资源配置的影响力，在目前国内至少有17个城市已提出建设金融后台服务基地的构想与规划的背景前提下，从区域经济层面看，江苏省必须由省市各级政府采取各种优惠政策，推动金融服务外包快速发展以应对国内激烈竞争的局面。

产业集聚是在某一特定领域中，大量产业联系密切的企业以及相关支撑机构在空间上集聚，并形成强劲、持续竞争优势的现象。产业集聚可以提供一个共享的基础设施、专业人才市场以及提供中间投入品和实现技术的外溢，达到企业外部规模经济。从经济角度看，金融服务外包产业布局的聚集效应会推动金融服务外包产业要素齐全、投资环境较为完善的地区快速发展。国内外金融服务外包发展的成功经验也表明，服务外包集聚区是推动金融服务外包产业发展的重要平台。上海市银行卡产业园是国内首个以金融机构后台处理中心为对象的金融外包产业集聚区，引进了中国人民银行支付系统上海中心、中国银联产业发展基地、中国银行等的信息中心或信用卡中心及中国平安保险全国客户服务及后援中心等，为浦东金融服务外包产业奠定了基础。苏州昆山花桥吸引法国凯捷、柯莱特科技、华道数据、远洋数据、中金数据、万国数据等国内外知名金融服务外包供应商，金融业务流程外包产业链基本形成，已经成为国内比较有影响的金融服务外包承接地。江苏省应在总结昆山花桥商务城金融服务外包集聚发展经验的基础上，根据省内各区域发展金融服务外包的比较优势，建设相应的产业集聚区，实现分层次差异化发展。

（三）江苏省金融服务外包产业发展的路径选择

1. 扩大企业规模，培育知名品牌

金融机构发包的项目涉及具体的金融业务流程，因此对项目完成的质量、信息安全等方面有较高标准，具有行业认证标准的大型外包企业在竞争中处于明显优势。印度作为全球离岸金融服务外包最成功的国家，占有80%的市场份额，承接外包的业务从原来简单的文书处理类业务进入较高端的信息技术外包项目、部分核心金融业务和金融数据分析以及提供研究报告、进行趋势预测等金融知识流程外包业务。印度服务外包之所以能占据金融服务外包产业链的高端，是因为印度外包企业规模较大，有很强的竞争实力。根据 NASSCOM 的统计，2007 年年底印度即有超过 1 700 家企业员工人数在 2 000 以上，印度最大的 20 家企业直接雇佣了 50 多万人。印度服务外包行业涌现出了一批大型跨国企业，例如，InfoSys 公司有 5.2 万员工，在 17 个国家设立分公司，印度排名前 4 位的软件企业市场份额达 40% 左右。

我国金融服务外包企业成长速度很快，神州数码不到 10 年时间员工达到近万人，软通动力 7 年时间增至 4 500 余人，华道数据 10 年时间人员快速扩张到 2 500 人。但从行业整体看，本土企业规模较小，市场竞争力亟待提高，在业务收入规模方面差距明显。印度排名靠前的 IT 外包企业年营业额高达 30 亿 ~40 亿美元，从事业务流程外包的企业规模最大的可达 9 亿美元，是中国同类型金融服务外包企业规模的几十倍甚至上百倍。我国本土金融服务外包企业，最大的只有 1 万人，大部分金融外包企业仍是 100 人以下的小规模企业，市场集中度不高，缺少国内外知名的企业品牌。

江苏省需要培育本土金融服务外包企业，成立金融外包产业投资基金，向有发展潜力的金融外包企业提供资本支持。引导金融外包企业提高业务承接能力，扩大外包业务范围，采取多种措施和手段，提高服务水平、服务能力和服务效率，提升与金融机构的合作模式，提高在国内外金融外包市场的竞争力。给予重点金融外包企业进行海内外收购兼并，或与海外顶级金融服务外包企业开展战略合作的扶持政策，加速服务外包企业成长，承接规模较大、层次较高的高端外包项目。进一步引进国际知名金融服务外包企业，通过合资、合作等形式和国内企业形成战略合作，使本土企业在技术、管理、风险控制等方面积累离岸外包项目运作经验。通过政府或行业协会的平台推介江苏省金融服务外包企业品牌，使国内外金融机构了解外包企业的经营实力，提升江苏外包企业在行业的知名度。

2. *省内金融服务外包产业分工与梯度转移*

区域经济梯度是指区域经济技术水平和创新能力在空间上呈现出的规律性差异，梯度布局理论认为处于高梯度的地区要保持其地位，唯一的办法就是不断创新，建立新产业、创造新产品，保持技术的领先地位；同时淘汰或向经济落后地区转移已进入成熟和衰退阶段的老产业和老产品。江苏省内经济发展非平衡特征明显，苏南工业和服务业发达，服务外包产业发展具有绝对优势。江苏 3 778 家服务外包企业主要集中在苏南地区，以南京、苏州、无锡、常州、镇江五市为重心的苏南国际服务外包产业带基本创造了全部的服务外包收入，全省金融服务外包也主要集中在南京、苏州、无锡等城市。苏北经济基础薄弱，金融服务外包发展缓慢，没有充分利用外包资源。金融服务外包产业的不均衡发展，要求在省内进行分工布局优化，形成合理的分工梯度。

根据江苏省各城市经济发展成熟程度和金融服务外包发展基础，在南京、苏州、无锡三个中国服务外包示范城市以及常州、镇江等外包产业发展基础较好的苏南城市重点发展中高端的金融 IT 项目外包、业务流程外包特别是知识流程外包业务，提升承接离岸、在岸外包业务的竞争力。苏北具有劳动力资源丰富、运营成本较低的优势，通过建立劳动密集型的金融业务外包对合理利用省域各地的资源、实现南北协调发展、推动产业转型升级具有重要意义，因此应以扬州、连云港、徐州等苏北地区为低梯度地区，重点承接由苏南转移出来的低端、劳动力密集型金融服务外包业务。在省域范围内根据各城市不同的资源优势，对金融服务外包进行合理布局，实现梯度转移的合理分工。

3. 提升服务外包层次，逐步形成完整的外包产业链

金融机构服务外包的内容包括 IT 设备和维护外包、具体金融产品业务流程外包、产品营销推广外包、后勤性事务外包、法律等专业服务外包等类型，涵盖客户服务、后台业务、IT 服务、财务会计、人力资源服务、数据分析与知识管理等 6 大领域。目前我国银行业外包则主要集中在 IT 外包、灾难备份外包、银行卡外包和客户服务四个方面，只有少数 IT 领域的外包项目技术含量较高、处于产业链高端，其他外包项目多处于产业链中低端，仍以基本的后台处理业务、客户服务等低层次操作性、事务性项目为主，和金融机构合作仍停留在成本—交易伙伴型合作模式，甚至出现了压低外包项目价格的无序竞争现象。

江苏省金融服务外包企业必须改变低层次竞争局面，在金融信息技术外包、业务流程外包领域向高端外包项目拓展。巩固 IT 硬件运营外包和应用软件开发、测试、维护等处于产业链中低端的外包项目，同时开拓 IT 需求分析、软件系统设计、后台 IT 系统、信用卡系统等外包项目，向价值链高端延伸。金融业务流程外包向职能型业务，如财务、人事、采购、金融业务整体流程外包扩展，甚至承接应付账款服务、贷后管理、网上银行服务、投资管理，基金单位定价及托管、核保与索赔支付等核心业务流程。部分行业处理

能力强的企业可以向信用分析和操作、客户价值分析、财务预算、数据采集分析等金融知识流程外包项目拓展。金融服务外包发展目标应涵盖信息技术外包、业务流程外包、知识流程外包，承接低、中、高端外包项目，在整个金融外包产业链中系统布局。

4. 形成金融外包产业集群，促进江苏产业结构升级

江苏省作为经济大省，面临转变经济发展方式、实现产业结构升级的重大任务，金融服务外包产业发展是实现这一目标的有效途径。印度服务业在 GDP 中的比重最近 10 年来均超过 50%，比我国要高出 12 ~ 13 个百分点，其原因主要是服务外包产业发展迅速。我国经济发展长期依赖制造业，随着经济规模扩张，面临的资源约束、环境承载能力问题越发突出，而金融服务外包产业具有高经济价值、创造中高端就业岗位、促进经济转型升级的重要作用，需要在省域合理分工、产业链合理布局的基础上，打造金融外包产业集群，加速金融外包产业发展。

从产业集群的演化路径看，在集群的形成期是一个自发的缓慢状态，如果没有地方政府维护集群和谐有序发展的相应规制，没有行业自律性组织，集群可能在形成期便出现过度竞争等不利因素而步入衰退，或因发展缓慢而丧失机遇。江苏省各城市在发展金融服务外包产业时应借鉴昆山花桥打造金融外包产业集群的成功经验，由地方政府按照金融服务外包产业发展规律和本地资源优势，对本地区金融服务外包进行准确定位，制定产业集群发展战略，对集群的布局、配套设施等做好规划建设。完善相关的政府规制，加强同行会、商会的沟通，规范约束集群内企业经营行为，创造良好的运行环境。规范集群内企业进入和退出机制，在引进国内外知名外包企业的同时，注重创新型金融服务外包企业的培育，增强产业集群竞争能力。

第三节 江苏省金融服务外包产业发展的政策选择

一、构建发展环境

金融服务外包产业的发展需要完善的后台服务体系的支撑，它包括各种硬件资源，如便利的通信和交通基础设施、完善的人才教育和培训体系，也包括合理的软件环境——良好的信用环境、完善的金融外包监管制度、健全的知识产权保护制度、优惠的政府扶持政策等。

对于江苏省来说，有必要借鉴国内外先进地区（如印度班加罗尔的电子

城高科技园区、天津的中信金融物流园区等)的成功先例,按照国际标准在各方面培育打造金融服务外包的专业园区,提升金融服务外包产业的国际化程度,为承接国际金融服务外包搭建良好平台。

（一）改善硬件环境

金融后台服务产业园区的硬件建设具有极强的兼容性和共享性等特征,以及明显的规模经济效应和范围经济效应,同时具有开发周期长、前期投入高等特征,一般都是由各级政府统一规划和组织建设的。

金融服务外包业务在传输指令和履行服务时,往往是通过国际互联网来进行的,因此对计算机和网络基础设施建设有较高的要求。外包服务商一般都倾向于选择在基础设施良好的区域发展,因此,江苏省有必要继续建设城市光纤主干网络,积极推进"光纤到户"和"光纤到桌面"工程,组织引导电信运营商及电信运营企业多渠道、多方式投资建设无线宽带网络,增加带宽、优化数据流向,为金融服务外包企业提供高速优质的通信服务。

在金融服务外包产业园区的建设上,要借鉴国际先进服务外包基地的发展经验,从建设高水准、前瞻性服务外包所需要的基础设施要求出发,根据其产业发展进程,建设金融服务外包专用办公楼宇、生活休闲、健身娱乐设施等配套齐全的国际化服务外包园区。同时进一步统筹考虑园区未来就业人口的流动、通勤等需要,规划建设区内和区间交通系统。

（二）建设软件环境

政府的执政效率极大地影响着金融服务外包企业的运营环境。各级政府要转变职能,重视和加强对金融服务外包企业的服务,重视行政服务效率,建立各级领导问责制,定期召开企业代表座谈会,建立便捷、畅通的沟通渠道,及时把握并协调解决企业投资经营过程中的相关问题;建立政府检查企业、企业监督政府的相互监督机制;为企业提供政策咨询服务,使企业在技术创新、人才培养、市场拓展等方面及时得到政府的支持。

（三）完善社会环境

在社会环境方面,政府需营造良好的社会人文环境,以迎合高端的金融服务外包人才的生活需要。如通过加快国际学校、外国人公寓、特殊医疗、大型文化设施和高档购物设施建设,为国际商务人士提供全方位服务,创造快捷、方便、舒适的生活环境。通过建设和完善博物馆、美术馆、图书馆、音乐厅、剧院、文化馆等公益性文化设施,营造良好的文化氛围。通过提高政府相关部门和窗口行业从业人员的外语能力,提高居住地外语人口普及率,改进和完善城市街道、旅游地、商业服务设施、公共交通设施等场所的中外文标示，建设高水平的国际化城市功能区。

二、打造支撑平台

（一）促进中介服务体系发展

要加快中介服务领域对外开放的步伐，制定相应鼓励政策，大力吸引国外著名法律、会计、经济、评估等专业中介机构入驻，同时积极鼓励民间资本进入，广泛开展评估评价、教育培训、信息咨询、知识产权交易与保护等各类专业中介服务，形成全方位、多层次的服务格局。规范中介服务行为，整顿市场秩序，提高服务水平，形成功能健全、规范有序、服务高效的中介服务体系。

（二）建设高标准、现代化的配套服务业

引入国际先进商业模式，构建国际化、便捷化的商业环境，提高金融服务外包企业周围的生活舒适度。整合所在地的文化资源，带动区域内广告、媒体制作和传媒产业发展；大力发展会展、商务旅游、货物运输、邮政速递等服务业，逐步形成与金融服务外包产业协调发展的配套服务体系。

（三）疏通资金渠道，促进服务外包产业与金融业和资本市场的对接

我国本土金融服务外包企业发展的实践表明，风险投资等资金对其发展壮大起到了十分重要的作用。为此，政府应努力改善金融服务外包企业投融资条件，完善政府部门、金融企业、服务外包产业基地以及服务外包企业间的联动机制，构建多层次的服务外包企业融资体系。具体措施有：鼓励银行、外资、风险资本和民间资本等资金以多种形式流入金融服务外包企业；加强与国家开发银行等金融机构的合作，深化合作方式，优先为服务外包企业提供科技型中小企业贷款等融资支持；探索建立担保机制，对于国家认定的金融服务外包企业，允许其以所提供的产品等为抵押进行贷款融资；鼓励国家和地方的政策性担保公司为本土金融服务外包企业提供贷款担保；建立支持创业企业上市的绿色通道。利用国家推出创业板的契机，积极支持金融服务外包创新企业上市，为金融服务外包创新企业融资创造机会；鼓励金融服务外包企业通过资产重组、收购、兼并等形式加速扩张。

（四）统计和发布金融服务外包行业信息，宣传相关政策和产业动态

在金融服务外包产业的发展中，信息收集、分析、处理的工作十分重要，政府需为金融服务外包企业提供高效的信息服务。具体可从以下两个方面着手：

一是建立金融服务外包信息网，搭建服务外包交流平台。这一平台可主要包括江苏金融服务外包行业环境介绍；金融服务外包行业示范基地介绍；金融服务外包行业企业、培训机构、中介机构、服务机构等的数据库和介绍；金融服务外包行业的招聘信息介绍；金融服务外包项目交易信息介绍；鼓励金融服务外包行业发展的政策、法律、规章介绍等内容。同时，政府可利用这一平台及时了解金融服务外包企业需求，加强对金融服务外包产业发展状况的研究。

二是建立金融服务外包统计指标体系。研究建立金融服务外包统计指标体系，逐步实施金融服务外包统计制度，为金融服务外包发展提供可靠的决策依据，加强金融服务外包发展的趋势分析，为金融服务外包企业提供市场信息服务。

三、提供产业政策支持

在金融服务外包产业发展的初期，政府应在吸纳国内外金融服务外包业务发展经验的基础上，根据本地实际，研究制定具有可操作性的相关税收、补贴政策和政策性贷款以及投资促进措施，以便抓住关键的机遇期。

（一）放宽服务贸易领域市场管理限制

政府应根据国际金融服务外包发展趋势和特点，制定鼓励金融服务外包行业目录。一方面，应大胆“引进来”，放宽银行、证券、保险、基金、会计和审计等金融服务行业的市场准入条件，积极鼓励跨国金融机构和大型外包提供商在江苏设立服务外包基地或分支机构，在准入审批和工商登记时，给予审批和登记便利，以方便企业按照国际惯例承接服务外包业务，将这类机构列入外商投资鼓励类产业，享受已有的相关产业优惠政策，带动并促进金融服务外包产业的发展。另一方面，应勇于“走出去”，政府可将本土金融服务外包业列入重点鼓励发展产业，提供必要的信息咨询等服务，积极组织、引导和推动本土金融服务外包企业在海外设立机构和网点，大力开拓海外服务外包市场，不断加深海外金融服务外包市场的渗透度，以金融服务外包产业的发展，促进服务业向更高水平迈进。

（二）给予金融服务外包企业税收优惠和资金支持

政府应制定和完善服务贸易出口补贴、出口信贷和出口保险政策；推动设立金融服务外包发展基金，支持金融服务外包企业拓展海外市场；设立一定的标准对金融服务外包企业进行认定，对于已经认定的金融服务外包企业，可考虑适度减免营业税、企业所得税、个人所得税，对其研发费用实行税前抵扣，对其服务出口减征或免征关税，对其新建或购建的自用办公用房、租赁的自用办公用房，给予适当优惠和补贴；鼓励各级地方政府设立本地金融服务外包风险投资基金或专项基金，联合境内外风险投资公司，共同投资孵化金融服务外包企业，吸引跨国公司将金融外包业务转移到江苏，以市场化的方式强化政府资金的推动效果。此外，应将金融服务外包纳入外贸出口和利用外资考核奖励体系。

（三）构造金融服务外包产业基地，促进服务外包企业互联

著名经济学家马歇尔证明了产业聚集能够带来知识外溢和提高规模经济效益。他曾阐述为什么集中在一起的厂商比单个独立的厂商更有效率的三个主要原因：一是厂商集中起来能促进专业化供应商队伍的形成；二是厂商的地理集中分布有利于劳动力市场共享；三是厂商的地理集中有助于知识外溢。他曾在论述中描述：当同行业的很多公司集中在一个地区时，“业务中的秘密不再是秘密，而在人们中流传……杰出的工作得到应有的评价，机器、生产流程以及业务组织上的发明与改进的优点得以迅速论证。如果某人提出了一种新的构想，它将被其他人迅速采纳并糅入他人的想法。这就是新构思的源泉”。克鲁格曼还通过美国硅谷的案例证明了产业集聚效应所产生的知识外溢。

金融服务外包产业同样存在着产业集聚效应。江苏应充分发挥南京、苏州、无锡三地原有的产业优势和基础，将这三个城市打造成为金融服务外包产业重量级基地，发挥金融服务外包产业基地对金融服务外包产业发展的基础性作用。这些作用具体表现为：

（1）产业集聚创新功能：集聚金融信息产品的研发与生产，形成国内外金融信息产品的技术创新中心、业务创新中心和运营机制创新中心。

（2）金融后台服务功能：吸引国内外金融机构后台核心业务向江苏集中，形成国内商业银行的跨行信息交换中心、国内外各类金融机构的数据处理中心，形成完善的金融后台服务功能。

（3）国际金融服务外包承接功能：承接以欧美为主的国际金融机构数据处理业务的转移，为江苏发展国际金融服务外包产业发挥示范作用，促进江苏成为国际性的金融服务外包业务的接发包中心。

（4）辐射带动功能：通过整合江苏的金融服务资源，以南京、苏州、无锡三地为核心枢纽，发挥辐射带动作用，带动江苏省金融服务外包产业和其他服务业的发展，进而推动江苏省的产业升级。

对于南京、苏州、无锡三个金融服务外包产业基地的发展，应坚持基地产业化、市场化、国际化、专业化的定位，着眼于发展中高端的金融服务外包业务。支持基地引进发展银行卡业务、数据业务、客服业务、财务服务业务、销售业务、营运业务和研发设计业务，形成产业规模大、竞争优势强、经济效益好、品牌效益高的产业集群，使之成为国内发展金融服务外包市场的主要试验田和集聚地，成为亚太地区离岸外包业务承包和转包中心的重要组成部分。

（四）完善人才引进和培养机制，优化人才供应结构

与其他传统行业不同，金融服务外包的行业特性决定了“人才”是其发展进程中最重要的生产要素，犹如推动金融服务外包产业“车轮”前进的“发动机”。目前，随着世界服务外包和软件产业的迅猛发展，包括印度在内的许多国家的服务外包产业都不同程度地受到了人才短缺的困扰。如果说过去政府针对传统产业的优惠政策大多侧重于企业，那么新一轮服务外包的产业政策则重点针对人才。

当前，国内外经济形势正在发生着巨大的变化，美国金融危机阴影远远没有散去，欧债危机却在改变欧洲的前进步伐和国际地位，全球经济增速明显放缓。这场危机给欧美的金融及IT行业造成重创，大批的国际IT业巨头纷纷裁员压缩成本，从而迫使欧美等发达国家把越来越多的IT服务外包出去。金融界不少人才也开始从华尔街转向中国等地寻找工作。这将为江苏省加快发展服务外包带来机遇，也为江苏省招揽世界高端服务外包人才和领军人才创造了难得的机会。

虽然江苏省在教育方面成果显著，但是对于金融服务外包行业而言，需要的是有经验的技术人员和行业领军式人才。对于属于技术密集型产业的金融服务外包行业来说，人才是发展的最大瓶颈。甚至很多时候不缺少资金，因为资金可以通过政府扶持等多方面进行融资，但是高端人才的培养是需要时间沉淀的。中国服务外包真正意义上的发展不到10年，从业人员的经验太少，尖端人才往往会因为各种各样的原因而流失。缺少高端人才，这是目前制约江苏省金融服务外包行业发展的一个困境。

从政府角度来说，当务之急是本着“固强补弱”的原则，构建多层次的金融服务外包人才引进体系和教育培训体系。具体可采取以下措施：

1. 做好信息搜集和服务工作

由发改委、外经贸、科技、教育、人事、劳动等部门建立金融服务外包人

才培养和引进的工作协调机制，加强金融服务外包人才的培养和引进工作。特别是在当前的经济环境下，要抓住机遇，广揽高端金融服务外包人才来江苏发展。做好金融服务外包领域急需的新职业开发工作，争取国家服务外包人才培训资金支持。开展金融服务外包行业人才现状和需求调研，适时编制金融服务外包人才开发专项目录，引导金融服务外包人才的培养和集聚。充分发挥人才中介机构的作用，积极为金融服务外包人才提供人事代理、人才派遣、人才测评、人才推荐、猎头服务与人力资源管理咨询等服务。

2. 构建人才引进体系

将金融服务外包人才名单列入紧缺人才开发引导目录，大力吸引金融服务外包高层次人才，推荐符合条件的金融服务外包人才享受人才发展资金的资助和奖励。对符合人才引进条件的从事金融服务外包行业且专业对口的人员在户籍管理、出入境管理、社会保险、子女教育、申购人才专项用房和医疗保障等方面，给予便利。对金融服务外包企业中符合条件的外籍从业人员，给予办理居留许可证和多次出入境便利。

3. 构建教育培训体系

一是采取多种形式，建立一批金融服务外包培训基地。引导和鼓励有条件的高校完善和提升与金融服务外包密切相关的学科建设；加强政府与高校、企业与高校之间的合作，开展产学研交流，建立一批金融服务外包企业急需的创业型和实用技能型人才培训基地；引进国内外知名培训机构和大型企业开展金融服务外包培训；鼓励有条件的社会培训机构开展各类金融服务外包人才培训，为金融服务外包产业提供智力支持。本着竞争、择优的原则，选择有实力的学校或者培训机构成为政府非营利性金融服务外包人才培训计划承办单位，负责金融服务外包人才培训项目的具体执行。对公信度好、就业率高的项目承办单位应给予奖励。

二是大力开展金融服务外包人才培训。鼓励开展员工岗前培训及人才定制、人才资质、国际认证、相关法律、行业标准和知识产权的培训，对经批准开展服务外包培训的企事业单位和社会培训机构给予一定的奖励。

三是将大学生就业工程与金融服务外包发展规划目标有机结合，采取有效措施鼓励大学生参加金融服务外包培训项目，参与金融服务外包企业假期实习和勤工俭学项目，促进大学生就业。

4. 支持金融服务外包人才创业

引导国内各类与金融服务外包有关的人才尤其是高层次紧缺人才来江

苏服务，在金融服务外包企业专职或兼职从事科技合作、技术入股和投资兴办企业。金融服务外包人才（包括留学生）创办金融服务外包企业，可根据相关规定，享受风险投资基金支持、融资担保、场地扶持、培训补贴等政策。

5. 实行综合工时制

对符合条件且劳动用工管理规范的金融服务外包企业，因生产经营特点无法实行标准工时工作制的部分岗位，经核准审批，可以实行不定时或综合计算的工时工作制。

（五）支持技术创新，保护知识产权

台湾地区著名管理学家吴松龄在《创新管理》一书中指出：在知识经济时代里，企业要想在竞争激烈的环境中维持或提升其优良的竞争绩效，必须在企业中强化良好的创新能力、良好的决策能力、良好的执行能力、良好的管理能力与良好的激励奖赏等五个方面的品质和绩效，而且这五方面能力的同步平衡发展与持续改进，将持续提升优质与卓越的企业竞争力。对于金融服务外包企业来说，这五种能力的培养是企业核心竞争力的主要来源，而良好的创新能力更是它们立于不败之地的重要保障。对于政府来说，支持和鼓励金融服务外包企业的创新，是促进金融服务外包产业发展和提升的重要举措。具体可以采取的措施有：

1. 制定落实技术先进型服务企业优惠政策

对符合条件的技术先进型金融服务外包企业，实行一定程度的税收优惠，如减免一定比例的企业所得税等，并可按规定享受促进高新技术成果转化等优惠政策。

2. 有效保护知识产权

鼓励金融服务外包企业开展拥有自主知识产权的软件开发与研究，对其申报专利、版权、标准给予资金支持；将金融服务外包业务中取得重大社会或者经济效益的知识产权项目列入政府奖励范畴，以激励企业自主创新。加强知识产权保护管理，依法查处服务外包中知识产权侵权行为。加快知识产权公共服务平台建设，为金融服务外包企业提供方便、快捷、专业的知识产权创造、保护、管理和运用等信息服务。

3. 鼓励金融服务外包企业取得国际认证

对金融服务外包企业取得的开发能力成熟度模型（CMM）认证、开发能力成熟度模型集成（CMMI）认证、人力资源成熟度模型（PCMM）认证、信息安全管理（ISO27001/BS7799）认证、IT 服务管理（ISO20000）认证、服务提供商环境安全性(SAS70)认证以及相关认证的系列维护、升级等,政府按照其实际发生的认证费用给予一定比例的资助。

4. 支持金融服务外包企业进行技术改造,提高企业承接服务外包的能力和水平

政府相关部门可对改造提升的项目给予贷款贴息支持。金融服务外包企业为承接外包服务项目进口所需的自用设备,以及按照合同随设备进口的技术(含软件)及配套件、备件,可按国家有关政策规定申请免征进口关税和进口环节增值税,并可根据不同情况准予实行加速折旧。

(六) 发挥金融服务外包行业协会的作用

NASSCOM(National Association of Software and Service Companies)是印度全国软件与服务的一个非营利组织,它于1988年成立,该组织拥有包括来自印度、美国、欧盟、日本以及中国的1 100多家软件出口和外包服务企业。其主要任务包括:协调产业与政府的关系,推动产业规划与发展,协调建设软件科技园,争取有利于软件产业发展的政策优惠,维护企业知识产权,开展人才培训,推动服务外包由后端办公服务等向金融、保险、软件开发与研究等领域发展,等等。

此外,为了保证软件公司的规范运作,NASSCOM还规定,凡拥有10名员工以上的软件公司必须达到ISO9001标准认证。可见,NASSCOM在帮助印度成为全球服务外包的重要承接基地中发挥了重要作用。

江苏省政府应当协调相关部门成立印度NASSCOM式的金融服务外包行业协会。这个组织可统一协调各个城市地区共同的财税优惠政策,而不是各地实行不同的优惠措施,导致恶性竞争的发生。建立行业协会,可以从宏观层面上有效地规范服务外包行业竞争秩序,打破部门、行业垄断和地区封锁。这样可以在统一的政府支持下,加大对金融外包企业、行业组织发展的支持力度,发挥服务外包行业组织在行业自律、开拓国际市场、促进产业链和促进国际合作和推动政策完善等方面的作用。同时还可引导其开展市场调查、咨询评估、技术交流、行业自律、政策研究、标准制订、人才培训和投资促进等服务,更好地发挥行业内部信息交流、协调自律等作用。

(七) 重点扶持本土金融服务外包品牌企业的发展

金融服务外包产业能否取得长足的发展,对产业结构升级作出更大的贡献,关键取决于金融服务外包提供商,特别是本土金融服务外包提供商的市场竞争力。一方面,政府应鼓励海外跨国金融机构和大型金融服务外包

提供商在江苏设立外包基地和分支机构，以便在直接拉动金融服务外包业增长的同时，为本土金融服务外包企业带来相关经验、技术和管理模式，培训和培养一批与国际接轨的金融服务外包人才。另一方面，政府应加快培育本土金融服务外包提供商，通过外部政策和手段予以支持和扶持，促使本土金融服务外包企业做大做强。具体可以采取的措施包括：

（1）支持金融服务外包企业开拓国际市场，如对金融服务外包企业参加国际招商推介会和专业展会提供资助。通过举办国际性金融服务外包论坛及洽谈会，组织金融服务外包企业开展国际交流合作、出国参展、参与出口项目招投标等市场开拓活动，鼓励有实力的本土金融服务外包企业在境外设立分支机构，利用政府现有海外资源建立境外承接服务外包网络等方式，搭建服务外包国际交流合作平台，扩大本地在国内外金融服务外包业的影响力。

（2）支持金融服务外包企业品牌建设。鼓励金融服务外包企业开展自主品牌建设，符合有关规定的，可享受促进品牌发展方面的资金扶持。鼓励金融服务外包企业培育自主知识产权，为金融服务外包企业申请专利提供资助。符合有关规定的，可享受外贸发展基金中安排的出口品牌发展资金的优惠政策。对已形成规模、具有一定知名度的现有金融服务外包企业品牌积极予以保护。

（3）落实“大企业”战略，扶持培育一批核心竞争力强、承接金融服务外包业务能力强的企业。大力吸引既承接全球的金融服务外包，又可向我国发包的跨国公司地区总部和研发中心落户本地。支持金融服务外包产业发展园区设立重大项目招商专项扶持资金，用于金融服务外包产业重大项目前期论证，引进国内外著名大公司和具有良好发展前景的大项目的可行性研究及项目招商等经费支出。鼓励本土金融服务外包企业与国际顶级金融服务外包商合资，或开展战略合作与策略联盟，以及广泛进行海内外并购。

（八）加强金融服务外包行业风险防范和管控

金融服务外包发展过程中，不可避免地面临着诸多风险，一旦管控不当，影响会十分严重。例如，在金融服务外包过程中，客户最为关注的是数据保密与安全保障出现问题，或者金融服务外包商存在欺诈行为、不能严格按照发包方要求标准提供服务、没有按时按质完成所承接的外包项目且无力补偿，这样的事件会给发包商带来严重损失，并直接影响金融服务外包产业的公信力，制约金融服务外包产业的进一步发展。因此，在金融服务外包产业发展之初，就应风险当头，加强金融服务外包风险防范与管控。重点可从以下几个方面入手：

1. 制定金融服务外包法律法规

国外金融服务外包产业较为成熟的国家和地区，已经有专门性的法律法规或监督规定来规范金融服务外包，对于外包提供商的选择、风险防范、监管的关注事项甚至于外包至海外的额外关注事项都有详尽提示，以促使金融机构有效控制风险，并为监管当局的有效监管提供依据。随着金融服务外包产业的发展及其在产业结构升级中作用的显现，亟需制定和完善金融服务外包法律法规，规范相关市场行为，引导金融服务外包业在风险可控前提下发展，为海内外发包企业创造良好的法律环境。

为此，立法当局应在学习借鉴国外服务外包法律法规的基础上，结合自身特有的经济法律环境，加快金融服务外包立法进程，重点明确金融服务外包的范围、外包合同的规范性要求、外包提供商和发包商的权利和义务、知识产权保护、客户资料信息保密、外包纠纷的处理程序和机制等内容，争取尽快接受并达到国际知识产权标准，全力营造与全球经济相通的金融服务法律框架。

2. 建立有效的金融监管制度

金融监管机构应充分认识到金融服务外包活动潜在的风险，立足于金融服务外包专业发展的实践，借鉴国外金融服务外包监管的经验，尽快推出金融服务外包监管的指引文件和规范架构的监管部门，并借鉴国际监管通行惯例，加强监管的国际合作。由于金融业务的特殊性和复杂性，必须加强银行、证券和保险等金融机构发包项目风险管控，防范和化解外包引致的金融机构经营风险。为此，有必要由银监会、保监会、证监会等监管机构，共同制定金融机构外包业务的指导意见和监控制度，使金融服务外包市场“有法可依”。

金融监管当局制定的金融服务外包业务发展的制度框架，应遵循以下原则：

（1）合法原则。即外包事务必须是合法的事务，而且服务商也必须是合法的有资格接受外包业务的主体，业务外包的目的和操作程序也应符合法律要求。

（2）风险控制原则。金融机构必须有能力在事前、事中和事后分析评估外包风险，并采取有效的风险防范措施。外包服务商也应该有充分的风险防范机制，并应该受到发包机构的严密监控。

(3) 保护客户合法权益的原则。金融机构和外包服务商都必须确保客户信息的机密性，防止损害客户的利益，对造成的损失应该及时给予补救。

(4) 有效监管原则。外包安排制度必须确保金融外包的程序和外包后的操作与记录能得到发包金融机构的监控和监管当局的有效监管。金融外包监管制度应至少涵盖以下内容：监管的价值取向或标准、监管程序、监管内容与权限、金融机构信息资料的保密性和安全性、金融机构选择服务商的基本程序和机制、外包应急机制、金融机构与外包提供商的关系以及跨国监管。

3. 建立金融服务外包提供商的资格审查制度和信用评级制度

优秀的金融外包服务商是外包成功的关键，建立完善的金融外包服务商的资格审查制度，有利于确保外包程序和外包后操作及记录得到有效监管。同时，金融外包服务商的信用评级制度则有助于金融机构选择服务质量高、技术有保障、信誉优异的服务商作为业务外包合作伙伴。

为防止出现欺诈等道德风险，提升金融服务外包提供商的执业资质，树立良好的行业声誉与形象，应设计科学合理的金融服务外包提供商准入制度，制定准入标准、评估办法和运行机制，从源头上阻止资质不达标、信誉不合格的企业进入这一行业。与此同时，为了能够给金融机构发包方提供具有公信力的选择依据，帮助其有的放矢地选择符合业务要求、服务质量高、技术过硬、信誉优良的金融服务外包提供商，减少金融机构外包障碍，应出台相关政策，将金融服务外包业的评级纳入评级公司评估范畴，规定凡从事金融服务外包业务，特别是金融业务流程外包业务的企业，必须获得一定等级之上的评级，并定期更新评级结果。评级机构应重点考察金融服务外包提供商的专业资质、内部控制、财务管理、风险管理和安全保密等情况，最大限度地防范国内外金融机构发包风险，促进金融服务外包行业的健康发展。

4. 增强金融服务发包方和金融服务外包提供商的自我风险防范意识和风险管理能力

风险的自我防范，是最直接、最有效的风险防范方式，因此，只有外包风险的相关主体不断提高风险防范意识，积极主动地发现风险、评估风险和管控风险，才能将金融服务外包风险降至最低。为此，作为金融服务发包方，应参照国际金融服务发包方的风险防范经验，制定科学有效的外包政策，减少外包风险较高、对公司发展战略有重大影响的业务，开展充分的外包前风险评估和准备，注重外包协议签署和管理，采用科学方法进行外包全过程监督。作为外包服务提供商，应确保自身与外包发包方目标一致，确保外包服务质量和客户数据信息安全。

通过金融服务发包方和金融服务外包提供商共同建立多重风险防线，再辅之以行业的准入限制和监管机构的监控，可以有效地防范金融服务外包风险，促进金融服务外包产业的健康有序发展。

第八章

江苏省金融服务外包产业发展重点城市研究

近年来，江苏省大力推进了服务外包产业的建设，创建了一批国家级和省级两个层次的服务外包载体。在国家认定的21个中国服务外包示范城市中，南京、苏州、无锡三市占据三席，是全国示范城市最多的省份。江苏还在全国率先开展省级国际服务外包示范城市和示范区的认定工作，先后两批认定了常州、镇江、南通、昆山、太仓、江阴6个省级示范城市和无锡新区、苏州新区等34个省级示范区。目前，全省建成各类服务外包载体超过2 000万平方米，各类外包产业集聚园区内完善的技术支撑体系及企业服务体系为服务外包企业的发展提供了良好的环境，也为承接服务业国际转移打下了基础。江苏省国家级和省级服务外包示范城市和示范区90%以上集中在南京、苏州、无锡、常州，所以本章将以南京、苏州、无锡、常州四个城市为对象，展开重点个案研究。

第一节　苏州市金融服务外包业发展个案研究

一、苏州市金融业发展概况

近年来，尤其是“十一五”期间，苏州市金融系统紧贴地方经济社会发展实际，坚持以市场为导向，以改革为动力，加快完善金融组织体系和市场体系，不断增强金融业的社会服务功能，金融业务规模进一步扩大，金融组织体系进一步健全，地方金融实力进一步提升，金融中介服务能力进一步增强，金融创新进一步丰富，金融环境进一步优化，金融在现代经济发展中的支撑和保障作用进一步显现。

(一) 金融业务快速增长

截至“十一五”期末，苏州市金融业增值由“十五”期末的 132 亿元提高到 482 亿元，年均增长 29.6%。金融业增加值占地区生产总值的比重为 5.26%，比“十五”期末提高了 2 个百分点；占服务业增加值的比重为 12.98%，比“十五”期末提高了 2.5 个百分点。“十一五”期间金融业增加值及其占比情况如图 8-1 所示。

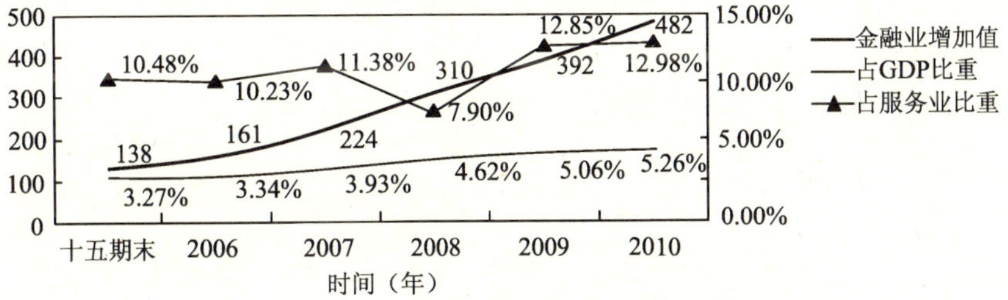

图 8-1 “十一五”期间金融业增加值及其占比情况

“十一五”期末，全市金融机构本外币存款余额 14 225 亿元，贷款余额 10 832 亿元，双双突破万亿。较“十五”期末均增长两倍，成为全国首个贷款余额超万亿的地级市，分列全国大中城市第 8 位和第 10 位。保险业务快速增长，全市实现保费收入 193 亿元(按原口径)，同比增长 30%，是“十五”期末的 2.6 倍，居全国大中城市第 9 位。保险深度为 2.11%，较“十五”期末提高 0.24 个百分点，保险密度为 3 027 元/人，是“十五”期末的 2.44 倍。资本市场稳步发展，全市累计上市公司达 52 家，累计募集资金 358 亿元。全国首支国家级“人民币母基金”——总规模 600 亿元的“国创母基金”在苏州设立，首期 150 亿“母基金”已正式启动。全市各类股权投资机构 148 家，管理资金规模 450 亿元，累计投资项目 803 个，累计投资金额 143.7 亿元。金融业务呈快速增长之势。

(二) 金融机构加速集聚

全市金融业机构类别和数量不断增加，初步形成以银行、保险、证券为主体的，层次分明、门类齐全的金融组织体系。“十一五”期末，全市共有各类金融机构 450 多家。其中：银行业机构 47 家，网点数量 1 754 个；保险公司 56 家；法人证券公司 1 家，证券营业部 60 家；备案创投企业 71 家；融资性担保公司 104 家；小额贷款公司 50 家。苏州成为全国首个外资银行在县域设立同城支行的试点城市。

（三）地方金融稳步提升

地方金融机构改革创新步伐加快，资产规模质量明显提高，业务拓展能力日益增强。苏州银行成功改制并挂牌开业，开辟了地方金融发展新篇章。全市5家农商行总资产规模达到1 891亿元，各项指标均居全国同业前列。东吴证券品牌影响力日益提升，投行业务收入占比接近14%。苏州信托在做好本地业务的同时，积极实施跨区发展，管理信托资产规模近160亿元。国发集团初步构建了银行、证券、保险、信托、担保、创投"六位一体"的地方金融平台，总资产达到291亿元，为全市地方金融发展奠定了坚实基础。"十一五"期间主要金融机构数量增长情况如图8-2所示。

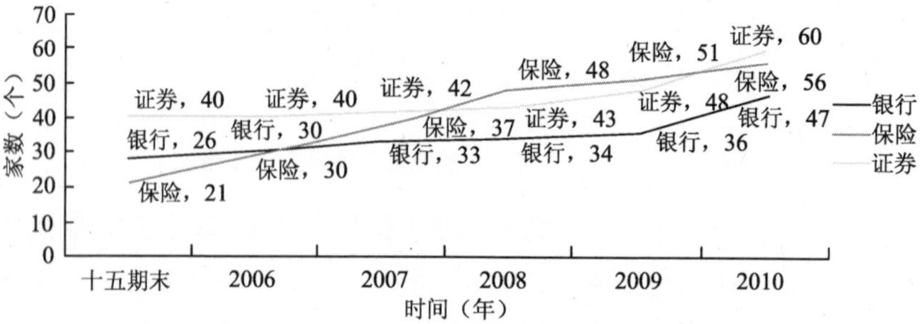

图8-2："十一五"期间主要金融机构数量增长情况

（四）中介服务能力增强

以担保、再担保为主体的金融中介服务能力和水平持续提高，为转型升级和地方经济社会发展提供了有力的资金支持。融资性担保企业注册资金143亿元，新增融资担保额577亿元，在保余额482亿元，分别同比增长54.2%和66.2%，2010年担保规模占全省三分之一，在全国20个大中城市排名中位居第二。苏州国发担保公司、苏州农业担保公司获得全省最高星级——五星级担保机构称号。再担保体系建设稳步推进，市级再担保基金已正式投入试运行，全年完成再担保金额10亿元。

（五）金融创新成效明显

科技金融创新取得重大进展。全省首家科技小贷公司——苏州融达科技小贷公司顺利开业；交通银行苏州科技支行正式挂牌，金融与科技的融合进一步加强。小额贷款公司试点工作成效显著。全市累计获批开业小额贷款公司50家，开业公司数占全省的22%，乡镇（街道）覆盖率已达到44%，注册资本总额108亿元，占全省的31%。

（六）金融环境不断改善

金融监管和协调职能得到强化，风险防范和社会信用意识不断提高，金融生态建设取得丰硕成果。金融机构信用评价体系逐步完善，社会信用环境持续优化。健全风险监测预警机制，制定完善金融突发事件应急预案，有效维护金融债权，不断强化行业自律，依法合规经营意识明显提高，风险防范体系更加健全。反洗钱、反假币、处置非法集资等工作深入推进，有效保障了金融市场秩序。2009 年，在中国社科院金融研究所发布的《全国城市金融生态评价》和《全国城市金融发展水平研究》报告中，苏州分列第 6 位和第 8 位。到“十一五”末，苏州市金融业发展情况见表 8-1。

表 8-1 苏州市金融业发展成果

	指 标	“十五”末	“十一五”末	增长率
总体指标	1. 地区生产总值(GDP)总量(亿)	4 027	9 168.9	128%
	2. 财政一般预算收入(亿)	317	900.6	184%
	3. 金融业增加值(亿)	132	482	265%
	4. 金融业增加值占 GDP 比重	3.3%	5.3%	61%
	5. 金融业增加值占服务业增加值比重	10.5%	13.0%	24%
	6. 金融资产总量(亿)	10 367	19 000	83%
	7. 金融从业人数(万)	1.89	4.1	117%
银行	8. 银行业机构	28	47	68%
	9. 本外币存款规模(亿)	4 730	14 225	201%
	10. 本外币贷款规模(亿)	3 478	10 832	211%
	11. 不良贷款比率	2.3%	0.8%	-67%
保险	12. 保险公司数量	21	56	167%
	13. 保费收入(亿)	75	193	157%
	14. 保险深度	1.9%	2.1%	13%
	15. 保险密度(元/人)	1 242	3 027	144%
证券	16. 证券公司数量	总部 1 家，营业部 40 家	总部 1 家，营业部 60 家	50%

续表

	指 标	“十五”末	“十一五”末	增长率
上市公司直接融资	17. 上市公司数量	15	52	247%
	18. 累计证券融资额(亿)	56	358	539%

资料来源:苏州市人民政府金融办公室提供,2011。

二、苏州市服务外包产业发展现状

近年来,随着苏州市金融业的迅速发展,苏州市服务外包业也在全力推进,并正在实现跨越式的发展。2007 年,苏州工业园区被认定为全国唯一的中国服务外包示范基地;2009 年,苏州市又被国务院批准为中国服务外包示范城市;同时苏州高新区、花桥经济开发区、常熟东南经济开发区等 8 家开发区分别被认定为省级国际服务外包示范基地和示范区。苏州服务外包产业已由小到大、由弱变强、由点到面、量增质升,呈现出跨越发展态势。

(一) 业务规模加速扩张

2010 年,苏州市服务外包企业多达 1 150 余家;接包合同额和离岸执行额达 22.7 亿美元和 12.7 亿美元(确认数);通过 CMM/CMMI3 级以上的企业有 79 家,其中 5 家企业通过了 CMMI5 级认证;服务外包产业从业人数已超过 12 万人。苏州市将进一步开展多种形式的服务外包人才培养,设立专门的人才培训机构,力争到 2013 年服务外包从业人员数量达 23 万以上,累计新增培训实用人才 7 万人、新增吸收大学生就业 7 万人;力争到 2013 年,千人以上的大型服务外包企业累计数达 60 家,取得国际认证数量累计达 300 个左右。

(二) 外包产业加快集聚

苏州市信息技术外包、业务流程外包和知识流程外包比例约为 5∶3∶2,初步形成软件设计、动漫创意、研发设计、生物医药、金融数据处理和物流供应链管理等六大服务外包产业集群。美国、欧洲、日本、新加坡和中国台湾是苏州市五大发包来源国(地区),约占离岸执行总额的 80.8%。

(三) 外包企业实力显著提升

苏州市先后引进了惠普、强生财务共享中心,以及凯捷、华硕科技、药明康德、万国数据、华道数据等一批国内外知名服务外包企业。其中,新宇软件入选“2010IAOP 全球外包 100 强”;新电信息、江苏欧索、华道数据、凌志软件等7家企业入选“2010年中国服务外包成长型企业”。苏州市目前共有79家服务外包企业被认定为技术先进型服务企业。

(四)政策体系日趋完善

苏州市连续3年召开全市服务外包推进(工作)大会,对加快服务外包产业集聚、促进服务外包跨越发展进行总体部署。该市还先后制定出台了《关于促进服务外包发展的若干意见》、《苏州市服务外包产业跨越发展计划》、《苏州市对中央财政服务外包专项扶持资金进行配套的实施细则》、《关于加快服务外包人才培养的若干意见》、《苏州市服务外包产业新三年跨越发展计划》等一系列促进服务外包跨越发展的政策措施。

三、苏州市金融服务外包产业的发展

随着整体服务外包产业的迅速发展,苏州市金融服务外包的发展已颇具规模。2007年3月6日,花桥国际商务城被江苏省发改委列为全省三大商务服务集聚区之一;2008年8月,苏州建成中信花桥外移外包及金融后台处理中心和江苏远洋数据处理中心,为国内外金融机构提供金融数据处理业务。华道数据、法国凯捷、中金数据等知名企业开始大举挺进花桥国际商务城,形成了比较完整的金融服务外包的产业层次。花桥国际商务城于2009年荣获“中国最佳金融服务外包基地”称号,这进一步推动了金融服务外包产业的迅速发展。苏州正努力把花桥打造成为国内外金融机构后台处理中心,包括银行、证券、保险等大型金融机构的财务结算中心、信用卡服务和客户呼叫中心等。花桥国际商务城还专门设立一个专区作为金融服务外包先行区,2010年4月29日,花桥金融服务外包产业园开园,这是金融外包产业集群发展的又一标志性项目。目前法国凯捷、华道数据、远洋数据、中银商务已在产业园开业,万国数据、中金数据正在加快建设,颠峰软件、柯莱特科技等都相继开工建设。同时金融服务外包产业园正在构筑良好的金融生态环境,与美国麦肯锡合作推出了中国首份金融服务外包业务报告,与美国TPI公司合作建立了中国首个TPI国际服务外包运营标准,首创了金融业务流程外包基金,成立了国内首家金融外包研究中心等。

2007年就被认定为国家级服务外包示范基地的苏州工业园区,其金融服务外包的产业特色也十分明显。在大力引进银行、保险、证券、创投以及律师、会计、审计等专业机构的同时,发挥毗邻上海国际金融中心的区位优势和园区商务成本较低的比较优势,着力引进信用卡中心、数据中心、票据中心、审单中心、灾备中心、呼叫中心等服务外包项目,快速形成“金融项目集群”的推进效应。2008年4月，渣打银行苏州分行、渣打银行班加罗尔分行与苏州市外经贸局共同打造苏州和班加罗尔服务外包合作金融服务平台，苏州与印度一举签订了9个金融服务外包合作项目，金额达5亿多美元。本合作项目致力于吸引境外公司，尤其是印度公司将其金融服务外包业务放到苏州，这对提升苏州金融界的业态和苏州服务外包的整体水平具有重要意义。2009年6月12日，信雅达软件园落户苏州工业园区唯亭镇。信雅达系统工程股份有限公司是国内著名的软件开发商和系统集成商，形成了产品软件、应用软件、外包软件、运营软件四大品牌，产品在工行、农行、建行、中行、交行、中信、浦发等银行总行及数百家地市级以上分支机构、700多家证券营业机构以及保险、税务、工商、交通、教育、司法、电力等行业和政府部门获得广泛应用，成为国内著名的软件开发商和系统集成商。2009年年底，亚太地区领先的信息科技和金融数据服务供应商之一的新加坡新电集团(NCS)宣布，准备在苏州工业园区打造一个为内外资银行、其他金融机构、集团公司及政府机构的机密数据提供系统储存及增值管理服务的数据中心等。

2008年，苏州工业园区胜浦镇又被江苏省命名为“中国服务外包示范基地苏州工业园区胜浦园”称号，胜浦园突出了呼叫中心产业基地的建设特征，积极为包括金融业在内的多种产业提供集中式、专业化、低成本、高水准的呼叫中心服务和数据录入、研发、实训等金融服务外包服务。2010年7月，苏州工业园区下发的《金融翻番增长计划》又明确提出分别在金鸡湖地区打造高端金融产业集聚区，在沙湖地区打造股权投资产业集聚区，在独墅湖科教创新区打造金融配套产业集聚区，在乡镇副中心打造金融服务外包产业集聚区，分区域金融产业发展定位极为明晰，这为金融服务外包产业的发展奠定了扎实的基础。

随着苏州地区服务业的不断发展，以及在上海打造国际金融中心和国际航运中心战略的大背景下，服务外包业渐成为苏州产业发展新的增长点，而金融服务外包业的发展也受到越来越多的关注。

四、苏州市金融服务外包产业发展特征

(一) 金融服务外包主要为信息技术外包与业务流程外包

苏州市金融服务外包业务从业务类型来看主要集中于信息技术服务外包(ITO)和业务流程服务外包(BPO)，而知识流程外包(KPO)业务几乎还处于空白期。业务流程外包业务逐渐成为主导，也为更深层级的知识流程外包发展奠定了基础。苏州金融服务外包的具体业务类型见表 8-2。

表 8-2　苏州金融服务外包的具体业务

类别	行业	内容	
信息技术服务外包(ITO)	银行保险	系统操作服务	银行数据、信用卡数据、各类保险数据、保险理赔数据、医疗/体检数据、税务数据、法律数据的处理和整合
信息技术服务外包(ITO)	银行保险	系统应用服务	系统信息工程及设计;管理信息系统服务;远程维护
信息技术服务外包(ITO)	银行保险	基础技术服务	信息技术研发;软件开发设计;基础技术和管理平台等
业务流程外包(BPO)	银行	市场开发	顾客的调查设计及处理;顾客的数据查证;数据库建立及数据挖掘
业务流程外包(BPO)	银行	直销服务	开展电话销售市场联络;接收电话销售的反馈;多产品销售及产品附加销售
业务流程外包(BPO)	银行	申请账户处理	车贷、放贷和信用卡申请(包括纸质或电子版);房屋抵押贷款合同
业务流程外包(BPO)	银行	后台办公服务	电话和电邮问询处理;呼叫中心;交易及付款处理
业务流程外包(BPO)	银行	其他业务	客户服务;文档成像及储备;客户申明和恢复;灾备中心;数据中心;账单打印邮寄
业务流程外包(BPO)	保险	新客户开发	电话促销;邮件促销
业务流程外包(BPO)	保险	新开发保单管理和保费处理	新保单的文档和申请材料收集、保费到期通知、保费催缴、保单续约,退保,重订;保单、保护资料电子化储存;客户信息查询
业务流程外包(BPO)	保险	保单审核	文件是否齐全审核
业务流程外包(BPO)	保险	保全服务	契约终止服务;保单信息变更处理;汇款及在线业务处理
业务流程外包(BPO)	保险	理赔处理	理赔单据审核;理赔进展查询
业务流程外包(BPO)	保险	保单打印邮寄	账单打印和邮寄;文件扫描;文档管理工作流系统

资料来源:房霖. 金融行业服务外包研究. 百度文库。

(二) 苏州金融服务外包业的接包对象

依据服务对象的不同,金融服务外包商提供的服务可分为在岸接包服务和离岸接包服务。2010 年数据显示,苏州登录国家商务部外包业务管理系统的新增金融服务外包注册企业 380 余家;完成接包合同额和接包执行额分别为 13.98 亿美元和 10.9 亿美元,其中离岸接包合同额和离岸接包执行额分别为10.47亿美元和8.71亿美元,分别占全省的28.13%和31.2%。苏州的外向型经济结构特色和毗邻上海的区位特点,决定苏州地区当前的金融服务外包主要集中于离岸业务。

(三)苏州金融服务外包业的集聚特色

苏州金融服务外包已经呈现出明显的集聚趋势。昆山花桥国际商务城已经入驻了大批以"动脑"为特色的金融服务外包企业。如法国凯捷、颠峰软件等咨询企业,以"动口"为特色的易方呼叫、中银金融商务、苏州工业园区移数通等呼叫企业,以"动手"为特色的华道数据、万国数据、中金数据等数据录入处理企业,以"动机器"为特色的远洋数据等数据处理印刷企业,打造了比较完整的、能够提供一站式金融服务的金融外包产业链,初步形成了"金融上海、后台花桥"的产业格局。

(四)苏州金融服务外包产业项目规模效应明显

昆山花桥金融服务外包产业发展已形成了完善的产业规划、产业集群和产业特色。截至2010年年底,已有70多家金融产品研发、金融软件开发、金融业务流程外包及金融IT基础设施服务企业先后进驻花桥,形成了完备的金融业务流程外包产业链体系。随着花桥国际商务城金融服务外包产业园的正式开园,金融服务外包产业迎来了加速发展期。2010年上半年,花桥经济开发区完成服务业增加值23.12亿元,增长36.3%。由此可见,花桥金融服务外包产业的规模经济效应非常显著。而苏州工业园区胜浦园则突出了呼叫中心产业基地的建设特征,积极为金融业提供集中式、专业化、低成本、高水准的呼叫中心服务和数据录入、研发、实训等金融服务外包服务。

五、苏州市金融服务外包重点企业和业务特色

(一)凯捷中国交付与共享中心

法国凯捷集团创建于1967年,是在欧洲具有领导性地位的管理咨询、技术咨询和外部服务(BPO)供应商。凯捷全球员工超过100 000人,2009年营业额超过84亿欧元,在专业服务领域中位居世界前三名。1997年凯捷登陆中国,在上海、北京、广州、香港等地均设有分公司和办事处,拥有1 600多名管理顾问和技术专家,业务覆盖了管理咨询、信息技术、服务外包以及全球研发等多个领域。

2008年,凯捷中国交付与共享中心入驻花桥国际商务城。2010年2月,正式迁入商务城金融服务外包区,实现基地化运营。作为凯捷集团在中国地区最大的交付和共享中心，面向欧美和中国市场提供应用系统管理服务、软件设计开发服务、工业化软件及系统测试服务、业务流程外包和IT基础设施服务等适岸外包服务。凯捷集团落户花桥国际商务城以来，先后与阿尔卡特、上海通用、中广核、中石油等国内知名企业建立了合作关系，业务规模不断提升。2011年，凯捷在花桥的企业员工达到500多人，营业额超千万欧元。凯捷集团落户花桥国际商务城以来，不仅自身在良好的环境中茁壮成长，还带来了先进的理念和合作伙伴，为商务城发展信息技术外包、业务流程外包、知识流程外包等金融服务外包产业作出了重要贡献，进一步增强了花桥国际商务城将金融服务外包产业作为战略性新兴产业的信心和能力。

（二）中银金融商务有限公司

中银金融商务有限公司是由中国银行总行与香港中银信用卡（国际）有限公司合资成立的专业化金融外包服务公司，其总部设于北京，同时在苏州昆山、上海和深圳设有分公司。2009年6月，中银金融商务有限公司华东中心正式入驻花桥国际商务城并实现中转运营，主要开展银行卡收单及其他相关业务，是商务城金融业务流程外包产业价值链的重要延伸，公司现拥有客户服务中心、商户收单、运营操作中心和资讯系统管理业务模块。经过9个月的中转运营后，2010年3月，中银金融商务有限公司正式迁入花桥金融服务外包区，实现基地化运营，企业发展步入快速增长期。

中银商务坚持以客户需求和客户满意度为导向，以“经营规模化、管理专业化、服务质量化、执行高效化”树立企业良好的声誉和品牌，秉承“一流服务、一流形象”的服务理念，在全面支持及保障中国银行战略发展的同时，也为其他金融、保险客户提供后台保障服务及高附加值服务解决方案，并加强与市场客户的业务合作，不断使专业化外包服务朝着市场化方向发展，力求成为提供第三方专业化服务的优秀企业。中银商务主要以自助语音（IVR）、人工呼入呼出服务、短信、网上银行等多种方式和途径为客户提供多功能、综合性和显著差异化的增值服务。目前主要负责全国中银及长城两大系列信用卡中后台业务的支持和客户服务工作。

截至2010年6月，企业已由成立之初的几十人发展为拥有1 200人的规模。业务从单一的外呼业务已经发展到呼入呼出全覆盖，其中呼入包括400中银卡、800国际卡的所有呼叫服务，呼出也拓展到分期付款、卡激活、建议办卡等20多个项目，服务范围覆盖全国。2010年1至5月，该公司营业收入超过了9 000万元，全年可达3亿元，增长十分迅速。

（三）苏州工业园区移数通公司

苏州工业园区移数通管理咨询有限公司是由国内领先的服务外包运营商——移数通电讯（MDC）投资成立的全资控股子公司。“打造国内最佳呼叫外包服务商”是苏州工业园区移数通公司的战略目标。公司自2008年6月成立并进驻苏州工业园区胜浦镇以来，公司积极开展以呼叫中心业务为主的服务外包业务，全力为呼叫中心客户提供运营管理服务、业务外包服务、人力资源支撑及培训服务的全方位的业务流程外包服务。移数通作为中国电信苏州呼叫中心产业基地的运营商，目前正在为多家知名企业的呼叫中心提供外包服务，客户包括苏州电信114号码百事通、中国银行苏州分行95566客服中心、工商银行苏州分行95588客服中心、苏州银行96067客服中心、苏州电信10000号客服中心胜浦分台、苏州市公安局交巡警支队车管所等国内大型知名企业等。

苏州工业园区移数通借助中国电信的网络平台优势，为园区打造面向全国乃至全球的呼叫中心产业。一期占地10 000平方米，包括1 000座席和若干VIP包房，企业员工超过1 000人。二期工程，规划建筑面积15万~20万平方米。预计未来可容纳席位数10 000席左右，业务不仅包含呼叫中心，还要立足于现代信息服务产业，拉长拉宽呼叫中心的服务外包产业链，渗透至呼叫中心的信息技术外包业务和业务流程外包业务。主要为服务业、制造业、金融业和政府部门提供集中式、专业化、低成本、高水准的呼叫业务服务。呼叫中心业务将主要集中在电信、保险、航空、交通物流和旅游等呼叫业务领域。公司依托中国电信的公用传输网、公用电话网、公用数据网、功能强大的外包呼叫中心平台等通信基础设施，将打造国内外呼叫中心产业聚集地、呼叫中心人才培训与派遣基地、业务流程外包（BPO）基地、呼叫中心新产品实验基地、虚拟呼叫中心核心平台。

（四）华道数据处理（苏州）有限公司

华道数据是国内规模最大、服务链条最全的金融服务外包企业，并且是中国第一个进入“全球服务外包100强”的企业，占据中国金融机构外包市场80%以上的份额，至2010年6月，华道数据处理（苏州）有限公司已经承担了全集团40%以上的数据处理业务。华道数据花桥公司入驻以来，凭借自主研发的核心数据处理系统Data Power、BPM业务流程管理平台Process Power、业务监控系统、基于扫描影像的JIT远程处理系统，采用客户现场服务、远程操作和离岸交付等灵活交付模式，把客户端零散的小规模业务处理颠覆性地“集约化”和“生产线化”，创造了金融业务流程外包领域里独特的中国模式。目前承接保险新契约和理赔、银行信用卡全流程业务、对公会计、储蓄等各类业务录入操作，合作伙伴包括30多家中国和北美的信用卡发卡机构、银行和保险公司。入驻三年多来，企业效率也在快速提升，较创建初期增加了25% ~30%。

（五）万国数据服务有限公司

万国数据服务有限公司（Global Data Solutions Ltd，GDS）是一家专门从事数据服务的公司。GDS致力于提供客户增值服务和开发长期的客户关系。GDS现已拥有各行业知名的客户，以金融业和政府为主。GDS的业务领域包括业务持续性（Business Continuity）、灾难恢复（Disaster Recovery）和数据处理服务（Data Processing Services）。GDS在国内拥有高阳软科和万国数据两大集团，主要提供专业化的IT服务。

自从“9·11”以后，世界开始高度关注灾难备份，万国数据服务有限公司也进入了高速发展期，公司一直以灾难备份为核心拓展业务，我国建设银行、深圳发展银行、民生银行以及部分基金公司都是其重点客户，万国数据已成为中国灾难恢复行业领军企业。万国数据分别在北京、上海和昆山花桥设有分公司。万国数据是专门从事业务持续性和灾难恢复服务的公司，它拥有国内银行界第一也是唯一的第三方灾难备份外包服务资质，也是国内第一家为商业银行提供灾难备份外包服务的公司。万国数据不仅拥有5 000平方米机房面积的大型灾备中心，还拥有完善的灾难备援服务体系和方法，与国外著名灾难备份中心、灾备协会和灾备顾问公司是伙伴关系，覆盖系统、硬件、网络、灾难备份技术和风险管理的人员队伍具备丰富的项目管理经验和实施经验，能够为客户提供灾备中心外包、咨询和建设的专业服务。除了在深圳拥有全套的灾备服务设施，万国数据灾备服务设施的地点已经扩充到北京、上海和苏州昆山。万国数据用了十年时间打实基础，近几年开始逐步布局海外，目前通过世界银行、苏州创投等金融投资机构进行融资，将在苏州建立全国最大的数据中心集群。

六、苏州市金融服务外包业发展趋势

金融服务外包是当前国际服务外包业务的重要领域，它有利于金融机构降低成本、转移风险、提高核心竞争力。从世界范围来看，苏州金融服务外包行业目前处于生命周期的高速成长期。当前，苏州金融服务外包产业的发展呈现以下发展趋势：

（一）金融服务外包产业将持续迅速增长

2006年以来，苏州金融服务外包产业迅猛发展，这是金融服务外包发展高潮的一个开端。根据金融研究和服务公司Tower Group的调查和预测：今后金融服务外包趋势会不断增强，全球最大的15家金融服务外包企业将进一步扩大信息技术项目支持的金融服务外包业务，金额也从2008年的38.9亿美元以平均年增长率为34%的速度继续增长。苏州是我国金融服务外包的重要基地，其业务总量也将进一步持续增长。

（二）大金融机构热衷自建海外外包中心

当前，外包的一个趋势是“离岸化”，即在本国以外进行有效的外包活动。许多企业联合体试图通过构建交易处理与离岸服务中心来实现活动的全球效率性。目前，已经有超过一半的金融机构在选择金融外包服务模式时，通常选择利用其“隶属自己的海外延伸机构”（即海外地区自建的全权持有的企业分支机构），而不考虑将其业务活动包给第三方海外外包商。2002年开始，有一些金融机构开始启用在印度、中国等地区自建交易处理与离岸服务中心的机会来从事为金融客户服务的活动，2003年之后，这种趋势有进一步增强的特征。同时，过去一些承接欧美公司临时业务的海外第三方外包提供商，如今已被“归化”为海外延伸部门。新兴发展中国家印度、中国、马来西亚和菲律宾逐渐成为金融机构建立外包中心的理想选择地。其中，苏州地区作为临近上海国际金融中心的最发达地区，当然是发达国家国外外包分支机构的最佳选择地之一。

（三）商业操作与IT混合外包

以前IT领域的外包，注重提高桌面协助、大型数据系统或网络的连接等服务，近年来，在金融界掀起的离岸外包业务从一般IT服务扩展到金融服务领域，外包的商业模式也从一般软件配套服务进入了运营操作过程承包，运营过程与信息技术（BPO与ITO）外包业务正在合为一体，并即将形成一个更加完整的外包服务供应链。客户的新要求拉近了业务流程外包与信息技术外包双方的阵营，近几年，这种趋势表现得更为突出，可以说现在的外包买方已不再分割业务流程外包与信息技术外包，部分外包买家直接要求供应商给出一套完整的服务计划。所以苏州作为现今的金融服务外包基地，必将迎合这种商业操作与IT混合外包的趋势。

（四）近岸—两岸—多岸

随着欧美金融企业向海外迁移的提速，海外外包市场更进一步走向成熟，这个领域的操作模式已经衍生出若干新运作模型：近岸（Nearshoring）、两岸（Twoshoring）、多岸外包（Multishoring）。多岸客户服务地点操作，即外包是通过一个地区分支机构应对多个地区用户，其好处可以利用完善的基础设施，建立起规模的专业队伍，提供最有价格竞争力的服务。这些海外外包中心，同时还能提升处理复杂事务的能力，特别是它们可以针对不同国家与地区的财政、法律、经济与人力资源上的各自优势与差异，提供各种组合服务，以突出其国际化服务的优势。苏州的金融服务外包也将由近岸走向多岸。

（五）细分市场取向窄范围、高深度

外包市场里一些专精特定业务的外包商目前很受欢迎，他们正向外包市场的纵深发展，并试图依靠纵向业务取得主导控制力。他们不仅有良好完善的客户渠道，而且具有受到客户验证的外包操作模式。他们十分注重自己的核心业务，并会继续发挥自己的特殊功能。近年来，这些提供特殊专精功能的外包商为了保持其竞争力而加大外包业务的难度，正在集中精力研发他们具有深度的专家型外包业务，力图依靠改善工作流程实现最佳效果，并配以高科技的智能应用，创造出新的知识资本，借以大力减低其经营成本。苏州作为外向型经济和创新能力较强的发达地区，必将推动金融服务外包的深度，以更好地迎合服务国际专精尖外包业务的发展需要。

（六）离岸外包市场趋于有机整合

由于目前离岸外包市场上有太多零散的小范围供应商，大大增加了外包买方选择的难度。很多欧美金融机构表示，不希望同时与 15 或 20 家不同的业务流程外包商交易。所以那些在市场上占有突出位置的供应商，在即将到来的外包市场兼并战中将握有主动权。

七、苏州市发展金融服务外包的 SWOT 分析

（一）苏州市发展金融服务外包的优势分析

1. 政府政策支持

苏州市政府支持对于金融企业和金融外包提供商的吸引力是毋庸置疑的，并会极大地影响着金融服务外包的规模、质量和效果。为了支持服务外包产业发展，苏州市政府先后出台了一系列专项政策，在税费优惠、资金扶持、员工培训、特殊工时、认证补贴、技术改造、市场开拓等各个方面给予了

金融服务外包业发展极大的优惠政策；鼓励、支持服务外包企业争取商务部出口型企业研发资金、中小企业开拓国际市场资金和“千百十工程”等扶持资金；先后出台了《关于促进服务外包发展的若干意见》、《关于金融支持服务外包产业发展的若干意见》、《关于苏州市加强服务外包产业知识产权保护的指导意见》等；在国内率先提出服务外包保税的概念，2009 年建立中国首个金融后台服务外包投资基金，首期规模 10 亿元，建立国内第一家金融外包研究机构，对于龙头企业采取“一事一议”、“一企一策”等办法。同时，加强各项扶持政策的具体落实，打造高效政府，构建专业化系统化全方位的政府服务体系，从而为苏州金融服务外包产业的发展提供了强有力的服务支撑。全国提出建立金融服务后台中心的 17 个城市的建立进程和政府支持措施比较见表 8-3。

表 8-3　金融后台城市政府支持进度对比表

城市	提出时间	发展平台	推动措施及进度
北京	2007 年	朝阳金盏、海淀稻香湖、通州新城、西城德胜科技园	金盏服务园区当时尚未开工，计划近期内开工，但已有 7 家企业签约入驻；通州新城已经完成土地一级开发；海淀稻香湖园区正在建设，建行总行资金清算系统灾难备份中心已经入驻；西城德胜科技园区已有工商银行呼叫中心入驻。2007 年北京市人民政府关于加快首都金融后台服务支持体系建设的意见，2008 年关于加强为稻香湖金融服务区入驻金融后台机构服务工作的意见，提出“一主一副三新四后台”的金融布局，2009 年出台《关于促进北京市服务外包产业发展若干意见》，2009 年 3 月 30 日，北京在全国第一个撤下金融办，设立金融局。
上海	2007 年	上海市金融信息服务产业基地（上海市银行卡产业园）	张江金融后台服务中心已经初具规模，多家国内外金融后台及外包供应商入驻。 2009 年出台《关于促进上海市服务外包产业发展若干意见》；2009 年 7 月上海成立金融局。
深圳	2006 年	南山金融服务技术创新基地、龙岗平湖街道	园区第一期已经启动，总投资额 20 多亿元人民币的第二期工程也正式在建设中，目前已经有金融行业的外包服务提供商入驻。 2007 年发布 1 号文件《关于加快我市高端服务业发展的若干意见》；2009 年发布《深圳市综合配套改革总体方案》，《总体方案》提出将建设辐射亚太地区的金融后台服务基地。

续表

城市	提出时间	发展平台	推动措施及进度
广州	2007 年	广州市	广州没有自己的金融外包园区，各金融后台散落于市内。 2008 年出台《广州市出台外包发展意见》；从 2008 年起，每年将投入 10 亿元财政拨款，连续投入 3 年，促进外包产业发展。
佛山	2007 年	广东金融高新技术服务区	金融高新区 A 区已经建好，已有金融企业入驻，目前正计划投入 30 亿元用于金融高新区 B 区的开发建设，整个园区规划到 2015 年完成建设；相关政策正在制定中。
天津	2007 年	滨海服务外包产业园，天津开发区	没有单独建设金融后台园区，在天津开发区服务外包园区形成了金融后台营运基地。 2007 年出台了《天津市促进服务外包业务发展的财税优惠政策》。
杭州	2008 年	高新（滨江）技术开发区、杭州经济技术开发区	2008 年杭州提出打造建设国际金融服务外包交付中心，2009 年杭州经济技术开发区管委会与万国数据公司合作成立了杭州金融后台及数据中心生态产业园项目，2009 年成立了中国首家服务外包本科学院——“杭州国际服务工程学院”。
苏州昆山	2008 年	花桥国际商务城；苏州工业园区服务外包基地	园区正在建设中，目前已有多家国内外金融外包企业入驻，金融后台产业集聚区规模初具。 2007 年推出关于加快全国服务外包发展的若干政策，先后出台《关于促进服务外包发展的若干意见》、《关于金融支持服务外包产业发展的若干意见》、《关于苏州市加强服务外包产业知识产权保护的指导意见》等；2009 年建立金融后台服务外包投资基金，首期规模 10 亿元；建立国内第一家金融外包研究机构——花桥金融外包研究所，创办了全国服务外包第一校——苏州工业园区服务外包职业学院。
大连	2009 年	高新园区	2009 年已制定完成《大连金融中心建设规划纲要》（征求意见稿），进一步修改、报批之后将正式实施。
成都	2007 年	成都高新区	2007 年开始金融后台服务中心建设，投资规模 120 亿元，目前已经初具规模。 2008 年制定《关于加快成都金融后台服务中心建设的意见》，另外，市财政局、市商务局联合下发了《关于印发〈成都市服务外包业务发展专项资金管理暂行办法〉的通知》。

续表

城市	提出时间	发展平台	推动措施及进度
西安	2007年	高新技术产业开发区、浐灞生态区	国内率先提出打造数据灾备中心基地,但未见明显进展。 2008年省市两级政府确立了“建设浐灞金融商务区,构建西北部重要金融中心”的战略目标,并于同年4月正式启动建设,2009年召开浐灞金融高峰论坛。
重庆	2007年	北部新区	目前重点仍然是金融前台建设,金融后台服务建设基本没有什么举动。
武汉	2008年	东湖高新区	园区2008年9月正式开工,目前已有交通银行信用卡中心、交行总行客服中心等金融后台入驻。 2006年通过《促进服务外包产业发展的若干意见》,设立每年1亿元服务外包产业发展专项基金,计划把武汉建成全球服务外包基地;2008年市政府出台《关于促进武汉金融业加快发展的意见》,市工商局出台《关于促进武汉区域金融中心建设的实施意见》。
长沙	2008年	—	基本没有什么举动。
青岛	—	—	目前重点发展软件外包,在金融后台方面基本没有什么举动。
沈阳	2008年	和平区	2008年推出关于促进沈阳服务外包产业发展的若干意见,2009年召开中国(沈阳)软件出口和服务外包峰会。 在金融后台方面基本没有什么举动。
铁岭	2008年	新城区	新城区规划金融用地800亩,两座5万平方米的金融广场已完成设计,电力、通信、供水等基础设施已基本完善。 2008年省政府成立由分管领导负责的北方金融后台服务基地建设推进小组,市政府成立北方金融后台服务基地建设指挥部,并制定6项吸引金融机构落户优惠政策,但目前金融后台建设仍没有实质性的进展。

资料来源:花桥金融外包研究中心. 中国金融业务服务外包报告. 中信出版社,2010。

从表8-3我们可以看出,苏州在全国金融后台城市建设中,政府支持措施有力,政策全面,政府支持具有明显的优势。

2. 金融环境优势

金融业的快速发展给金融服务外包提供了巨大的市场需求。苏州市金融业基础雄厚，初步形成了以国有商业银行为主体、多层次金融机构并存的竞争性金融组织体系，货币市场、证券市场、保险市场相互促进的金融市场体系。2010 年年底，苏州市各类金融机构达到 450 多家，其中：银行业机构 47 家，网点数量 1 754 个；保险公司 56 家；法人证券公司 1 家，证券营业部 60 家；备案创投企业 71 家；融资性担保公司 104 家；小额贷款公司 50 家。苏州成为全国首个外资银行在县域设立同城支行的试点城市。基本形成了主体多元、中介活跃的市场化格局。金融业的充分发展，在体制、基础设施、人才培养方面也为金融服务外包发展奠定了良好的基础。

3. 营运成本优势

降低成本是金融业前后台分离和金融服务外包成功实践的动因之一，在免税的前提下，营运成本是外包企业最主要的成本要素。服务外包承接地区的营运成本，是其区位选址的重要考虑因素。营运成本主要包括员工工资、办公楼租用或建造购买费用等，与同是金融后台城市的北京、上海、广州、杭州相比，苏州具有明显的比较优势（见表 8-4）。

表 8-4 金融后台城市运营成本比较

城市	单位在岗职工平均工资（元/人）	办公楼市场平均租金（元/平方米/天）	办公楼市场平均售价（元/平方米）
北京	46 507	2.7	13 517
上海	49 310	3.1	—
深圳	38 798	2.5	17 817
广州	41 324	2.3	—
佛山	28 330	0.5	—
天津	34 938	1.8	5 022
杭州	40 193	2.3	—
苏州、昆山	29 704	0.7	—
大连	34 306	1.5	7 456
成都	26 606	1.5	—
西安	34 715	1.2	4 629
重庆	23 098	1.3	—
武汉	22 999	1.3	—
长沙	27 968	0.8	5 850
青岛	28 189	0.8	—
沈阳	29 545	1.2	5 794
铁岭	19 180	0.2	—

资料来源：花桥金融外包研究中心等资料整理。

从表8-4可以看出，苏州综合营运成本相对低廉，增加了苏州发展金融服务外包的竞争力，其成本在国际市场上仅为印度的70%，美国的1/8。另外，苏州的交通、通信等现代基础设施比较完备，创造了廉价的运输传递等成本。

4. 区位优势

苏州地处中国东南沿海长江三角洲的东部，毗邻国际金融中心——上海，金融中心的集聚效应和辐射功能使得周边地区得以整合人才高地和成本洼地的优势，充分挖掘本土及离岸市场，从而有效带动了苏州金融服务外包产业的快速发展。苏州交通十分便利，京杭大运河纵贯南北，京沪铁路、沪宁高速公路横穿东西，312、204、318国道均交会于此，苏州到上海浦东、虹桥机场均有直达快车干线。另外，苏州还是一座拥有多个港口的城市，有张家港、常熟、太仓3个国家一类口岸。近几年，苏州港港口货物吞吐量已经超过2亿吨，年均增长21.8%；集装箱运量达200多万标箱，年均增长52.5%。显然，苏州发展金融服务外包业区位优势明显。

（二）苏州市发展金融服务外包的劣势分析

1. 金融服务外包中高端专业人才匮乏

目前苏州金融服务外包人才缺口较大，已成为制约苏州金融服务外包向纵深发展的瓶颈。主要体现在两个方面：一是专业适用型人才总量不足。苏州目前仅有国家211重点建设高校1所；本科院校2所；大专层次的高等职业院校16所。而临近的上海拥有普通高等学校66所，在校学生达51.28万人；而南京拥有普通高等学校53所，在校学生77.34万人。虽然针对服务外包领域，苏州已成立苏州工业园区服务外包职业学院，但设立时间尚短，短期内服务外包人才难以急剧增加。江苏省对外贸易经济合作厅于2009年11月19日正式认定了第一批全省国际服务外包人才培训基地共15家。苏州市有苏州工业园、苏州索迪培训中心、花桥经济开发区、太仓健雄职业技术学院、吴江职业技术学院等5家服务外包人才培训机构入选，占到全省认定总数的三分之一（资料来自苏州商务局网站）。二是人才结构失衡。外包关键技术人才极其短缺，精通海外外包行业规则、具有国际市场开拓能力、熟知海外客户语言和文化人才严重不足，限制了外包企业进一步发展；复合型人才也极其稀缺，同时拥有过硬英语技能、丰富管理经验和金融知识的复合人才很少。而印度的大型外包提供商Infosys和TCS等，经过较长期的人才储备，普遍拥有30多个行业的成功案例和精通各个行业的复合型人才。人才结构失衡造成的结果是金融服务外包企业规模偏小,企业之间人才挖抢情况严重,这在一定程度上削弱了苏州的相对成本优势,不利于金融服务外包业的稳定发展。

全国金融后台城市人力资源可获取性比较分析如表8-5所示,苏州与主要城市比较仍然存在差距。

表8-5　金融后台城市人力资源可获取性比较

城市	普通高校在校生数(万人)	中等职业学校在校生数(万人)
北京	57.6	18.8
上海	51.28	96.9
深圳	6.6	—
广州	72.7	—
佛山	3.7	—
天津	38.6	13.7
杭州	41.0	—
苏州、昆山	18.77	3.98
大连	23.1	10.8
成都	56.9	—
西安	60.1	5.6
重庆	45.0	38.9
武汉	81.0	—
长沙	48.4	—
青岛	26.5	2.8
沈阳	32.7	10.7
铁岭	12.0	2.0

资料来源:2008年《中国统计年鉴》和花桥金融外包研究中心等资料整理。

2. 金融服务外包企业规模普遍过小,接包能力有限

苏州金融业务外包产业尚处于初级阶段,国内专业的外包服务商为数不多、缺乏经验,在技术实力、经营状况、社会信誉等方面都难以满足金融机构的要求,质量参差不齐,而即使是国外相关外包服务商在苏州的分支机构,在短时间内也难以和本土文化相适应。目前,苏州市上千人规模的金融

服务外包企业屈指可数，企业规模普遍偏小，尤其缺乏龙头型跨国外包企业，服务外包城市品牌知名度和影响力尚不高。同时，苏州市取得国际认证的企业数量与北京、杭州等城市相比差距较大，许多企业尚未取得直接面向国际外包市场的“通行证”，企业直接参与国际市场接包的能力相当有限，产业规模效应还有待进一步增强。苏州的金融服务外包企业在规模、资质、交付能力、关键客户资源等方面与国际同行相比均存在较大差距。统计显示，苏州服务外包企业的平均规模不到200人、人均营业额不到1万美元。而国际领先的服务供应商，员工规模基本都在万人以上，营业额数亿美元甚至数十亿美元。目前，印度员工人数过万人的服务外包公司比比皆是，其中印度最大软件外包公司TCS员工总数已达6.9万人，而苏州目前还没有一家服务外包企业员工超过万人。另外企业厂房都是以租赁为主，缺乏足够的有效抵押资产，且大都处于成长期，难以获得金融机构的信贷支持，企业流动资金短缺的矛盾制约了服务外包企业的进一步发展(见表8-6)。

表8-6　金融后台城市产业集聚度比较

城　市	金融企业数量	金融后台业务中心数量	金融相关服务外包商数据
北京	677	18	33
上海	858	18	29
深圳	183	7	7
广州	160	5	5
佛山	40	8	1
天津	74	1	4
杭州	200	—	10
苏州、昆山	46	1	8
大连	89	—	21
成都	130	12	8
西安	60	2	4
重庆	50	1	3
武汉	92	12	6
长沙	50	—	1
青岛	58	—	1
沈阳	75	—	2
铁岭	—	—	—

资料来源：根据花桥金融外包研究中心2009年研究报告整理。

3. 缺乏国际性品牌和统一规划

良好的品牌形象是企业在市场竞争中的有力武器，能深深地吸引消费者，占领市场绝对份额。培养跨国企业对苏州金融服务外包的品牌忠诚度将为发展金融服务外包打下基础。与享誉全球的中国制造业品牌“MADE IN CHINA”相比，“中国服务”还显得过于稚嫩。发包方首先考虑一个城市的整体环境，然后才会做出具体的选择。尽管苏州各个软件园与地方政府都在国内外各种场合开展宣传活动，但活动总体安排零散，缺乏在整体层面的统一协调。苏州服务外包行业缺乏一个有影响力、能真正代表苏州服务外包行业的行业组织，因此无法与政府共同制定品牌策略并在国际上开展品牌建设活动。

4. 监管制度及风险防范不完善

金融服务外包在降低成本的同时也带来了诸多问题和隐含的风险，但是由于外包也是近些年来迅速发展起来的新型业务操作方式，所以国内的监管机构还没有建立起有效的风险防范措施和监管制度。虽然中国银监会从 2004 年陆续出台了一些针对银行业务外包的规定《关于加强银行卡安全管理有关问题的通知》、《商业银行操作风险管理指引》等，但现有政策只针对部分银行业务，仍停留在要求银行制定严格的外包管理制度、审慎订立外包合同的整体性规定和履行报批程序等原则性指导层面，缺乏对银行业务外包的整体性规定和具体操作层面的指导。证券业、保险业尚未出台有关金融服务外包的指导性文件，同时也没有构建起规范有效的外包监控制度。对于某些关键领域，如客户信息，没有明确具体的权责规定。在信息安全和数据隐私方面，虽然监管机构已经提出针对发包方的具体要求，为金融机构提供了较以往更为明确的指引，但仍缺少对服务提供商的具体要求和硬性规定，及在相关领域的准入门槛。此外，当前监管法规也尚未提出关于服务外包过程中造成的客户敏感信息纰漏问题如何进行处罚。

5. 知识产权保护和信息安全体系亟待进一步健全

金融服务外包是知识密集型行业，由于服务外包涉及一些核心技术和机密数据，知识产权保护尤显重要，知识产权保护和隐私保护的政策法规不完善已成为影响服务外包发展的最重要的障碍之一。目前苏州市与金融服务外包相关的知识产权保护还不够完善，还没有信息安全保护的相关办法，也没有明确的个人信息安全保护行业规范和实施细则，与服务外包相关的知识产权保护环境也不够成熟，无法打消发包企业对服务外包的安全顾虑。

北京、上海等城市在发展金融服务外包上已经采取相应的措施保护知识产权，如成立专门的知识产权法庭、建立对侵犯知识产权投诉的专门机构等，这些措施为承接知识含量高的服务外包业务奠定了良好的基础。同时企业普遍在知识产权保护方面的意识还比较薄弱，侵权行为时有发生，国际发包企业对此存在忧虑，阻碍了服务外包的转移。由于苏州在这方面仍存在许多欠缺，相关的政策法规还没有完善，发包商因此可能更垂青于保护体系更加完善的北京、上海等城市。

（三）苏州市发展金融服务外包的契机

1. 国际金融服务外包发展态势迅猛

以金融信息技术外包和金融业务流程外包为主要内容的金融服务外包在近十年呈现出迅猛发展的态势。据德勤会计事务所分析，2011 年，全球大约有 20% 的金融服务机构将成本中心（大约 4 140 亿美元的业务）迁移到了国外，每项业务流程外移后可平均降低成本 37%，同时，外包正在细分市场上向更深、更专业化的领域拓展。

2. 依托上海的发展机遇

结合当前上海建设国际金融中心、贸易中心和国际航运中心已上升为国家战略的机遇，苏州将充分发挥紧靠上海的区位优势，着力构建适合金融服务外包产业发展的“牧场”。重点吸引金融企业的后台业务，为物流企业提供整体解决方案和提供完整的供应链管理体系，以及吸引跨国企业的区域性总部落户苏州。以企业为主体，辅助政府推动，努力承接上海“三个中心”建设的溢出效应。金融后台环境比较见表 8-7。

表 8-7　金融后台城市地理环境和生活便利情况比较

城市	地理环境及生活便利情况
北京	北京作为首都，地理位置优越，交通非常发达，地质条件优越，从未有过大的自然灾害。北京属北温带大陆季风气候，一年四季分明；基础设施完备，社会治安好，但随着城市的发展，其市内交通和生活环境都出现不尽人意的地方。
上海	上海作为国际化的大都市，交通四通八达，地理位置优越，偶尔有台风，但从未有重大自然灾害；基础设施、生活便利程度都处于国内领先，也存在市内人口密度高、交通拥阻等问题。
深圳	深圳南隔深圳河与香港相望，深圳利用区位优势在外包服务上选择对接香港，基础设施完备，生活便利。

续表

城市	地理环境及生活便利情况
广州	广州濒临南海,邻近香港特别行政区和澳门特别行政区,是中国通往世界的南大门;基础设施完备,生活便利,但社会治安一般。
佛山	佛山市位于珠江三角洲腹地,东倚广州,南邻港澳,地理位置优越;佛山市中心区距广州三大交通枢纽(广州新白云机场、广州南沙港、广州新火车站)车程均在一小时之内。
天津	天津市地处华北平原东北部,环渤海湾的中心,天津距北京120公里。对内腹地辽阔,对外面向东北亚,是中国北方最大的沿海开放城市;天津海陆空交通便捷,铁路、公路四通八达;基础设施完备,生活便利。
杭州	杭州是长江三角洲重要中心城市和中国东南部交通枢纽。紧邻上海,两地车程为40分钟,3条铁路以及4条高速公路与上海对接;杭州市环境优美,但地处东南沿海,易受季风和台风影响,洪涝灾害频繁;市内交通一般,道路比较狭窄。
苏州昆山	苏州和昆山地处中国东南沿海长江三角洲的东部,分别距上海90公里和50公里,苏州和昆山两地距离为37公里。而昆山花桥国际商务城对外交通便捷,距上海虹桥机场25公里,浦东机场80公里,沪宁高速、上海交环线(A30)、312国道均汇于此;沪宁铁路和沪宁城际铁路、京沪高速铁路均在苏州和昆山两地设站并经过,上海轨道11号线墨玉路站与昆山近在咫尺,并延伸至昆山花桥商务城;交通设施比较完善,基本形成"六纵六横二环五高"的市域交通大框架,公交路线四通八达,出行更加方便。
大连	大连地理位置优越,处于环渤海地区的圈首,是京津的门户,与日本、韩国地区相邻,环境优美,独特的地理位置使得大连在对日、韩服务外包中具备了优势;基础设施完备,生活便利,社会治安较好。
成都	成都虽然没有口岸优势,但交通便利、四通八达,自古有天府之国的美称,气候宜人,具备高精度制造业的环境要求,2008年汶川地震的发生让成都的安全性受到了质疑;成都水、电、气等资源丰富,具备较为完善的基础设施条件,能够满足金融产业发展的人员居住需求,社会治安环境良好。
西安	西安位于关中平原中部,是新亚欧大陆桥中国段陇海、兰新线上最大的中心城市,也是连接东西、贯通南北的枢纽和中心;自古就是交通要道,"丝绸之路"的起点就在这里。
重庆	重庆地处四川盆地东部,由于特殊的地理条件,造成城区土地资源相对短缺。作为中国西部唯一的直辖市,重庆是唯一能水陆空联运的西部城市,具有处在中国中西结合部承东启西、左右传递的区位优势。
武汉	武汉地处中原大地、华中腹地,经济的影响力、辐射力遍及周边数省、区。武汉城市圈拥有长江黄金水道、全国铁路公路交通枢纽、中部最大的航空口站和通信网络枢纽。武汉市防洪设施建设,随着三峡工程兴建,规模空前的堤防整险加固工程完工,武汉水患大减;生活环境也较为便利。
长沙	长沙市是中国中部地区重要的交通枢纽城市,陆、水、空交通皆较发达、便利。

续表

城市	地理环境及生活便利情况
青岛	青岛地处山东半岛南部,是我国重要的经济中心城市和港口城市,与韩国、日本的交通十分便利;青岛的环境气候条件十分宜人,岛内环境宜人,生活便利。
沈阳	沈阳位于中国东北地区的南部,是中国东北经济区和环渤海经济区的重要结合部,是东北地区通往关内的交通要道;沈阳市交通状况并不太好,车辆运行密度没有按人口的分布设计,造成交通拥挤。
铁岭	规划中的北方金融后台服务基地位于铁岭凡河新区,距沈北新区15公里,环境优美,山清水秀,交通与一二线城市相比仍有差距。目前尚无航空交通;基础设施、生活便利程度也相对弱一些。

资料来源:根据花桥金融外包研究中心2009年研究报告整理。

3. 金融危机带来新的增长契机

尽管美国金融危机和欧债危机对服务外包行业产生了一定的负面影响,但危机里也蕴藏着很多的机遇。据了解,美国6大金融机构中的5家打算继续保持或扩大今后6—12个月内服务外包和离岸的计划,从而为中国的服务外包企业提供了获得更多的全球市场的机会。金融危机也继续打压各类资产的成本,使发达国家许多的信息服务企业资产价格大幅缩水,这为中国服务外包企业带来了并购的机会;有些国际公司瘦身裁员,这也是国内公司吸收优质员工的很好机会。

(四) 苏州发展金融服务外包的竞争与挑战

1. 服务外包竞争不断加剧

目前,苏州在发展服务外包产业方面承受着来自国内外的竞争压力。国外方面,印度是我国发展服务外包最大的竞争对手。2008年,印度服务外包获得170亿美元利润,中国只有6 000万美元的收益。国内方面,与同为国家服务外包基地的北京、上海比较,昆山在金融后台服务能力、基础设施竞争力、信用环境支撑力和地方政府公共服务等方面都与北京和上海有一定差距,这些城市大多有着良好的软硬件基础,服务外包企业成长很快,面临着激烈的竞争(参见表8-8)。

表 8-8　金融后台城市拥有的主要金融后台业务中心和服务外包商

城市	金融后台业务中心	服务外包商
北京	央行清算中心、中银银行卡中心、国开行/光大/农行北方数据中心、建行北京生产基地、建行总资金清算系统灾难备份中心、人行征信开发生产基地、新华 08 综合金融信息服务平台、民生人寿、安邦财险、中航集团、德意志银行（中国）、泰康人寿后援中心、新华人寿电话服务中心。	IBM、CSC 中国、爱特优科、惠普、文思、中软国际、韩辉、华道数据、软通动力、博彦科技、瞬联软件、大展集团、奥博杰天、北京用友、科莱特、神州数码融信、中讯、北京新聚思、东南融通、浙大网新、信雅达、大连华信、方正国际、新思软件、信必优、北京中科红旗、同方鼎欣、纬创软件、首信公司、群硕软件。
上海	招行/兴业信用卡中心、上海银行后台中心、交行/工行/花旗/建行数据中心、中行华东信息中心、中银联信用卡运营中心、人行支付系统中心、农行总数据处理中心和同城数据备份中心、平安/国寿/国华人寿/华泰/大地保险后援中心。	塔塔、Wipro、Infosys、惠普、毕博、简伯特、EDS、Cognizant、中软国际、海辉、软通动力、大展集团、博彦科技、博朗软件、华拓数码、东望软件、上海启明、科莱特、信雅达、浙大网新、东南融通、神州数码融信、微创软件、上海微创、凌志软件、新宇软件、中讯、上海畅想、群硕软件。
深圳	太平洋产险电话销售中心、招商银行呼叫中心、交行后台中心、平安保险数据中心、中行（香港）微缩处理中心、渣打后勤中心、南洋商业银行。	文思、海辉、大展集团、信雅达、平安数据、四方将创、福瑞博德。
广州	汇丰环球运营业务中心、花旗客户服务及运营中心、东亚电子资料处理、人行广州清算中心、建行集约化中心。	文思、大展集团、科莱特、纬创软件、广州凯基。
佛山	友邦保险亚洲后援中心、人保数据中心、电子商务营销中心和呼叫中心、美国国际集团、汇丰银行环球运营中心、新鸿基证券、广州农信联合社。	广东金宇恒
天津	渣打天津科营中心	大连华信、天津南开创元、ACS、天津神驰软件。
杭州	—	Infosys、文思、浙大网新、信雅达、恒生电子、万国数据、杭州东忠、杭州颐和、新思软件、浙江远洋数据、易方呼叫、中金数据。

续表

城市	金融后台业务中心	服务外包商
苏州 昆山	中银商务华东中心	法国凯捷、华道数据、万国数据、巅峰软件、东望软件、江苏远洋数据、易方呼叫、中金数据。
大连	—	埃森哲、IBM、惠普、毕博、简伯特、东软、中软国际、海辉、软通动力、大展集团、大连。
成都	平安/泰康/太保后援服务中心、工行电子银行中心、招行/交行信用卡中心、光大银行成都科技研发后台服务中心、太保IT数据容灾和后援增值服务中心、建行/农行客服中心、易方达基金后台中心、中行西南信息中心。	东软、文思、海辉、博彦科技、巅峰软件、四川汉科、程度赛康、新电信息。
西安	北京银行备灾中心、新华人寿。	文思、炎兴科技、交大博通、西安若赛。
重庆	农行西南信用卡中心	重庆金算盘、重庆南华中天、重庆正大
武汉	招商信用卡武汉呼叫中心、央行金融开发中心、交行信用卡中心、交行客服中心、银联商务后台中心、建行/国开行/民生银行/泰康人寿/长江证券/天风证券/农行后台中心。	文思、软通动力、纬创软件、武汉方正、武汉开目百钧成、首信公司。
长沙	—	湖南省青苹果电子商务
青岛	—	青岛网星电子商务
沈阳	—	东软、新思软件

资料来源:根据花桥金融外包研究中心等报告整理。

(1) 发展战略和定位差异不大。目前,各服务外包基地城市都已出台本地发展服务外包产业的目标、重点,总体来看各地差异性不大。各基地城市外包战略定位大都比较笼统,指向性不清晰;重点行业的选择较少结合本地比较优势和产业基础,进行细化分析与深入论证,导致各地产业导向缺乏特色。

(2) 优惠政策领域基本一致 。目前,为了推进服务外包的发展,各地纷纷推出鼓励政策和促进措施,主要包括给予税费优惠、设立扶持资金、帮助引进人才等。例如南京市级财政每年安排不低于1亿元的发展资金,市、区(县)及园区3年总投入不低于30亿元,用于国际服务外包产业基础设施建设和兑现各项优惠政策。在当前市场总量不大、高端人才短缺、资源非常有限的条件下,过多利用财税优惠政策来吸引新企业落户,容易导致一些负面效应。

(3) 招商引资目标对象趋同。大多数服务外包基地城市,过于重视吸引世界500强企业,忽视具有一定实力的中型企业,对本地成长性小企业的培育扶持力度相对偏弱。一些大企业为了享受各地优惠政策而频繁在我国四处布点,并没有在基地城市形成能推动当地经济和产业发展所需的产业规模。

2. 各国发展服务外包贸易保护加重

全球的贸易保护主义是中国发展服务外包业面临的首要困难。目前,欧美国家正在通过新的税收计划和就业法案,阻止企业把岗位转让给海外员工,英国、法国都已打出优先照顾本国工人的政策,这对中国聘用海外高科技人才产生较大的抑制作用。同时,跨国公司对海外投资产生顾虑,原本准备投资到海外的国际资本也纷纷转向国内。贸易保护主义已对我国的服务外包领域产生了巨大的挑战,苏州市需要做好充分的准备,积极研究相应的对策应对这种贸易保护主义的挑战。

3. 外部不确定因素较多

(1) 相关法律保障体系不健全。当前,我国服务外包产业的管理体制与统计口径尚未理顺;在数据隐私保护、信用体系建设等方面,我国与其他国家相比还有差距;一些与服务外包产业发展相关的法律法规有待优化。例如,投标法中对于长期IT服务缺乏清晰的指导原则;海外业务流程外包合同不能被认定为技术服务出口合同,无法享受相应税收优惠;对由债转股的并购限制及外汇管制严格且手续烦琐,不利于我国企业到海外并购;服务外包公司的认证要求申请企业70%的收入来自海外,70%的员工具有大专以上学历,将一大批中小型在岸服务外包企业排除在外;等等。

(2) 离岸服务外包品牌海外市场接受度较低。在拓展服务外包市场方面,我国缺少统一对外的行业品牌,没有设置有力的国家级营销机构专事国际营销,在与印度等国的竞争中,往往处于不利地位。目前,国外发包方往往对我国的国际接包能力不够了解,对我国众多基地城市的外包业务特色和专长更不了解。此外,知识产权保护的问题也一定程度上制约着我国企业承接离岸服务外包。

（3）新劳动法使服务外包企业面临双重影响。对于服务外包企业，新《劳动合同法》的实施可能带来一些不利影响，如人力成本可能会因此提高10% ~25%，雇佣新员工的灵活性有所削弱，辞退问题员工将变得更加困难。但也存在潜在积极因素，特别是人力成本的提高和在聘用和解雇方面灵活性的降低可能促使更多的企业开展部分职能外包。如软件公司外包部分研发环节，IT 买家（比如银行和电信公司）外包 IT 运营环节。

因此，苏州发展金融服务外包产业需要解决好以下几个矛盾：第一，解决好苏州产业升级与金融支持力不足的矛盾；第二，解决好金融集聚增加与金融风险监管的矛盾；第三，解决好金融服务外包业蓬勃发展与复合型专业人才严重不足的矛盾。

（五）综合评价

综上所述，我们应用5级综合评分法（1分为最低级，5分为最高级），对苏州市与其余16个提出建设金融后台中心的城市在政府支持、人力资源可获取性、运营成本、产业集聚度、地理环境及生活便利等指标方面进行综合评级，汇总结果如表8-9所示。

表8-9　金融后台城市综合得分比较

城市	政府支持		人力资源可获取性	运营成本	产业集聚度	地理环境和安全因素	综合得分
	支持进度	政策支持					
上海	4	4	5	1	5	5	24
北京	4	3	5	1	5	5	23
苏州、昆山	5	4	3	4	3	5	24
大连	2	4	4	3	4	5	22
佛山	4	3	2	5	3	4	21
天津	3	4	4	3	3	4	21
深圳	3	3	3	2	4	5	20
杭州	3	4	4	2	3	4	20
广州	2	2	5	2	4	4	19
武汉	4	4	4	4	4	4	24
成都	4	4	4	4	4	3	23
西安	2	3	4	4	3	3	19

续表

城市	政府支持		人力资源可获取性	运营成本	产业集聚度	地理环境和安全因素	综合得分
	支持进度	政策支持					
重庆	1	3	4	4	3	3	18
长沙	1	2	4	4	2	3	16
青岛	1	3	3	4	2	4	17
沈阳	1	3	3	4	2	2	15
铁岭	3	1	2	5	1	1	13

通过以上分析比较，我们可以看出：

第一类城市中，北京、上海实力相当，综合得分比较领先，但受累于运营成本方面的巨大劣势，在总体排名中并不是相当突出，尤其是北京，得分还低于苏州、武汉等。

第二类大连、苏州（昆山）、佛山、天津、深圳、杭州、广州等地缘优势城市中，竞争较为激烈，得分较为相近，其中苏州（昆山）以24分领先。苏州（昆山）领先的原因有很多，如政府高效、政策及时而且优惠力度大、运营成本较低等。但最重要的原因是苏州（昆山）与上海的特殊关系。在国际上，有很多这样的成功案例，如美国曼哈顿和新泽西州的泽西市，其金融中心和配套金融后台的关系非常成功，促进了整个金融产业的发展，也是国际上此类城市发展的大势所趋。上海作为中国全力打造的国际金融中心，未来金融产业聚集前景广阔，必将需要一个金融后台中心对金融产业予以支持。苏州（昆山）凭借突出的地缘优势以及在制造业方面的丰富经验脱颖而出，苏州（昆山）政府也抓住了这一个重大机遇推出种种举措，并已经初见成效，相信未来必将成为中国的泽西市。

第三类成都、重庆、西安、武汉、长沙等中西部城市中，武汉和成都凭借各方面优秀的表现排在了同类城市的前列，优势显著。

八、苏州市金融服务外包产业的发展对策与措施

（一）明确金融后台服务中心定位，积极打造金融“硅谷”

根据苏州市“产业转型”战略，苏州应发展成为长三角地区产业链和金融集聚副中心。苏州处于长三角“巨型都市”的中心位置，在功能定位上，有可能在产业转型和城镇化发展中成为接受上海国际金融中心强力辐射的，

以金融后台服务为特色的区域金融副中心。要充分发挥苏州的区位、科技、人才等优势，以提升金融创新能力和服务水平为宗旨，以发展特色业务和为苏州区域内金融机构提供与票据处理相关的流程外包业务以及第三方支付清算业务为主线，在吸引境内金融机构把苏州作为长三角区域及全国后台服务中心的基础上，积极开拓国际金融后台业务市场，努力把苏州打造成为以服务外包为特色的金融"硅谷"。

（二）发挥金融服务外包产业聚集效应，强化资源整合

充分发挥苏州的区位优势、产业优势和成本优势，吸引一批国内重量级外包企业在苏州设立分支机构或开展外包业务，以"旗舰随行"模式推动苏州中小外包企业的发展。鼓励和引导现有大型服务外包企业增资扩股，扩大业务，带动更多配套企业进入，形成产业聚集效应。积极争取和发展在苏跨国公司的外包业务，鼓励在苏外资企业将其非核心业务外包给苏州本土企业。加强与世界知名外包咨询公司、中介机构在华办事机构的沟通、合作，借助中介机构拓展招商渠道和外包市场份额。

为推动产业转型升级，优化空间布局，应加强对各级各类服务外包产业集聚区的功能规划和资源整合，努力实现区域之间的错位竞争和联动发展。结合各地区自身产业优势，坚持走高附加值、高科技含量、差异化发展的高端外包业态之路，加快形成知识密集型外包产业集群。加快实现苏州金融服务外包从中低端外包项目向高端外包项目转变，从劳动密集型外包项目向技术、知识密集型外包项目转变，不断提高产业层次，积极抢占产业制高点。

（三）加强品牌建设，形成载体特色

进一步突出各国家级、省级外包示范园区的优势和特色，尽快形成金融服务外包产业的品牌效应。发挥苏州邻近上海的区位优势和金融业发展迅速的产业优势，主动接轨上海两个中心建设，积极推动苏州工业园区——"中国模式服务外包产业第一园"、昆山花桥经济开发区——"中国金融BPO示范区"等品牌建设，依托各地区不同的发展条件和环境，做到各有侧重、形成特色，使品牌成为促进金融服务外包产业发展的主要抓手和重要资源。同时，加强对苏州服务外包的整体包装和品牌建设，利用国内外传媒开展苏州服务外包整体形象宣传，进一步突出大苏州品牌特色。应定期在国际业界开展宣传和推广活动，展示苏州接包能力。通过举办大型招商活动，向发达国家介绍苏州的金融服务外包政策、技术专长以及业务领域，推广国

际品牌，吸引全球知名企业来苏州投资。

（四）积极承接国际服务外包产业转移，拓宽金融服务外包市场

目前，以美国为代表的发达国家知识型服务产业已经开始向具有智力人才优势的发展中国家转移，苏州应紧紧把握这一轮新的产业转移的契机，优化产业结构，提高城市的综合实力。离岸外包、在岸外包协同发展，开拓俄罗斯、日本、欧美等服务外包市场，进一步扩大开放程度，拓展金融服务外包产业发展的市场空间。可以将东亚市场和欧美市场作为重点市场，充分发挥苏州的区位和成本优势，有效规避在语言和文化上的相对弱势，加强对日本、韩国等东亚市场的开拓；抓住业务流程外包迅速发展的机遇，开拓欧美的业务流程外包市场。

（五）引进和培育相结合，成为具有国际竞争力的服务外包集团的集聚地

苏州要实现国内外知名的金融后台服务中心和金融“硅谷”的目标，必须要加快有国际竞争力的服务外包集团在上海集聚。为此，可采取两条途径同步推进。一是积极引进国外有实力的服务外包商，二是整合资源形成有竞争力的本土服务外包商。必须指出的是，所谓有国际竞争力的服务外包商，其核心竞争力在于企业管理能力，而中国企业普遍被认为管理水平不够。在美国《计算机世界》(2008)杂志排名中，中国企业的管理实力排名不仅低于印度，还低于南非、墨西哥等国，仅仅高于越南，上海虽然高于全国水平，但总体水平仍然低下，特别是在金融服务外包业方面，企业往往规模不大，短视行为比较严重，不注重质量管理、进度管理等，对企业品牌、信誉等建设缺乏长期眼光。在这方面政府要加强引导，对行业领先的企业要通过各种方式突出其地位，树立行业标杆，加快形成在国际上具有相当竞争力的本土知名服务外包集团公司。

（六）完善人才教育培训机制，形成多层级的人才供应体系

在这方面印度的教育培训机制很值得我们学习，在印度著名的软件培训机构 APTECH 的课时培训计划中，花 160 个学时可培训出一个初级程序员，再花 184 个学时可培训出一个程序员，再用 330 个学时可培训出一个系统设计员，这种短时、实用的人才培训在印度已经专业化、规模化、社会化和产业化了，既为印度承接国际服务外包提供了大量的“技术蓝领”，也为印度承接高端外包业务提供了结构合理的人才队伍体系。因此，苏州可以学习印度的经验，大力推进教育培训市场的发展，加快实用型人才队伍体系的建

设，特别建议苏州可以大胆引进国际教育培训机构。要做好服务外包所需人才的预测和调研，将服务外包紧缺急需人才列入引智计划，享受有关引进人才方面的优惠政策。要充分利用苏州市高等教育和职业培训资源，引导各类院校和社会培训机构，开展多层次、多类型的服务外包专业教育，强化英语、日语等外语教学，培养服务外包产业实用型、复合型人才。支持建立校企结合的服务外包人才综合培训和实验基地。要大力发展联结国际服务外包的中介企业和中介市场。对国际服务外包人才培训基地开展的国际服务外包人才培训，可按培训合格人数和就业情况考虑由财政给予每人一定标准的补贴。

（七）加大政策支持力度，优化政府服务

在落实好国家、省、市现有的促进服务外包发展有关政策的基础上，各地、各有关部门要结合实际，进一步研究制定促进服务外包产业跨越式发展的财政、税收、融资、人才培养、知识产权保护和企业品牌建设等方面的政策措施。各级政府要高度重视服务外包工作，在财政资金安排上，重点支持服务外包人才培养、国际资质认证、企业品牌建设、公共服务平台建设以及拓展国际外包市场等方面，加大对中央财政服务外包专项扶持资金的配套力度。在符合国家、省用地政策的前提下，优先安排服务外包载体和重点企业项目用地。要进一步研究市级支持服务外包发展的各项政策，出台更具有推动力和竞争力、更有利于对外招商和对外接包的服务外包综合支持政策。第一，应认真听取服务外包企业的要求，努力研究能切实推动服务外包产业发展的支持措施，保持政策的推动效果。第二，应仔细比较世界各国、中国各服务外包示范城市尤其是周边城市的服务外包支持政策，增强苏州的竞争力。第三，应加强对服务外包支持政策的整合力度，研究制定明确的扶持条款和透明的扶持资金申报和拨付程序，使得各项服务外包扶持政策能在对外招商中发挥应有的作用，使得苏州市的服务外包企业能在对外争取订单中提升竞争力。

充分发挥全市推进金融服务外包工作领导小组的领导和协调作用。提高各部门对加快发展金融服务外包产业重要性的认识，有效整合资源，通力协作，形成合力。加强市发改委、科技、教育、外经贸、劳动、人事、税务、金融等部门之间的协调和联动，积极做好中国服务外包示范城市各项政策试点工作。全市外经贸系统要加强服务外包专业管理服务队伍建设，建立健全服务外包管理体制和管理机构，加强组织领导，统筹协调服务外包示范城市建设工作，强化对服务外包企业的专业化、个性化、全天候、全过程服务。改善商务环境，针对服务外包业务管理过程的要求，提高城市国际化和城市管理水平。同时，推动苏州市机关企事业单位通过购买服务等方式，将数据处理等不涉及秘密的业务外包给专业公司。

（八）金融机构需建立有效的外包监管制度和完善的风险管理计划

在实行外包之前，金融机构应该制定总体性的外包政策，对能否和如何妥善处理外包服务进行评估，同时保证其能够对外包服务实施有效的监控，并且应确保外包活动符合所在国的法律要求。同时，金融机构也有必要建立自己的内部审计制度，定期对外包服务的综合效益、质量层次、安全保密和相关影响进行评价，以确保和完善服务外包的安全性和长期发展。此外，金融机构也应该制订全面的外包风险管理计划，不但在选择外包服务商时进行尽职调查，而且在合作过程中妥善处理外包业务以及与服务商的关系。尽可能具体地预估外包服务商服务中断或发生其他潜在问题时造成的后果，设法确认外包服务商拥有保持适当的信息技术安全的能力以及必要时的灾难恢复能力。

（九）推行市场化运作，积极满足客户需求

坚持“政府引导、市场化运作”的方针，搭建第三方服务平台，为入驻苏州金融服务外包中心的金融服务外包企业提供人才、政策咨询、知识产权咨询、投融资等市场化、社会化服务。政府对第三方服务平台的建设和营运费用给予资金补贴，对使用平台服务的企业初期给予费用补贴。

扩大市场准入，鼓励金融服务外包企业的设立和发展。对从事金融服务外包业务的国有、外资和民营企业在注册登记和市场准入上公平对待。工商部门可在其经营范围内加上“从事金融服务外包业务”。对外商独资从事离岸金融外包业务的企业实行备案制。

（十）拓宽金融服务外包企业投融资渠道，改善投融资环境

积极探索建立有效的担保机制，对于有一定规模的金融服务外包企业，允许其用软件产品等无形资产进行抵押贷款。推动政策性担保公司积极为中小金融服务外包企业提供短期贷款的担保。鼓励风险投资、社会民间资本和外商投资金融服务外包产业。支持有条件的金融服务外包企业进行资产重组、收购兼并和海内外上市。制定吸引各方面资金投资的政策，鼓励外资、民资等社会资本投向服务外包产业。搭建服务外包银企对接合作平台，完善服务外包企业信用担保机制。各级金融机构根据服务外包企业的特殊

性，制定符合服务外包企业特点和需要的信贷产品和保险险种。进一步加大金融机构信贷支持力度，切实帮助解决服务外包企业贷款难、融资难的矛盾。支持服务外包企业通过境内外上市、企业债券、兼并重组、合资合作等途径筹集资金。全市各级政府投资的信贷担保机构都要积极优先地为服务外包企业提供信贷担保。

九、昆山花桥国际商务城金融服务外包个案研究

作为首批列为江苏省国际服务外包示范基地的昆山花桥国际商务城，几年来发展迅速，建设特色鲜明，堪称中国金融服务外包的楷模，本部分我们将其作为专案加以总结和研究。

（一）昆山花桥国际商务城金融服务外包业发展历程

2005 年 8 月，江苏省委、省政府提出把商务城建成江苏省发展现代服务业的示范区，并列入省“十一五”规划重点服务业发展项目；

2006 年 8 月 5 日，江苏省人民政府批准成立花桥经济开发区；

2007 年 3 月 6 日，花桥国际商务城被江苏省发改委列为全省三大商务服务集聚区之一；

2007 年 6 月，被首批列为江苏省国际服务外包示范基地；

2007 年 12 月 10 日，江苏远洋数据有限公司举行奠基仪式；

2008 年 6 月 18 日，中银金融商务有限公司华东中心正式开业；

2008 年 7 月 10 日，万国数据昆山数据中心项目开工建设，预计投产后年产值将超过 80 亿元；

2008 年 11 月 2 日，中金数据系统有限公司投资的华东数据中心在花桥国际商务城奠基；

2008 年 12 月 16 日，花桥国际商务城上海金融后台沙龙在上海外滩游艇会举行；

2009 年 3 月 10 日，花桥国际商务城北京金融后台沙龙在钓鱼台国宾馆举行；

2009 年 10 月 22 日，首届中国金融外包峰会在花桥希尔顿逸林酒店举行；

2010 年 2 月 7 日，法国凯捷中国交付与共享中心、全球金融服务中心正式迁入花桥服务外包基地；

2010 年 4 月 15 日，花桥国际商务城金融 BPO 产业园（香港）推介会成功举办；

2010 年 4 月 28 日，花桥金融服务外包产业园开园；

……

（二）昆山花桥国际商务城金融服务外包业发展的条件分析

1. 昆山花桥国际商务城金融服务外包业发展的有利条件

（1）内部有利环境分析。昆山花桥商务城不仅具有区位优势，且基础设施完善，中高级人才充足，其雄厚的金融业基础和服务外包经验更成为其发展金融服务外包的助推器。

第一，金融业基础雄厚。初步形成了以国有银行为主体、多层次金融机构并存的竞争性金融组织体系，货币市场、证券市场、保险市场相互促进的金融市场体系，众多的金融机构给金融服务外包的发展提供了巨大的市场需求。

第二，服务外包业基础优势。遵循基地化发展战略，经过几年的努力，花桥国际商务城已具备发展金融服务外包产业的承载能力，昆山已形成了一套完善的为现代产业服务的体制机制，形成了“建设成本减半、服务成本减半、人才成本减半、生态环境更优”的比较优势。

第三，优秀人才充足。以花桥国际商务城博士后工作站为平台，开展国内外金融外包领域规范的、前沿的、高水平的学术研究；承接国家和部委的相关课题，进行中国金融外包行业的相关研究；通过第一手资料的调查与研究，研究和介绍中国金融外包的现状；根据外包行业的发展前景与行业内企业的真实情况，向决策部门提供建议。

（2）外部有利环境分析。第一，国际金融服务外包发展态势迅猛。以金融信息技术外包和金融业务流程外包为主要内容的金融服务外包在近十年呈现出迅猛发展的态势。据德勤会计事务所估计，到 2010 年，大约有 20% 的金融服务机构会将成本中心（大约 4 140 亿美元的业务）迁移到海外，每项业务流程外移后可平均降低成本 37%，同时，外包正在细分市场上向更深、更专业化的领域拓展。

第二，依托上海的发展机遇。结合当前上海建设国际金融中心、国际航运中心和国际贸易中心上升为国家战略的机遇，花桥国际商务城将充分发挥紧靠上海的区位优势，着力构建适合金融服务外包产业发展的“牧场”，重点吸引金融企业的后台业务，为物流企业提供一整套解决方案和供应链管理体系。以企业为主体，辅助政府推动，努力承接上海国际金融中心的溢出效应。

2. 昆山花桥商务城金融服务外包发展中存在的一些问题与障碍

(1) 外包业务范围狭窄,以IT外包为主。昆山金融服务外包业务目前为止还主要限于IT业务外包,这固然是国内外包市场不成熟的表现,也是因为IT技术方面成本较高,出于降低成本考虑而易于首先选择外包的缘故。

(2) 金融服务外包企业竞争力不高,缺乏优质服务商。金融业务外包行业起步不久,国内专业的外包服务商为数不多、缺乏经验,在技术实力、经营状况、社会信誉等方面都难以满足金融机构的要求,质量参差不齐,而即使是国外相关外包服务商在中国的分支机构,在短时间内也难以和本土文化相适应。

(3) 监管制度不成熟,风险防范不完善。目前国内的监管机构还没有建立起有效的风险防范措施和监管制度来应对这一迅速发展起来的新型业务操作方式。

(4) 法律不健全,缺乏纠纷处理机制。金融服务外包存在不少风险,如外包服务商服务质量低劣,存在欺诈行为;对客户不能提供与发包机构同一标准的服务;外包服务商不能严守客户的隐私等。一旦出现纠纷,发包方和外包服务商相互协商仍不能达成一致意见而诉诸法律时,却进一步缺少外包纠纷处理的法律及有规可循的处理程序和制度。

(5) 与国内城市的同质化竞争。与同为国家服务外包基地的北京、上海相比较,昆山在金融后台服务能力、基础设施竞争力、信用环境支撑力和地方政府公共服务等方面都与北京和上海有一定差距,面临着激烈的竞争。

(三) 昆山花桥国际商务城金融服务外包业特征

1. 率先形成了科学的产业规划体系

商务城高标准规划,开发之初就邀请美国麦肯锡等国际著名咨询机构对产业进行了科学合理的规划,在对国际产业发展趋势、国内产业分工变化和长三角资源禀赋特征等多方面研究的基础上,明确把金融服务外包作为花桥重点发展的战略性主导产业,同时还对具体的业态进行了细化,主要包括:以管理咨询、技术咨询、软件服务为主的知识外包业务;以数据处理、财务结算、信用卡服务、呼叫服务为主的金融业务流程外包业务;以灾难恢复、测试中心、数据备份为主的IT基础设施服务等业务。在此基础上,商务城邀请了美国SWA公司完成了服务外包区景观规划,还邀请法国凯捷完成了服务外包区品牌策划,明确提出要将商务城打造成为国际有影响、国内称一流的“金融硅谷、商务新城”。

2. 率先构筑了较具竞争力的软硬件载体

硬件方面，商务城高起点、高标准、高层次推进10.6平方公里的金融服务外包产业园建设。一是以建设“智能园区”为目标，商务城建立了双电源双回路电力设施、高可靠性的供水供气设施，并在省内率先开通了高容量国际专线的电信服务；二是以建设“低碳园区”为目标，商务城致力于节能减碳，积极推行绿色建筑、绿色办公、绿色出行，初步形成了有别于大都市风貌的生态办公、居住环境；三是以建设“宜居园区”为目标，商务城大力完善产业和生活功能配套设施，希尔顿逸林酒店、企业家俱乐部、人才培训中心、中影花桥影城等一批多功能项目先后投运，初步形成宜居宜业的生活居住环境。

软件方面，一是形成了宽松的政策环境，商务城的发展得到了国家部委和省、市各级政府在政策、资金等方面的大力支持。商务城自身也先后出台服务外包、总部经济、人才、招商中介等奖励政策。目前商务城的综合成本仅为上海的五分之一，甚至十分之一。二是形成了良好的金融生态环境。商务城发起并组织召开了首届中国金融外包峰会，成立了国内首家金融外包研究中心。与美国麦肯锡公司合作推出了中国首份金融服务外包业务报告，成立了国内第一个专注金融服务外包行业的股权投资基金——花桥金融业务流程外包基金，商务城还与美国TPI公司合作建立了中国首个“TPI国际服务外包运营标准”。

3. 率先实现了金融服务外包产业的集群发展

一批金融产品研发、金融软件开发、金融创新和系统集成能力较强的高端企业，一批国内外知名的金融业务流程外包领军企业和龙头企业，一批金融IT基础设施服务企业先后进驻商务城，形成了比较完整的金融服务外包产业链。法国凯捷、柯莱特科技、颠峰软件、华道数据、远洋数据、中金数据、万国数据、东南融通等一批国内外知名的金融服务外包供应商入驻商务城后，业务成长迅速，外包服务执行能力和规模不断扩大，商务城已经成为国内比较有影响的金融服务外包承接地。

（四）昆山花桥国际商务城金融服务外包业发展的目标定位和对策措施

1. 发展的目标定位

商务城将抢抓上海国际金融中心建设的有利契机，加快建立金融服务外包产业园，大力发展金融服务外包产业，以凯捷、颠峰为基础，再引进一批金融软件研发、咨询管理外包等金融服务外包高端企业；以华道数据、远洋数据为基础，再引进一批金融业务流程外包领军企业；以中金数据、万国数据为基础，再引进一批在业内有影响力的 IT 基础设施外包企业，进一步强化金融服务外包产业特色。同时，商务城将积极申报中国金融服务外包先行区，争取海关支持，在商务城服务外包企业较为集中的区域设立“服务外包保税区”，实行“境内关外”的监管模式，并给予进口设备减免税、物流保税等相关优惠政策，进一步降低金融服务外包企业运营成本，提升企业国际竞争力。争取通过 3 年左右的努力，在金融服务外包产业园内，集聚一批国内外知名企业，达到 5 万人左右从业人员规模和 100 亿元左右产能规模，形成比较完整的金融服务外包产业链，使商务城金融服务外包产业园成为国内同类园区的领跑者。

2. 发展的对策措施

（1）加速产业集聚，构建金融服务外包产业链。

① 以凯捷、颠峰企业为重点，发展金融软件研发、咨询管理业务，做高金融服务外包产业层次。

② 以华道数据、远洋数据、福建实达、易方呼叫、上海银智为重点，发展金融业务流程外包，做大金融服务外包产业规模。

③ 以中金数据为重点，发展金融服务外包 IT 基础设施业务，做强金融服务外包产业。

（2）创新发展思路，全力打造中国金融服务先行区。

① 争创国家级服务外包培训与就业促进中心。商务城服务外包人才培训与就业促进中心，是国内目前规模最大、条件最好的软件服务与外包实训载体之一，承担着人才培训、人才储备、就业导航三大职能。该中心作为外包企业与高等学校联系的桥梁，以“就业”为核心，根据岗位设置人力模型，联合高等院校、培训机构和企业等形成统一的就业通道，在为企业培养人才的同时，解决大学生就业问题，最终解决企业招人难、学生就业难的难题。该中心由管委会、投资方、培训机构三方组成理事会，负责日常的运营和管理工作。一期 8 万平方米已于 2008 年 10 月 28 日投运，配备实训计算机 4 000 台，实训学员容量为 5 000 人，住宿容量为 3 500 人，截至 2012 年 2 月，中心已培训学员 2 000 多人次。目前该中心正在争创国家级服务外包培训与就业促进中心。

② 建立服务外包保税区。为提高花桥服务外包企业的国际竞争力，设想在商务城内服务外包产业较为集中的区域，建立服务外包保税区，实行“境内关外”的监管模式，并给予相关政策，享受进口设备的减免税待遇；在承接国际离岸服务外包业务时，国外客户可能将其自有设备（如银行数据库等）交予区内外包企业进行“托管”，对这种产权不发生转移的“托管设备”可参考海关当前“不作价设备”方式进行保税监管；对在区内完成的离岸外包业务，参照国内出口加工区的做法，实行免税；对区内工作的境外人员的签证设立绿色审批通道。

这种创新的举措，必将有力地推动花桥服务外包产业快速发展：

一是降低企业成本。基于 IT 技术的外包产业设备大多依赖于进口，根据我国目前的政策，上述进口设备都无法享受减免税优惠，高额的进口关税将增加服务外包企业的经营成本，给我国承接产业转移带来障碍。保税区内对进口设备进行减免税政策优惠，将大大降低企业成本。

二是提升通关效率。高端服务外包项目需要的先进型设备更新通常较快，目前的设备进口管理方式使很多国内接包商无法承接需要快速反应的服务外包定单，影响了我国服务外包企业的做大做强。实行“境内关外”的做法，可以大大缩短通关时间。

三是保障运营安全。国际发包商往往十分重视接包商的运营环境，对安全和稳定的要求极高，但我国服务外包相关知识产权保护和市场竞争机制还不健全。设立保税区后，可以保障运营安全，消除发包商的疑虑。

（3）建立金融业务流程外包产业基金。商务城与阿谢投资管理公司合作，建立了金融业务流程外包基金。通过金融业务流程外包产业基金，以股权投资加速业务流程外包产业集群，以国际并购推动业务流程外包产业升级。

一是能变被动招商为主动招商，有效拓宽招商渠道，吸引国际知名品牌和业务流程外包相关行业及兼并、收购和管理等方面的专业人才进驻。

二是能有效吸引资金，为境内外业务流程外包企业及其上下游企业提供必要的资金供应链，实现产业升级和资源的合理配置。

三是能取得较好的经济效益，其一，国际市场估值普遍偏低的现阶段，正是国际并购的有利时机；其二，境外业务流程外包企业转移到国内的成本差异可直接转化为可观的经济效益；其三，在主流的 Pre-IPO（上市前融资）类型投资项目中，企业通过包装重组顺利上市，经济效益更为可观。

基金的规模，政府投资2亿元，再通过专业基金管理人在境内外定向募集8亿元，形成总量为10亿元的投资基金，是江苏省第一家金融业务流程外包基金。

（4）建立“金融服务外包年度峰会”的永久性会址。建议每年召开一次金融服务外包年度峰会，并将会址落在商务城。峰会将借助国内外学术专家及业界精英的力量，对金融服务外包相关理论、行业应用以及市场现状等课题进行深入探索。同时，结合金融外包形势，设定特定主题，在金融专业权威人士层面达成共识，形成舆论导向，增强金融服务外包产业品牌知名度和影响力。

商务城位于上海半小时经济圈内，同城效应明显；产业特色鲜明，产业规模初具；花桥正着力打造金融服务外包先行区。因此，将峰会的永久性会址放在花桥势所必然。

（5）将先进商业模式企业纳入技术先进型服务企业的认定范围。结合服务外包的产业特点，通过技术创新，有效降低成本；通过流程优化，有效提高生产力；通过特色培训，有效创造就业岗位；通过具有生命力的商业模式，有效增强国际竞争力的服务外包企业，应列入技术先进型服务企业之列。这类企业可能在从业人员学历教育程度方面、离岸外包业务占比方面不一定能达到两个70%的标准，但先进商业模式企业对于推动服务外包产业发展，增强企业国际竞争力，充分解决就业等方面，意义重大。

（五）昆山花桥国际商务城金融服务外包业发展的愿景

早在2005年，麦肯锡等多家国际知名咨询机构基于对国际产业发展趋势及国内区域经济特征的深入研究，为花桥商务城度身定制了服务外包、金融后台、总部经济、现代物流等四大主导产业。同时在总体规划及城市设计方面，商务城联合上海城规院、新加坡邦城、日本野村、英国阿特金斯、香港易道等著名规划研究机构勾画了极具前瞻性的城市蓝图，着力打造“国际、科技、生态、人文、宜居”的一流卫星商务城。

作为江苏省唯一以现代服务业为主导产业的省级开发区，花桥以提升主导产业国际竞争力和核心价值链为目标，全力推进以花桥国际商务城、中国金融服务外包先行区、生产性服务业示范区和海峡两岸商贸合作区为总体功能定位的“一城三区”规划。建设以金融服务外包为主导产业，以现代商贸为支撑，总部研发、工业设计、供应链管理等三四方物流协同发展的现代服务业集聚区，加速形成一批十亿级企业，百亿级基地，五百亿级园区。

第二节　南京市金融服务外包业发展个案研究

自2006年12月南京市成为“中国服务外包示范城市”以来，南京市将发展服务外包作为凸显南京优势、实践科学发展观的重要抓手，作为保增长、促转型的重要途径，作为保民生、促就业的有效手段，集中力量和资源，大力推动南京市服务外包产业发展。全面提升南京市国际服务外包产业的整体竞争力，基本形成以信息技术外包、业务流程外包为主要内容的服务外包产业链，把南京市建设成承接国际服务外包的重要集聚区，打造国内领先、具有国际竞争力的知名服务外包示范城市。

2008年以来，南京已连续举办了四届服务外包合作大会，已逐渐成为我国服务外包行业的重要基地。据统计，2011年度南京服务外包企业达到1 022家，服务外包执行额在全国21个服务外包示范城市中名列第一，达42.5亿美元，同比增长60.3%，占江苏全省总量的40%。目前，江苏已建成各类服务外包载体超过2 000万平方米，初步形成以软件外包、动漫创意、工业设计、医药研发、供应链管理、金融后台服务等为特色的服务外包产业集群。

在服务外包整体迅速发展的同时，南京同样逐渐成为长三角地区金融服务外包产业的重要门户。

一、南京金融业发展现状

“十一五”期间，特别是2008年市委、市政府提出“金融强市”战略、打造区域金融中心城市以来，南京市金融业得到了较快发展，金融体系逐步完善，金融业规模不断壮大，金融改革加快推进，金融集聚辐射功能明显增强，对经济的贡献能力持续提高。

（一）多元金融组织体系渐趋健全

“十一五”期间，南京市基本形成银行、保险、证券各业并举，中、外资金融机构并存，功能完备，运行稳健的多样化金融体系和全方位的金融发展格局。全市共有分行以上银行业金融机构35家，其中，政策性银行3家，国有商业银行5家，股份制商业银行21家，外资银行6家；证券法人机构2家，证券营业网点70多家；法人期货公司5家；保险公司省级以上分公司72家，其中财险公司28家，寿险公司44家。同时，合作金融、担保、创业投资、小额贷款、农村资金互助社等为“三农”和中小企业服务的融资体系逐步形成规模。

（二）金融市场规模不断扩大

“十一五”期间，基本形成了以银行信贷市场为主导，证券市场、保险市场、期货市场以及货币市场等协调发展的格局。货币信贷市场保持快速扩张，截至2010年年末，银行类金融机构本外币各项存款余额12 887亿元，本外币贷款余额10 915亿元，存贷款总额在副省级城市中仅次于广州、深圳、杭州、成都，位居第五。资本市场融资活动活跃，截至2010年12月末，全市共有上市公司53家，其中境内上市40家，境外上市13家，合计从境内外证券市场募集资金约合人民币681亿元；期货市场代理交易额6.7万亿元。保险市场大幅提升，截至2010年年末，全市保费收入191亿元，同比增长25.7%，保险机构数量和保费收入稳居全省第一，保险深度达到3.8%，保险密度2 500元。

（三）金融改革开放成效显著

南京银行成功实现上市，正呈现在全国布局的扩张态势；南京证券成功托管西北证券、并购金龙期货，逐步形成多元发展和盈利模式；紫金控股设立，成为地方金融资源整合与拓展的重要平台；南京信托重组复牌，更名为紫金信托，进一步提升投融资能力；农村信用社改革进一步深化，农村商业银行筹建基本完成；外资金融机构布局进一步加快，已有6家外资银行和17家外资保险公司进入南京，尤其是韩国LIG财产保险公司和菲律宾首都银行两家外资金融机构中国地区总部落户南京，填补了全省外资金融机构总部落户的空白。

（四）金融集聚和辐射能力进一步提升

“十一五”期间银行保险机构数量增加了近一倍，不断增加并以总部或地区总部为代表的金融机构，形成了以南京为地区业务管理中心、覆盖周边区域的金融服务格局；南京集聚了全省四分之一的金融资源，跨区域和异地金融服务活跃，对周边市场形成相当的影响力和辐射力，在苏、皖、赣3省中，成为业务量最大、机构数量最多、业务种类最齐全、服务功能最强的城市；此外，“一行三会”在南京均设有一级分支机构，奠定了南京在区域范围内金融监管中心的地位。

（五）金融业发展为重要产业

“十一五”期间，金融业在全市经济发展中的地位显著提升，影响力不断增强，金融增加值接近翻两番。2010年实现金融业增加值417亿元，同比增长15.1%，占全市GDP的8.3%、服务业增加值的16.4%，对经济贡献率为8.6%，拉动GDP增长1.6个百分点，成为地方经济和社会发展的重要产业之一。

二、南京服务外包整体发展现状

南京市在2006年12月成为全国首批服务外包示范城市后，大力发展国际服务外包业务，全面提升南京市国际服务外包产业的整体竞争力，基本形成以信息技术外包、业务流程外包为主要内容的服务外包产业链，把南京市建设成承接国际服务外包的重要集聚区，打造国内领先、具有国际竞争力的知名服务外包示范城市。

（一）明确的产业发展定位

南京面对产业发展新机遇，提出了发展服务外包产业的定位：创建中国的“班加罗尔”，打造“中国软件名城”。确定了服务外包业发展的主要工作目标：把服务外包作为全市现代服务业发展的重要方向，重点发展国际离岸服务外包业务；积极争取国家鼓励服务外包发展的先行先试政策，努力将南京建设成为发展环境优良、企业和人才集聚度较高、国际竞争力较强的国家级服务外包基地城市；大力培育一批具有自主知识产权、自主品牌的服务外包企业，积极打造国家级服务外包示范区，建设成为国际服务外包业务的重要集聚区。明确了服务外包业的重点发展领域：抓好软件外包、IC设计、后台服务、办公室支持、财务管理等五大重点领域。

（二）集聚效应显著

2007年1月10日，南京市被国家授予“中国服务外包基地城市”和“国家软件出口创新基地”，跻身全国十一家“服务外包基地城市”行列。围绕打造“中国软件名城”目标，南京加强软件业整体发展规划，形成了“两园五基地”，即以江苏软件园、南京软件园两个国家级软件产业基地为龙头，带动了玄武、鼓楼、雨花、建邺、江宁五个软件产业基地发展。

目前，南京已经形成了“5+2”的产业集聚发展格局，拥有鼓楼、雨花、玄武、江宁开发区、高新区5家国家级服务外包示范区以及秦淮区、建邺区2家省级服务外包示范区。集聚了一批质量较高、规模较大的外包企业，特别是中兴软创、江苏润和、诚迈科技、南京普天通信、擎天科技等8家中国100强成长型服务外包企业，全部落户在示范区内。截至2010年年底，南京市有500多家服务外包企业集中于7个服务外包示范区，占全市已注册服务外包企业总数的七成以上，集聚效应显著。

（三）产业规模发展迅速

“十一五”期间，南京市服务外包规模不断扩大，增长迅速。截至2010年年底，南京市服务外包企业762家，比2009年增加了276家。全年共实现服务外包执行额26.5亿美元，占全省总量的37.5%，其中离岸服务外包执行额11.22亿美元，占全省总量的27.1%。目前，四项指标金额均居全国21个服务外包示范城市前列。接包业务类型涉及软件设计、编写、测试，软件分包，数据加工处理，后台服务，客户交易支持，办公室支持等。

（四）南京服务外包产业发展特点

一是国内市场潜力巨大。2010年在岸服务外包执行额15.28亿美元，占执行总额的57.6%，占比同比增长14%。

二是信息技术外包居主导。2010年，南京市信息技术外包（ITO）执行额占全市69.8%，技术性知识流程外包（KPO）执行额占20.6%，较2009年显著提高。

三是示范区持续引领全市外包产业发展。南京市70%的服务外包企业集中于7个服务外包示范区，服务外包合同额、执行额分别占全市86.3%和88.6%。

四是规模企业支撑全市服务外包业务。2010年，全市合同额在1 000万美元以上的企业有59家，实现金额18.4亿美元，占全市总量的77.6%。

五是美、欧、日和港台地区是主要离岸外包市场。全年超千万美元的离岸业务合同额主要来源地为美国、欧洲、日本等国家和港台地区。

六是2011年全年通过各类国际认证企业数快速增长。全市累计通过CMMI2级以上企业133家，新通过认证企业51家。

七是服务外包企业吸纳就业人数近15万。大专以上从业人员占72.3%。

基于南京市产业发展导向和各方的重视，充分发挥自身优势，南京服务外包业务正面临着非常好的历史机遇，而在金融业大发展的背景下，金融服务外包势必也会成为发展的重点，在南京金融业迅速发展的背景下，金融服务外包业将会成为服务外包业发展的新的推动力。

三、南京金融服务外包业发展现状

随着服务外包在国内的蓬勃兴起，发展服务外包已成为南京调整产业结构的必然趋势。南京市政府2006年就出台了《关于促进南京服务外包发展的若干意见》等扶持国际服务外包产业发展的若干政策。南京市财政从

2008 年起每年安排不低于 1 亿元的发展资金，市、区县及园区 3 年的总投入不低于 30 亿元，用于国际服务外包产业基础设施建设和兑现各项优惠政策，力争在 5 ~ 10 年内，建设成为中国乃至全世界承接国际服务外包的重要基地。接包业务向行业应用服务、研发和咨询服务等上游环节拓展，业务流程外包（BPO）、知识流程外包（KPO）业务执行额占全市服务外包执行额的 30% 以上。另外，外包业态日趋丰富，行业特色日益鲜明。软件外包约占全市业务总量的六成以上，其中通信、电力行业软件外包业务占全市三成以上，形成了以信息技术外包业务为主导，工业设计外包、金融服务外包、物流服务外包、供应链管理外包、动漫游戏外包等多领域齐头并进的良好格局。

金融产业是南京经济的重要组成部分，近年来南京市金融发展环境逐步优化，正在吸引着越来越多的金融机构向南京聚集。2008 年南京市政府出台了《促进金融业发展的意见》，提出将南京建设成为区域金融中心的总体规划，南京金融发展环境大为改善，金融生态环境良性发展，形成了国内外金融机构加快聚集的良好局面。截至“十一五”末期，全市分行以上的金融机构 116 家，已初步形成了银行、保险、证券各业并举，中、外资金融机构并存，功能完备，运行稳健的多样化金融体系和全方位的金融发展格局。南京金融产业的发展对金融服务外包的发展提出了强烈的需求。

近年来，对于发展金融服务外包，南京各家金融机构基本形成共识，正在积极探索搭建金融服务外包平台。例如：南京银行通过银联数据服务有限公司开展的发卡数据处理外包服务，贷记卡发卡只需 200 万元左右，从而大大降低了发卡的资金和技术门槛（如果自建数据处理系统的话，一般来说银行至少需要 5 000 万元人民币的投入）；有的银行在对操作层面员工使用问题上已出现了人事代理，即银行向人事代理中介机构付费，由中介机构负责按要求向银行选派员工；保险业中也有一些保险公司将保单印制等业务外包；南京金融票据中心近年来借鉴国外先进的金融外包服务理念和业务流程，优化自身的管理和服务，开展票据影像处理、票据集中提回、档案托管等金融外包服务。

区域内聚集了 100 多家银行、保险、证券、第三方支付、金融数据处理中心等金融机构和金融外包企业。在金融服务外包业务发展的过程中，逐渐形成金融服务外包业的集聚发展区域，依托服务外包业发展的条件，推动金融服务外包的跨越式发展。其中，河西中央商务区、新城科技园、江东 CAZ 功能区、中新南京生态科技岛四大功能园区为金融业和金融外包业发展提供了充裕的发展载体，一直致力于打造江苏省乃至华东地区金融集聚区，并出台了一系列扶持区域内金融和外包产业的优惠政策。

四、南京金融服务外包聚集区重点研究

（一）国家级服务外包示范区雨花台区——南京服务外包产业的先行者

雨花台区，位于南京西南部，北依主城，西邻河西，南接江宁新城，是南京都市发展的地理中心，面积134.6平方公里，人口39万。区内山清水秀，人杰地灵，文化内涵深厚，城市功能完善，经济繁荣发达，是中国最大的通信信息软件产业基地、国家级服务外包示范区，也是南京市软件产业发展最快的区域。2006年年底雨花台区被认定为中国服务外包基地城市的示范区后，依托紧邻主城的独特区位优势、优美的生态环境以及雄厚的软件产业基础，大力发展服务外包业。

截至2010年年末，全区已有软件服务外包园区总建筑面积约40万平方米，包括软件外包园、润和外包园、雨花国际服务外包产业园等楼宇；各类服务外包企业55家，从业人员2.2万人；主要产业定位和特色是通信软件外包和信息技术外包，已集聚了华为软件、中兴软件、东软、海辉软件、江苏润和、江苏诚迈、文思创新、软通动力、博彦科技等一批国内外从事软件及系统研发的服务外包知名企业。其中东软、文思创新、软通动力、江苏润和、富士通南大位列全国软件服务外包及出口前20强；东软、海辉软件、文思创新、软通动力、中软国际获得“2010年中国服务外包领军企业”称号；中兴软创、江苏润和、易思博软件、虹软多媒体、诚迈科技、江苏蜂星获得“2010年中国服务外包成长型企业”称号。2010年全区累计实现服务外包执行额5.82亿美元，同比增长23.8%；离岸执行额3.39亿美元，同比增长37.8%；各项指标在全市排名前列。

（1）雨花台区发展（金融）服务外包的条件。作为国家科技进步先进区、全国文化建设先进区，雨花台区经济综合实力、开放度逐年稳步提升，近年来，全区高举“生态、科学、和谐”三面旗帜，着力把雨花台区建设成经济繁荣发达、城市功能完善、生态特色鲜明、社会富裕和谐的科技新城区。

① 人居环境良好，生态优美。编制并实施了全国首部花境规划，拥有高达24.5%的森林覆盖率和48%以上的城市绿化覆盖率，是南京市自然环境最优美的生态办公、商务、科研区域；拥有全国一流的青少年科技活动中心、省内先进的体育中心、国家级重点高中和双语小学等高标准社会事业设

施，以及高中档住宅和门类齐全的现代商业设施。

② 毗邻主城区，交通便利。距南京主城区新街口 3 公里，距长江新生圩港 18 公里，距南京禄口国际机场 20 公里；华东地区最大的赛虹桥立交，长江三桥、地铁总站、火车南站等重要交通枢纽都位于该区，京沪高铁穿境而过，使雨花台区成为连接华东、华中、华北、华南地区的重要交通枢纽。

③ 软件产业集聚，基础雄厚。作为中国最大的通信信息软件产业基地，雨花台区拥有省级软件科技园、省级软件和信息服务产业示范园等，软件企业总数 237 家，包括华为软件、中兴通讯、东软、阿里巴巴、十四所等国内外知名软件企业，从业人员达 5 万人，2010 年销售收入达 281 亿元。

④ 政策有力支撑。2008 年出台了《雨花台区关于进一步推进软件产业发展的若干政策意见》，每年安排 3 000 万元作为区级软件产业发展专项资金，三年累计不少于 1 亿元，用于支持软件及服务外包产业发展；坚持为入驻企业和人才提供最贴心的"保姆式"服务，区内拥有集工商、税务、法律、银行等一体的行政服务区和集休闲、娱乐、餐饮为一体的商贸服务区；围绕"三库、四平台"建设，为软件及服务外包企业提供技术支撑体系，积极打造接发包平台、人才实训基地、信息化体系、软件测试、开发技术支撑和应用管理服务平台、企业投融资平台、法律服务平台。

（2）雨花台服务外包业特色。南京雨花台区建立了软件产品检测中心、IT 人才培育交流市场、公共技术服务平台等，为企业提供高效、便捷的全方位服务。集聚了中兴软创、华为、软通动力、文思创新等知名服务外包企业。成功引进了东软、海辉、江苏润和香港新华科技、中电十四研究所等一批知名软件服务外包企业，依托信息技术外包大企业集聚的优势，建立了南京第一家软件服务外包园。主要开展电信业务支撑系统、通信网络服务系统、数字集群通信产品、新型无线通信模块开发等业务。其具体特点表现为以下三点：

一是通信软件产业集群。中国通信四巨头中的华为、中兴、普天已经在此集聚，带动形成了近 60 家企业构成的通信软件产业集群，已成为国内规模最大、集聚度最高、占据行业主导地位的通信软件产业基地。

二是软件外包产业集群。中国服务外包前五强中的东软、海辉、软通动力、文思创新以及润和软件、富士通南大等中国百强成长型企业均已落户软件园，服务外包企业达到 40 家。

三是信息服务产业集群。园区已有阿里巴巴、趋势科技、神州数码、宝信软件、宏图三胞等一批信息服务业企业落户，带动了电子商务、数据处理等产业集聚发展。

（二）国家级服务外包示范区江宁区

江宁经济开发区是高科技生态工业园区，重点发展通信软件、应用软件研发外包。依托雄厚的信息技术、通信、汽车和高教等产业基础，以数据服务等业务流程外包为切入点，进一步完善电力自动化、通信软件、生物医药及应用软件研发等外包能力，成为具有较强实力的跨国企业南京研发中心、软件外包和业务流程外包中心。开发区已拥有服务外包企业近50家，业务类别遍及软件、系统集成、自动控制、通信系统、计算机工程和营销管理等多个领域。摩托罗拉软件中心、西门子软件与系统工程、南瑞继保、金智科技4家企业被列为江苏省承接国际服务外包重点企业。经过多年发展，江宁开发区已引进42个国家和地区的1 800多个项目，包括40多家世界500强企业在内的1 000多家制造类企业，对研发、设计、信息服务等存在巨大的需求，是发展服务外包产业的得天独厚的有利条件。

江宁开发区积极构建"区中之园、园中之区"，加速打造软件及外包产业优质载体，吸引了一批优质项目入驻。中关村服务外包产业园一流环境和服务，面积为2万平方米的崭新办公大楼吸引了江苏集群、淘宝呼叫中心、麦尼捷等一批优质的服务外包企业。在新兴电子商务领域，曾创造多个国内第一的江苏科泰公司，已正式入驻吉山基地，其首创的"四海方舟"电子商务模式享誉海内外。由新加坡裕廊腾飞集团实施运作，主要为IT业务外包及研发行业的企业孵化提供高档商务空间，总建筑面积8.2万平方米，可容纳5 000位专业技术人才。通过打造一流载体聚集一流企业，以一流企业带动一流产业，进一步提升了园区软件及外包产业集聚度和影响力。

为进一步推动园区软件外包产业做大做强，开发区中创科技公司专门成立了软件外包课题组、产业服务小分队，不断加强产业研究、优化产业服务，尤其在协助企业做好产业培训、资质认证、扶持资金申报等方面做了大量工作，有力促进了企业成长。

未来，按照全市打造软件谷的总体部署，江宁开发区将立足引进移动通信、汽车电子、电力自动化、信息安全等重点领域的企业，重点开发符合开放标准的嵌入式软件开发平台、嵌入式操作系统和应用软件，大力发展信息技术外包、金融外包，逐步向更高端的知识流程外包（KPO）等方向发展。

为了适应江宁开发区服务外包产业的快速发展，江宁开发区正在构建由区内高等院校、职业院校和社会力量办学的多元化、多层次服务外包人才教育培养体系，以满足园区服务外包产业发展所需的各类人才。开发区建立了包括“投融资联盟、创业导师、创业助理”等在内的全方位人才服务体系，并大力营造适合高层次人才发展的创新环境，打造一批“环境像花园、文化像校园、生活像家园、创业成乐园”的科技社区。

未来几年时间内，江宁开发区将努力打造具有鲜明江宁特色的江苏“人才特区”。园区将重点引进国内外服务外包培训机构3~5家，鼓励4~6家国际知名服务外包企业在园区内设立实训基地。在以上工作的基础上，整合资源，以江苏软件园吉山基地省级服务外包人才培训基地为依托，建立服务外包培训基地联盟，使之成为紧密联系政府、企业和高校，培养实用型服务外包人才的重要载体与平台。

目前SAP、南京科泰四海商周学院等国内外企业的实训基地已经落户。其中，四海商舟学院作为科泰集团（2010年11月入驻江宁开发区吉山基地）的下属学院，于2011年2月底正式启动服务外包人才实训工程。四海商舟学院以电子商务服务外包产业和全球电子商务产业的高速发展为大环境，以科泰集团在行业领先的地位和经验为动力，本着“授业于人，服务于人”的宗旨，以建设有特色、高水平电子商务服务外包的“黄埔军校”作为发展目标，面向全国，培养电子商务领域应用型技术人才。第一期学员就业率达到90%，已在国内电子商务行业形成一定知名度。

1. 江宁区发展服务外包业的技术基础

云计算的概念虽然在国内尚处起步阶段，但已释放出巨大的经济效应。全国已有十几个地方已建成或正在建设云计算中心，如北京提出祥云工程、上海推出云海计划。业界普遍认为云计算将是下一轮信息技术产业发展的战略机遇。

在中国科学院南京分院的推动和协调下，中国科学院计算机网络信息中心、南京江宁经济技术开发区管委会经友好协商，决定在江宁经济技术开发区，组合优势资源，共同规划、建设和运营云数据中心。该数据中心将是南京江宁经济技术开发区建设的第一个云计算中心，同时作为中国科学院数据云在东南地区的核心节点，为中科院的科研活动提供云服务。

云数据中心将面向当地政府提供云办公、云存储以及防止应用中断和保障数据可靠性的数据级和应用级云容灾备份等政府政务信息化基础设施服务。同时中心也面向市政建设，提供医疗、交通、城市建设规划等关系到社会服务领域的数据集中存储、处理、备份、归档服务，以及在此基础上为提高信息资源利用率而提供的联合检索查询、定制数据共享等信息服务。

江宁开发区云数据中心将创造良好的外部信息技术基础设施环境，提高政府公共服务水平及工作效率，加快原有企业信息化建设步伐，提高企业竞争力。江宁开发区云数据中心的成立将是江宁开发区信息技术产业发展的新焦点和新起点。

2. 江宁开发区打造一流服务外包平台载体

江宁开发区为进一步提高服务外包产业集聚程度，在继中关村服务外包产业园之后，精心打造了又一个服务外包产业发展平台——翠屏科创园，通过不断汇聚高端要素，有力推动园区服务外包产业发展。

翠屏科创园位于江宁开发区将军路以东、天元路以北，一期总规划面积2万平方米，于2011年8月底投入使用。园区按照"聚集资源、培育企业、拓展产业链、打造产业群"的原则，着力发展软件外包、IC设计、信息安全、网络通信、IT教育与培训、动漫、行业应用软件和嵌入式软件等行业领域，大力培养一批具有自主知识产权、自主品牌、高增值服务能力的软件企业，力争成为功能完备、全省一流的重点创业载体。

科创园布局上有分有合，南与开发区中心商务区相接，西与高档配套社区相邻，所处地理位置优越，空间布局合理，功能上协调互补。并按照"总体规划、分步实施"的原则，科创园主要建设三个功能区：产业区（以研发、科技孵化及人才培训功能为主，这是科创园建设发展的功能主体和核心内容）、评测区（主要打造科创园"一网两翼五平台"的公共技术支撑平台，为入园软件研发和软件服务外包企业提供优良先进的测试验证、信息共享、专业技术培训等公共技术支撑服务）、综合服务区（以商务、管理、会议、SOHO办公、休闲、餐饮为主）。

（三）国家级服务外包示范区鼓楼区

2007年8月被南京市政府命名的"南京国际服务外包产业园"集商务、商业等综合功能为一体，有信息技术外包（ITO）区、业务流程外包（BPO）区、知识流程外包（KPO）区、居家办公（SOHO）区、研发配套区、配套居住区等6个功能区。最早入园的企业，艾志工业技术集团、南大苏富特、水资源高效利用与工程安全国家工程研究中心、北京华胜天成股份有限公司、诚迈科技（南京）有限公司、南京朗坤自动化有限公司、爱可信（南京）技术有限公司等都是省级高新技术企业，都有自己的知识产权，都是本领域中极具创新能力的企业。近几年来，一批知名高科技企业相继入园。同时，通信研发、软件开发、电力自动化、生物医药、化工新材料、设计创意等高技术企业群落逐步成熟，集聚效能日益明显。

1. 南京市首批国家级服务外包示范区

鼓楼区是南京市的中心城区，也是江苏省委省政府所在地，辖区面积26.62平方公里，常住人口82.6万。鼓楼区是全国科教人才资源最丰富的区域之一。区内有南京大学、南京邮电大学、南京工业大学、南京师范大学等18所高校，大型科研院所71家，国家重点实验室19个，国家级大学科技园2个。现有专业技术人员10多万人，两院院士43名，占全省的近一半；全区超过40%的人口具有高等教育学历。2009年，鼓楼区被科技部认定为国家科技进步示范区，是南京市唯一入选的区县。

近年来，鼓楼区坚持“区域空间有限、科学发展无限”的理念，充分发挥资源禀赋优势，大力发展服务外包产业。自2006年获得江苏省服务外包基地城市示范城区的荣誉以来，服务外包产业现已成为鼓楼区经济发展不可或缺的重要组成部分。

鼓楼区服务外包业务类型主要集中在软件研发、工程设计、IC设计研发、通信研发、供应链物流、医药研发等高端领域；发包国主要有美国、日本、英国、德国、韩国等；发包方有朗讯、阿尔卡特、NEC、巴斯夫等知名跨国企业。

2011年中国服务外包领军企业及成长型企业评选活动中，鼓楼区服务外包企业南京朗讯科技通信有限公司荣膺“十大在华跨国服务供应商”称号，诚迈科技（南京）有限公司荣获“2011年中国服务外包成长型企业”称号。

2. 鼓楼区发展服务外包特色

鼓楼区作为南京市政治、经济、教育和文化中心，占地面积、可开发利用的土地资源少，经济发展面临前所未有的挑战。早在2002年，鼓楼区就开始筹划一个高端、高附加值的产业园区，最初定位于发展高新技术产业，后来锁定软件园区即“江东软件城”。2007年3月，南京市政府正式将这一园区确定为“南京国际服务外包产业园”。

“南京国际服务外包产业园”目标明确，即走高端服务，瞄准服务外包顶端优势，打造“南京硅谷”，更注重吸引顶端的总部、国际性区域总部和功能性总部企业入驻，与土地资源相对富裕的江宁区和雨花台区的产业实现错位发展。

南京国际服务外包产业园南起集庆门大街，北至汉中门大街，东起燕山路，西至清河路，占地面积1.16平方公里。园区按现代国际商务园区进行高标准规划，总建筑面积约245万平方米，绿地率达到40%以上。

园区规划为信息技术外包（ITO）区、业务流程外包（BPO）区、知识流程外包（KPO）区以及公寓和商业配套区等四个功能分区，功能分区明晰，配套设施完善。

在园区内，已经引进华东区域网络游戏技术测试平台、中国中小企业协会苏皖赣地区服务中心、南京医药临床与临床前CRO中介技术服务平台等专业服务机构为园区企业提供专业技术服务。

经过短短4年的打造，南京国际服务外包产业园现已吸引联创亚信、诚迈科技、南大苏富特、海隆软件等知名外包企业进驻，2010年实现服务外包执行额2.4亿美元，占鼓楼区一半以上，其中，离岸执行额0.61亿美元，成为鼓楼区乃至南京市服务外包产业的一张响亮的名片。

（四）国家级服务外包示范区玄武区

南京玄武区拥有江苏省内最大的专业化软件产业基地——徐庄软件产业基地、国家级软件产业基地——江苏软件园、东南大学国家大学科技园和江苏省电子信息产业基地——珠江路科技园，区内服务外包业务以软件开发和基于信息化服务的IT外包为主。徐庄软件产业基地将发展成为江苏省软件产业的标志性园区，截至2010年，园区入驻企业达到400家，从业人员超过5万人，实现软件销售收入200亿元，软件出口2.5亿美元。研发和产能居领先地位，成为国际一流的软件产业基地。以软件业为龙头的信息技术产业，以动漫、音像图书出版为龙头的文化产业及其相关服务业较为发达，国际服务外包发展的产业基础雄厚。

（五）国家级服务外包示范区高新技术产业开发区

南京高新区内已经入驻软件企业360家，其中通过双软认定企业128家，国家规划布局内重点软件企业5家，全国软件百强企业5家，软件销售收入超亿元企业5家。南瑞集团、南瑞科技股份、国电南自、联创科技、电研电力、力导科技等一批发展电力、电信等行业应用软件的骨干软件企业也先后加入了这个庞大的队伍。目前，南京高新区内已经形成了三大服务外包企业群：以印度萨蒂扬（南京）研发中心、江苏微软技术中心、富士通南大、南瑞集团、中华网、台塑网、江苏普华、焦点科技为代表的信息技术外包服务企业群；以欧加农、鼎业百泰、药石药物研发、爱斯医药为代表的医药研发外包企业群；以鸿鹰动漫、阿法贝为代表的动漫创意设计制作外包服务企业群。按照国际化、规模化、集约化的模式发展外包产业。

（六）江苏省服务外包示范区秦淮区

秦淮区重点培育晨光 1865 科技创意产业园、江宁路创意产业街区、通济产业园、无线谷产业园等服务外包产业集聚园区。依托大明路科技产业园、世界之窗等优质载体，引进培育软件研发、金融后台、生物医药等企业，提高服务外包业对经济发展的贡献率。

（七）江苏省服务外包示范区建邺区

南京服务外包业目前以软件外包为基础，目标从软件外包、IC 设计、后台服务、财务管理等领域出发，以软件外包和业务流程为基础，进一步拓展研发设计外包、物流外包和金融后台服务等领域的服务外包业务。

以河西新城科技园为核心，培育了一个发展软件研发及服务、产品技术研发及工业设计服务、信息技术外包等新型国际服务外包集聚区。截至 2011 年 9 月，已培育年外包执行额 1 000 万美元的企业 5 家，业务领域拓展至业务流程外包、信息技术外包等行业。

作为服务外包新的发展领域，金融服务外包受到政府、外包商、金融机构越来越多的重视，在 2011 年“宁台金融合作推进会”上，河西金融城的建设将会为南京金融服务外包业的实质发展提供一个很好的契机。作为一个标志性的金融产业发展载体，对于国内外金融机构、国内外金融服务外包业务的提供商来说都有很大的吸引力。随着南京金融城的建立，依托境内雄厚的软件技术基础、优越的人文条件和经济基础，南京金融服务外包也将获得跨越式的发展。

五、南京市金融服务外包业发展的主客观条件分析

（一）基础设施环境条件

南京市生态环境良好，交通便利，社会治安环境良好，基础设施条件较为完善。作为中国东部重要的交通中心，水陆空交通便利，铁路、公路、水运、航空等多种交通方式互动构建一体化的综合交通体系。南京禄口机场是中国重要的干线机场，与上海虹桥、上海浦东机场互为备降机场。目前南京已开通了 42 个国内主要城市、19 个国际和 2 个地区城市的 120 条航线，与法兰克福、新加坡、首尔、东京、大阪、曼谷、香港和澳门等城市有直达客运航线。南京市已建成以宽带城域主干网和光纤接入网为核心的城市光缆骨

干传输网络,是江苏省及长江中下游信息高速公路的主要节点。另外,南京作为铁路枢纽,在沪宁城际铁路开通后,其铁路建设也将进入新的发展时期。

（二）技术人才条件

南京拥有众多的高校和科研院所,既是国内重要的软件开发基地之一,也是金融和科技高端人才的重要培养基地,为金融服务外包体系建设提供了全方位的支持和服务。

截至2012年3月,全市现有普通高等院校53所,在校大学生和研究生约80万人,占常住人口的1/8,每万人拥有大学生数量居全国第一;拥有独立科研与技术开发机构106家,各级工程技术中心256家,省级以上重点实验室60家,居全国同类城市首位;科技人员中有“两院”院士79人,全国“千人计划”55人,人才总量162万人,在全国城市中名列前茅。

南京正举全市之力实施科技创业特别社区建设等“八大计划”,为科技人才创业提供完备的服务和优越的环境。其中,“南京321计划”(即南京将用5年时间,引进3 000名领军型科技创业人才,培养200名科技创业家,集聚100名国家“千人计划”创业人才),将为南京建设中国人才与科技创新名城提供重要的人才支撑。

（三）产业结构调整机遇

“十二五”期间,重点围绕调整经济增长方式,优化需求结构,推动投资、消费合理增长,坚持先进制造业与现代服务业双轮驱动,加快形成产业高端化发展格局。

在推动形成内需主导、消费驱动的经济增长方式,确定电子信息、汽车、钢铁、石化等支柱产业的国内领先地位,抢占“八大新兴产业”制高点的同时,全面提高现代服务业对国民经济的整体贡献率,建立与城市国际化进程相衔接、与先进制造业基地建设相促进、与现代化大都市要求相匹配、与人民群众生活水平提高相适应的现代服务业体系,重点发展软件研发与服务外包、金融服务业、现代物流业、信息服务业、旅游会展业、文化创意业、商务服务业、商贸流通业等八大现代服务业。加快建设软件园、大学科技园、创新街区、创意产业园等各类生产性服务业集聚区,推进服务业标准化建设,提高服务经济的整体规模和发展水平。

（四）金融业发展规划

南京市“十二五”金融业发展规划为:加强区域内金融合作,实施南京都市圈金融合作战略，着力构建区域投融资中心、金融运营管理中心、金融中介服务中心、金融服务外包中心和海峡两岸金融合作中心。争取中央和省金融监管部门及驻宁机构的支持，加大金融改革创新力度，推进保险等金融改革创新试验区创建。构建多层次中小企业融资服务体系，加大面向中小企业的金融产品创新，完善中小企业信用担保体系，大力发展小额贷款公司、村镇银行、农村资金互助合作组织等地方类金融机构、准金融机构和新型金融业态。鼓励企业发行公司债券，开展资产重组，申报上市，促进中小企业特别是科技型中小企业发展壮大。加快培育创业投资、股权投资体系，引进和培育各类创业投资、股权投资机构，不断壮大政府创业投资引导基金和股权投资基金规模。构建和完善以合作金融机构为主体，政策性、商业性及其他类型的金融机构为辅助的农村金融服务体系。做大做强南京银行、南京证券、江苏紫金农村商业银行等地方金融机构，把紫金控股打造成集银行、证券、保险、期货、信托、担保、再担保、创投、租赁等多位一体、区域性的金融控股集团，组建地方法人保险公司。大力吸引外资金融机构来南京发展或者将分行转制为法人机构，积极争取金融机构总部在南京设立。积极构建“一城、一区、两带、三基地”的金融功能区，即重点打造河西金融城，启动海峡两岸金融合作区建设，提升洪武路—中山南路、鼓楼—山西路两大金融服务带，建设以雨花软件园、麒麟生态科技园、新城科技园为代表的三大金融研发和服务外包基地，形成核心功能区机构聚集、两岸金融合作独具特色、金融后台服务功能完备的金融发展格局。

（五）政策支持

随着服务外包在国内的蓬勃兴起，发展服务外包已成为南京调整产业结构的必然趋势。为促进该产业崛起，南京市政府 2006 年出台了《关于促进南京服务外包发展的若干意见》等政策。2008 年在金融产业进一步发展的诉求下，出台了《促进金融业发展的意见》。另外，为全面贯彻落实《国务院办公厅关于促进服务外包产业发展问题的复函》[国办函(2009)9 号]和《国务院办公厅关于鼓励服务外包产业加快发展的复函》[国办函(2010)69 号]文件精神，进一步提高南京国际服务外包企业综合竞争力，推动南京市“中国服务外包示范城市”品牌建设，促进服务外包产业快速发展，2011 年 4 月 19 日，市政府出台了《关于加速推进南京国际服务外包产业发展的实施意见》(宁政发〔2011〕88 号)，有效期为 2011 年至 2015 年，既保持了政策的延续性和稳定性，又着重在公共载体平台建设、龙头企业引进、重点企业培育、国内外市场开拓、高端人才引进培养、创新投融资手段支持服务外包企业发展等方面加大了扶持力度。

六、南京市金融服务外包业发展中存在的问题和障碍

目前南京市金融服务外包业发展相对不完善，主要体现在以下几个方面：

第一，对金融服务外包发展的政策落实不够。南京服务外包行业发展较为迅速，但是金融服务外包业务在长期以来并没有得到足够的重视，支持金融服务外包企业发展的具体政策较少。

第二，服务外包示范区外包业务重叠，没有形成很好的聚合效应。南京示范区 80% 左右外包业务为信息技术外包(ITO)，其中又以软件外包为主。而服务外包产业中更高层级的业务流程外包(BPO)和知识流程外包(KPO)份额相对较小。承接外包业务多为基础型软件程序编写、数据录入等基础信息技术外包服务，缺乏高级软件包编写等高端外包服务。

第三，外包业务范围比较狭窄。低端外包多，涉及业务流程方面的高端外包相对较少。主要集中在数据录入、计算机业务系统及设备的维护维修等 IT 外包方面。这与南京市服务外包以软件外包为基础的特点有一定的关联性。

第四，人才结构不合理。虽然南京拥有多所高校，具有丰富的人才储备，但人才结构不尽合理。以软件产业为例，目前软件产业对人才的需求呈金字塔形结构，而软件人才结构则呈"橄榄型"，位于产业上层的软件架构师、系统设计师严重短缺，属于产业基础的软件蓝领非常稀少，而处于金字塔中层的系统工程师相对过剩。尤其是既有实际的操作能力，同时又能用英语交流和具有发展市场的复合型实用人才匮乏，整体外包水平较低。

第五，尚未建立外包服务商资格审查制度。南京的外包服务商大都是国外相关服务商在中国的分支机构，虽然其业务经验丰富，但是由于缺少相应的规范和资格审查制度，会造成质量参差不齐，信誉难以保证。

第六，相关法律不健全，缺乏纠纷处理机制。金融服务外包存在很大风险：如某些外包服务商服务质量低劣，存在欺诈行为；对客户不能提供与发包机构同一标准的服务；外包服务商的操作方式不符合发包机构的传统做法；外包服务商没有足够的资金来完成承包的工作，且无力采取补救措施；外包服务商不能严守客户的隐私；等等。一旦风险暴露，相关法律无法提供有效支持。

第七,监管制度不成熟,风险防范不完善。金融服务外包在降低成本的同时也带来了诸多问题和隐含的风险,但是由于外包也是近些年来迅速发展起来的新型业务操作方式,所以国内的监管机构还没有建立起有效的风险防范措施和监管制度。

七、南京市金融服务外包业发展对策研究

(一)贯彻政策支持,加强企业品牌建设

第一,认真贯彻执行国家、省和南京市促进服务外包发展的政策措施,以及国家、省和南京市支持服务业(包括软件业)发展的有关政策,发挥政策的集成效应。在政策执行过程中,及时关注国际服务外包最新发展态势,不断调整、修改、完善支持政策,形成便捷高效、与国际通行惯例接轨的加快国际服务外包发展的政策支撑体系,发挥政策的最大效能。

第二,积极支持服务外包企业品牌建设。选择一批规模效益好、自主创新能力强、管理技术水平高、产品优势明显、市场潜力大的本土软件企业,集中市场资源、技术资源和资金资源等,实施重点扶持。要采取多种措施充分发挥南京的科技优势和人才资源优势,鼓励和支持服务外包企业加大技术创新投入,建立研发机构,确立企业技术创新的主体地位,在服务外包领域形成一批具有自主知识产权的技术、产品和标准。在积极扶持引导中小型企业走专业化发展道路,培育自主创新能力的基础上,通过有力的市场资源配置和积极的财政政策扶持等杠杆作用,引导和鼓励一批中小企业实施调整、联合、并购、重组等聚集性措施,力求形成大型企业集团。在引进和推动国内外服务外包企业来宁发展的过程中,帮助企业实现本土化。

第三,对服务外包企业提供融资支持。把推进服务外包放在与制造业招商同等重要的地位,加大服务外包对外推介、宣传和招商力度,并纳入各责任单位的考核范围。瞄准全球服务外包巨头和世界500强企业,积极吸引服务外包企业来南京投资,尤其要大力引进软件外包、后台服务、办公室支持、财务管理等领域国际知名外包企业的高端项目,提升南京服务外包企业的层次和规模。积极发展离岸外包,在巩固现有外包市场的基础上,积极拓展国际市场,并利用各种招商会、推介会等活动,为企业提供更好的服务平台。

(二)加快金融产业集聚基地建设,强化资源整合,建立金融外包承接载体

目前,北京、上海、深圳等金融发达城市都规划了专门的金融产业基地,

大力发展金融外包服务产业，以改变地域分散、个体规模小、经营理念落后、管理水平偏低的外包服务状况。作为后起的城市，南京应加快河西金融服务外包基地建设，加快改善产业基地基础软硬件环境建设，借鉴国内外先进服务外包基地的发展经验，从建设高水准、前瞻性的服务外包所需要的基础设施要求出发，建设功能齐全的国际化服务外包园区。完善通信基础设施建设，筹建高速互联网络出口。对入驻基地的国内外著名企业总部、研发中心等的购地建设、购买或租赁自用办公室，实行土地房租优惠政策。

（三）逐步扩大金融服务外包业务的范围

金融服务外包业务除信用客户的信用等级评定和信用调查评估、市场调研、计算机业务及系统的维护维修、日常人事劳资管理、金融机构对外形象设计、后勤保障等通常业务外，还包括一些新兴业务及复杂程度较高的业务流程外包。要发挥文化、地缘上的优势，随着南京金融人才素质的提高，特别是英文水平的提高，为扩大金融外包项目流入本地区提供了有利的基础，金融机构应在细分市场的基础上，提供专精式外包服务。准确定位，从IT外包、承接支票影像、档案托管等低端业务逐步发展到业务流程等高端业务，从承接本土外包服务发展到离岸外包，不断提高金融外包服务水平；鼓励和支持本地服务企业对外开拓金融外包业务，积极引进国外著名服务外包企业，形成现代金融服务意识，促进产业调整和创新。

（四）加快金融服务外包专门人才培养及引入力度，构建完善的人才保障体系

第一，通过政策导向、环境营造和校企联合等，充分调动在宁高校、国家级示范软件学院和科研院所的积极性，加快高校服务外包相关学科建设，发挥南京市高校优势，整合相关学科，设立服务外包学院和相关专业。扩大服务外包专业办学规模，开展多层次、多类型的服务外包专业教育，迅速提升金融服务外包中、高端人才培养数量。

第二，以打造国家级服务外包人才培训中心为重点，大力推进服务外包人才培训资源整合，积极发展职业技术教育，加强岗位培训，培养服务外包“蓝领”人才。拓宽人才培养途径，引进高端人才。建立服务外包人才储备和需求数据库，创新人才交流机制，鼓励企业建立能留住人才的分配激励机制，建设高级人才公寓，以更加优惠的政策和更加优越的环境，加快引进国际服务外包高端人才，特别是具有国际软件行业人脉、熟悉跨国公司运作流程、具备跨文化沟通和操作能力的领军人才。

第三，着力打造熟悉国际服务外包程序、外语熟练的工程技术人员尤其是软件工程师队伍，善于从事国际服务外包业务或提供中介服务的商务人员尤其是项目经理队伍，了解国际服务外包动向、熟悉国际服务外包业务、能够为服务外包产业提供专业化服务的管理队伍。

第四，吸引服务外包高级人才。抓住欧美金融业和IT业大量裁员，金融和人才招聘成本大幅降低的机会，通过对外的宣传交流和推介，积极吸引国外的大量金融和IT人才回国就业，为南京的国际服务外包产业提供高层次的国际化人才储备。同时要尽快研究制定吸引中高层次服务外包人才的优惠政策和配套措施。

（五）拓宽金融服务外包企业投融资渠道，改善投融资环境

建立金融外包服务企业贷款平台，优先为外包企业提供贷款等融资支持。积极探索建立有效的担保机制，对于有一定规模的外包企业，允许其用软件产品等无形资产进行抵押贷款。推动政策性担保公司积极为中小服务外包企业提供短期贷款的担保。鼓励风险投资、社会民间资本和外商投资服务外包产业。

（六）避免同质化竞争，发挥差异化优势

北京、上海作为一线城市有着丰富的人力资源和知识产权保护体系，与它们相比，南京的金融服务外包产业的发展还有一定差距。但与全国其他省会城市相比，南京仍有许多优势：高校数量排全国第三，平均工资水平低，特殊的地域文化也让员工的跳槽率比其他一线城市低。因此，南京要避免和其他城市的同质化竞争，充分利用自己资源丰富、靠近上海且腹地较广等优势，加快人才培养和引进，共同推动服务外包由单点外包向综合外包转变，建立服务发包、承包方长期、共赢的合作机制，构建南京创新型、高端化的国际服务外包产业体系。

（七）政府制定支持金融服务外包产业的政策措施，制定相关的法律法规，建立外包服务商的信用评级机制

一方面要成立金融服务外包的行业管理机构和专项发展基金，以行业协调和互助的方式推动外包产业发展。另一方面政府应加大知识产权保护力度，积极出台隐私信息保护等法规，增强客户对安全的信心；改善服务模式和服务效率，尽快出台专门针对金融服务外包产业的优惠政策；采取减税、免税及减免房租等优惠措施降低企业运行成本。另外，完善的法律法规可以保证金融服务外包市场健康有序的发展，政府应加强如金融服务外包

的范围、金融服务外包合同的规范性、外包服务商准入机制和信用评级机制等方面的制度的制定。

第三节　无锡市金融服务外包业发展个案研究

"十一五"以来,无锡服务业总量规模迅速扩张,服务业增加值占国内生产总值比重逐年上升,2005年至2010年,服务业增加值从1 055.74亿元提高到2 479.57亿元,服务业在国民经济中所占比重由37.8%提高到42.8%,上升了5个百分点,全市服务业从业人数占全社会从业人数比重由33.1%提高到39.0%,上升5.9个百分点。

以服务外包为代表的新兴服务业实现了量的扩张和质的提升,全球服务外包100强、全国服务外包50强企业有26家投资无锡,2010年全市软件和服务外包增速超过45%,全市服务外包企业接包合同签约金额超过32亿美元,接包合同执行金额超过25亿美元。

无锡软件及服务外包产业以"滨湖区、新区和南长"板块为主体,引领太湖国际科技园、山水城科教产业园、工业设计园、生物医药研发服务外包区建设、扬名科技创新和服务外包基地,与锡山和惠山特色外包产业共同构成"沿太湖服务外包产业带"。另外,以江阴和宜兴两市为发展两翼,依托自身特色发展优势服务外包行业和优势行业,形成与新区和滨湖区错位发展、优势互补的空间布局态势。

一、无锡市金融业发展现状

2008年,全市金融业实现增加值192.72亿元,按可比价同比增长15.0%,增幅分别高于GDP和第三产业增幅2.6和1.2个百分点,对GDP和第三产业的贡献率分别为8.4%和20.1%。

(一)金融业组织体系日趋完善,整体竞争实力持续增强

初步建立起现代市场金融制度。截至2008年年底,全市拥有银行24家,证券公司16家,期货公司4家,保险公司51家,其他金融业中包含69家金融担保公司以及26家典当行。

(二)银行存贷规模稳步扩张,经济支撑作用日益凸显

截至2008年年末全市金融机构人民币存款余额达5 321.84亿元,相当于2000年的4.94倍,年均增长22.1%,增幅快于同期经济增长4.4个百分点;全市金融机构贷款余额达到3 725.08亿元,相当于2000年的5.23倍,

年均增长23.0%。2008年年末中长期贷款余额达到1 279.98亿元,相当于2000年的12.78倍,年均增长37.5%,对无锡市推进基础设施建设、优化投资环境、提升城市功能发挥了重要的支撑作用。

(三) 保险机构服务能力增强,保障功能不断强化

2008年年底,无锡市保险公司已达51家,其中寿险公司22家,财险公司20家,全市保险密度(全市人均保费,按常住人口计算)为1 550.93元,保险深度(全市保费总收入与GDP之比)为2.1%。全市保费收入从2000年的19.89亿元增加到2008年的94.72亿元,年均增长21.5%,其中寿险保费收入占全市保费收入的73.0%。

(四) 证券市场发展势头良好,融资渠道日益拓展

2008年年末,无锡市拥有证券公司16家,期货公司4家,其中3家为多法人企业,实现营业收入共计6.84亿元,资产总计99.13亿元,增加值为27.89亿元。全市已有45家公司先后在境内外市场上市,其中国内A股上市20家,累计募集资金超过300亿元。

2010年,无锡市金融系统建设科技金融服务体系,提升金融发展质量、服务水平和创新能力,服务转型发展,推进金融强市建设。银行业继续保持快速发展,年末贷款余额6 487亿元,比上年增加1 012亿元;存款余额8 827亿元,比上年增加1 423亿元;余额存贷比74%,中长期贷款占比45.8%。保险业稳定增长,政策性保险快速发展,车险整体扭亏,全年产、寿险保费收入131亿元,比上年增长17.1%。资本市场实现高速发展,直接融资总额227亿元,创历史最好成绩,新增上市公司17家,企业上市数量实现5年翻番。全市证券机构开户数近100万户,托管市值948亿元,证券交易额1.3万亿元。金融集聚发展成效明显,银行、保险、证券等机构加速引进,法人金融机构快速发展,全年新设各类金融机构43家,新增各类股权投资基金19家,新增注册资金30亿元。

二、无锡市服务外包业发展现状

无锡市高度重视服务外包产业发展工作,并且坚持以科学发展观为指导,积极应对国内外宏观经济环境变化,认真落实商务部和江苏省委、省政府关于服务外包产业发展的各项指示要求,以争创国家服务外包基地城市、示范区为目标,大力推进服务外包产业发展,使服务外包成为无锡加快转变经济增长方式、努力推动经济转型升级的重要“引擎”,成为新一轮经济增长热点和新的经济增长极。

2008年年初，无锡市委主要负责人带领经贸代表团，实地赴印度班加罗尔，考察印度软件服务外包产业的快速发展情况。在此次考察基础上，无锡市委、市政府形成了“把无锡打造成中国服务外包高地、世界服务外包基地”的战略目标。

无锡也由此创造了服务外包产业的诸多之“最”：出台业内最具震撼力的“123”计划扶持政策；形成国内最具特色的15个梯度配置、差异化发展的“Park园区”；搭建具有全球影响力的太湖云计算中心、“盘古天地”SaaS平台和代表最高等级的国际数据中心；引进国际权威的印度国家信息技术学院（NIIT）、美国埃卡内基等服务外包人才培训机构。与中国电信合作建设的国内规模最大、华东地区首个钻石级国际数据中心（T4级）投入正式运行；无锡还与Intel合作Intel—中国并行计算中心，与惠普合作惠普全球软件外包服务中心，与阳光保险合作金融后台中心。这些构成了无锡服务外包产业独一无二的技术平台优势。

同时，无锡服务外包产业正逐步实现由低端向中、高端的攀升，项目集聚软件研发、工业设计、生物医药研发外包等研发设计类项目，在服务外包领域中特色化发展的优势已然显现。

2011年，无锡全市接包合同签约金额44.8亿美元，离岸外包执行金额23.8亿美元，分别位居全省第二、全省第一，成为推动无锡转型发展的“绿色引擎”。“中国服务外包示范区——无锡太湖保护区”、“中国服务外包示范城市”的金字招牌，见证了无锡在国内服务外包示范城市“后发先至”的发展脚步。以15个“Park园区”为载体集聚各类环境要素，无锡已初步形成以信息技术外包等重点行业领域为特色，工业设计外包等生产性服务外包为助力，呼叫中心等其他服务外包领域为后劲的产业体系。根据中国商务部发布的数据，2011年无锡全市接包合同签约金额和离岸外包执行金额，同比分别增长41%、53%，业务辐射至美国、日本、欧洲等80多个国家和地区。发展服务外包产业，关键在于能否拥有一批龙头型、基地型规模企业。近年来，无锡针对原有企业少、规模小、接包能力弱、国际竞争力弱等实际，按“移大树”的思路广开招商引智渠道。全球服务外包100强、国内服务外包50强中已有29家在无锡市投资设立区域性总部或业务交付中心，其中，国内十大领军型服务外包企业已有8家在无锡市落户发展。作为日本NTT数据集团在中国最重要的投资企业之一，无锡NTT数据有限公司不仅在软件外包开发、高端业务流程外包服务上颇有建树，更与多家日本知名企业或其在国内的投资企业就云计算及数据中心业务达成了合作,迈上高端IT服务台阶。2011年,公司完成营业额超亿元,其中服务外包出口创汇近2 000万美元。

三、无锡市服务外包业发展特点

(一)举全市之力抢抓服务外包发展机遇

国家商务部、信息产业部、科学技术部、教育部联合认定无锡太湖保护区为"中国服务外包示范区"。无锡市将发展服务外包产业列入"十一五"发展规划,并确定了"两基地一中心"(中国服务外包基地城市、对日服务外包基地城市和上海服务外包承接中心)基本定位。制定并实施了《无锡市"十一五"服务外包产业发展规划》、《无锡市推进国际服务外包产业发展"三年行动计划"》、《无锡市加快服务外包产业发展的意见》、《2007年全市服务外包产业发展目标考评意见》等政策文件,安排了不断递增的服务外包产业发展导向基金。

(二)构建服务外包示范区载体

为进一步扩大国家级服务外包示范区的集聚辐射效应,加快推动无锡市服务外包产业发展,市政府认定了新区I-Park集聚园、滨湖K-Park集聚园、崇安广瑞集聚园、北塘凤翔集聚园、国际质量技术服务集聚园、江阴滨江集聚园、宜兴环科集聚园等7家集聚园为首批"中国服务外包示范区——无锡太湖保护区"集聚园,以此支撑示范区发展,并在全市起到引领和示范作用。以"国家级服务外包示范区+集聚园区+重点企业"的产业格局初见雏形,基本形成服务外包产业国家级、省级、市级载体梯度发展格局。

(三)形成多元化多层次服务外包人才培训体系

无锡市目前已初步形成了由国家重点科研院所、著名高校、服务外包企业、职教机构和社会力量办学的多元化、多层次服务外包人才教育培训体系,拥有20多家各类培训实训机构。中科院、清华大学、北京大学、南京大学等国内著名研究机构、院校都在无锡设立了分支机构或分校。2007年,已完成服务外包专门人才培训近万人,新增大专以上学历服务外包从业人员1.5万人,从业人员总数超过2万人。同时,服务外包人才培训联盟筹备工作已经启动,得到广泛响应。

(四)引进一批国内外有影响的重点企业落户

实现了全市招商引资重点转移,将招商引资重点由以先进制造业为主转变为以服务外包为主,先后组织赴日本、韩国、中国香港、新加坡、英国以及北京、深圳等地开展了13场次专题招商推介活动，引进了一批在国内外有影响力的企业，包括日本NEC、OBC和NTT DATA，法国I-Parks，中国科学院软件研究所、软通动力、清华紫光、阳光传媒、汇众益智、好莱坞数码、香港风水隆等公司。同时，一些国外银行的数据中心项目也在洽谈之中。市政府还设立了无锡市驻香港地区、新加坡、日本、德国、印度商务代表处，加强与全球重点服务外包企业的跟踪联系。

（五）率先在全国大中城市开展服务外包统计、考评和奖励

为掌握服务外包发展情况，无锡市按照商务部统计口径，并借鉴国际权威机构统计方法，在省内率先出台了《无锡市服务外包产业示范集聚区和服务外包企业认定办法》，较为规范地对全市服务外包企业的业务额、出口额、人才培训、国际认证等指标作系统统计，按月印发服务外包发展统计报表。同时，为了加快推进服务外包产业发展，无锡市将服务外包产业发展情况，纳入全市开放型经济考评体系，制定了《全市服务外包产业发展目标考核及奖励办法》及考评奖励制度，按月进行考评推进。

四、无锡市金融服务外包重点项目介绍

（一）日本瑞穗银行中国数据中心

2008年2月22日，无锡市政府新区管委会、中国电信无锡分公司与日本瑞穗银行在东京正式签订了瑞穗银行中国数据中心的项目协议。瑞穗银行中国数据中心成为落户江苏省的首家外资银行数据中心，也是无锡市开启的首个金融服务外包项目。银行数据中心又称银行“电脑库”，是对银行存贷、拆借、客户服务等各项数据进行处理的终端。高速互联网的出现，使银行数据中心成为发达国家发包到发展中国家的金融服务外包的重要内容。瑞穗中国数据中心也是目前为止唯一在二线城市设立的外资银行数据中心。

2005年，瑞穗银行在无锡开设首家外资银行，期间业绩蒸蒸日上，银行负责人对电信的网络技术和服务也十分看好。2007年年底，日本瑞穗银行专家组来到中国电信无锡分公司，通过听介绍、现场参观、专家交流等方式，了解无锡分公司国际数据中心的建设情况。瑞穗银行行长在考察、论证和专家评定后认为，无锡分公司的国际数据中心在建设标准上完全和国际标准接轨，抗震、防洪、消防等性能都严格按照国际标准设计、建造，同时合理设置功能分区，达到国家钻石级标准；在数据承载方面，核心设备通过骨干节点直接接入Chinanet和CN2骨干网，出口带宽达到8G并可随时扩容。

通过可行性分析，认为拥有安全的环境、可靠的网络、优质的服务和丰富的运营维护经验，能提供全天候响应及电信及现场服务，以及机位出租、机柜租用、服务器租用、VIP 机房出租、防火墙、安全检测、流量统计分析、系统检测、数据冗灾备份等服务，所以决定将瑞穗银行中国数据中心交由无锡分公司建设管理。

随着国际分工的深入和细化，服务外包产业已成为推动全球跨国直接投资的一支重要力量。为积极承接国际服务外包转移，增强无锡服务外包的国际竞争力，无锡市政府积极借助电信优质资源，以此为桥梁，大力发展服务外包业务。无锡市正全力支持瑞穗银行与中国电信的合作，把数据中心建设成为样板项目，实现双方合作的新发展、新提升，从而进一步提高城市的竞争力。

（二）阳光保险集团金融后台中心

2009 年 8 月 4 日上午，阳光保险集团金融后台中心战略合作协议在无锡太科园签约。阳光保险集团股份有限公司是经中国保监会批准设立的七大保险集团公司之一，拥有阳光财产保险股份有限公司和阳光人寿保险股份有限公司等多家专业子公司。集团经过多轮慎重选址，决定在无锡太科园内投资 7 亿元，建设 10 万平方米的东区金融后台中心，整合集团在华东地区的研发中心、培训中心、电销中心等各大业务中心，实现基地化发展，建成后中心将达 6 000 人规模。

阳光保险集团金融后台中心落户无锡太科园，是阳光集团谋求在更高平台上寻求更快发展的重要战略举措，未来集团将把更多的资源向无锡新区集聚，为新区金融服务外包产业的发展作出贡献。阳光保险集团金融后台中心是设立在无锡地区的首个金融保险机构后台中心，这对无锡市金融服务外包产业的发展将带来巨大的推动作用。

（三）国际数据中心落户无锡新区

2008 年 4 月，无锡新区管委会、中国电信无锡分公司与日本 NTT 通信株式会社就国际数据中心的建设和运行签订了三方合作协议。该项目建成后将成为服务无锡经济转型、推进产业升级重要的信息基础设施，能起到进一步改善无锡服务外包产业投资环境，对无锡打造中国金融服务外包示范区起到积极的作用。无锡国际数据中心项目是 2008 年江苏省重点工程项目之一，中心选址为无锡太湖国际科技园，项目总投资达 7 亿元，分三期进行建设。一期建成后重点对政府、金融、服务外包等部门和产业提供数据和信息管理的服务支持；二期建成后则满足高速发展的现代制造业与服务业对数据和信息管理的需求，并提供衍生的网络应用和功能拓展；三期建成后将提供1 400平方米的数据中心和不少于1 500个座席的呼叫中心服务能力，形成覆盖全区、辐射周边的国际级数据中心。

根据协议，NTT通信承担国际性的数据中心机房建设、运行维护的咨询以及建成后客户引进的职责。无锡新区管委会提供相应的场所，中国电信无锡分公司作为选定的建设承办单位。

NTT通信是全球500强企业、日本NTT集团下属海外业务最大的子公司，公司年销售额超过100亿美元，主要负责日本及国际电信业务、IP网络业务、ICT解决方案业务，其业务范围涉及数据中心解决方案的所有领域。根据日本NTT通信公司展示的设计方案，国际数据中心的建筑设计达到国际先进水平，对应"绿色环保数据中心"趋势，以节能为要素，兼顾市场性、经济性、维护性。首期国际数据中心工程主机房面积已达6 471平方米、机柜2 046个、利用率超38%。

（四）甲骨文（ORACLE）和京北方牵手O-Park

2011年3月16日，软件服务外包两巨头——甲骨文（ORACLE）和京北方分别与无锡惠山软件外包园（O-Park）举行战略合作启动仪式、金融后台业务处理基地签约仪式，为无锡的服务外包产业带来强劲的发展动力。

ORACLE是全球最大的企业级信息化服务提供商，拥有包括硬件、存储、操作系统、数据库、中间件和应用产品在内的完整的企业信息化解决方案，并在多个领域长期保持业界领先的位置。此次ORACLE与O-Park将通过技术支持、人才培训等方式进行战略合作，标志着ORACLE进军无锡软件产业领域已全面启动。

京北方公司是中国服务外包产业的领跑者，目前居中国金融服务外包首位。该公司将在O-Park成立金融后台业务处理基地，面向国内金融客户提供业务流程服务。该项目一期于2011年5月份正式开始运营，负责华东地区的业务集中处理；项目二期于2011年8月份开始实施。随后在2012年开始逐步将全国的前后台分离项目业务实现全部集中处理。

五、无锡市金融服务外包业发展的主客观条件分析

（一）政府高度重视

从大环境来看，江苏省各级政府已经把发展服务外包业作为落实科学发展观，调整产业结构，转变经济增长方式的重大举措来抓。2007年起，江

苏省政府多次召开“江苏省国际服务外包产业发展推进工作会议”，与专家学者一起探讨江苏发展国际服务外包产业的机遇、挑战和对策。省外经贸厅与省委组织部共同举办了多期领导干部国际服务外包专题研讨班，对省辖市、部分重点县（市）的党政主要负责同志和省相关厅局的主要负责人进行专题培训，形成了领导干部懂外包、特殊政策引外包、上下联动促外包的良好局面。无锡市服务外包产业领导小组赴印度进行招商推介，政府对促进服务外包发展的批示达52次之多。

（二）园区规划建设立意高

到2010年，无锡市锁定的3个千亿级新产业集群中，软件及服务外包位列其中。无锡市和江阴市被江苏省认定为“江苏省国际服务外包基地城市”。无锡高新技术产业开发区、无锡（国家）工业设计园、锡山经济开发区被认定为“江苏省国际服务外包示范区”。无锡市认定了无锡新区创新创业产业园（I-Park）、太湖国际科技园（K-Park）、太湖新城科教产业园（T-Park）等7家各具特色集聚园为首批“中国服务外包示范区——无锡太湖保护区”集聚园，形成了“国家级服务外包示范区＋集聚园区＋重点企业”的产业格局和国家级、省级、市级载体的梯度发展格局。

（三）引进培养人才力度大

为解决无锡市科教和人才资源相对薄弱现状，无锡市政府出台了“引进领军型海外留学归国创业人才‘530’计划”，即在“十一五”期间引进30名领军型海外留学归国创业人才，一次性给予100万元启动资金，提供不少于100平方米的工作场所和不少于100平方米的住房，给予不低于300万元的资金担保等优惠政策，并出台了《关于进一步吸引好优秀人才的若干规定》等一系列人才鼓励政策。与清华大学、北京大学、南京大学、东南大学、复旦大学、上海交通大学、同济大学和浙江大学加上中科院签署全面合作协议，形成了“8＋1”官产学研合作模式。投资7.5亿元引进建设了北京大学软件与微电子学院。“530”计划实施第一年首批引进了12名“领军型”人才，设立了12家企业，并引进了亚洲最大的IT教育机构印度国家信息技术学院。

（四）宣传招商密度强

在《国际商报》一版开设“聚焦无锡服务外包”专栏，每周一篇，连载10期，进一步扩大了无锡市在国内外服务外包业界的影响力。“中国无锡服务外包网”每月信息更新量20%左右，工作日天天更新，重要信息当天上网。2007年在日本、韩国、中国香港、新加坡、英国以及北京、深圳等地开展了十几场专题招商推介活动，并且组织了赴印度服务外包招商推介、全市经济国际化会议、全市服务外包推进会、全市服务外包领导干部培训、赴北京服务外包推介说明、赴日本韩国服务外包招商等多个服务外包专题活动。目前，日本最大的对华软件发包商NEC公司、日本最大的财务软件公司OBC、世界排名第二的系统集成商日本NTTDATA公司、世界排名第二的半导体设备供应商日本东京电子公司等均已落户无锡。

六、无锡市金融服务外包业发展过程中的问题与障碍

（一）服务外包业务范围集聚于软件研发、工业设计等研发设计类项目

作为国家服务外包业示范城市，无锡服务外包业务主要集中于研发设计类项目，没有充分挖掘区位金融资源优势。作为泛长三角地区城市，其金融业近年飞速发展，本土金融机构快速发展，银行、保险、证券等其他金融机构的发展给无锡金融服务外包业的发展提供了很大的空间。

（二）人才资源优势不明显

相比较于上海、南京等城市，无锡本地高校较少，只有19所，其中本科院校只有江南大学、江南大学太湖学院西所。另外，相应的服务外包人才相对缺乏，区位特征对于高素质人才并没有特别的吸引力。

（三）金融资源竞争力不足

作为经济发达的地级城市，前端有苏州、上海，后端有省会城市南京，决定无锡金融业的发展在依托当地资源基础上对外部的扩张和和吸引力受制于这样的地缘经济城市区位特征。另外，沪宁城际铁路的建设也在一定程度上对无锡的金融资源竞争力产生影响。

七、无锡市金融服务外包业发展的对策研究

（一）结合无锡产业实际，创新外包扶持政策体系

主动抢抓新的发展机遇，积极拓展新的政策空间，制定了创新有吸引力，与国家、江苏省政策配套又有无锡特色的产业扶持政策，形成了政策洼地。创新出台“123”计划政策[1]，支持重点企业做大做强；制定与财政部、商务部支持资金在人才培训、公共平台、认证支持等方面实行1∶2配套政策；为解决服务外包人才问题，制订了吸引海外服务外包领军型人才的“530”人才计划，出台了吸引和鼓励大学生来无锡就业和实训的政策，给予

---

〔1〕“123”计划是指无锡市计划到2010年末，全市集聚国际服务外包和软件出口企业100家——此为“1”，每家企业从业人员超过2 000人——此为“2”，年出口超过3 000万美元——此为“3”。

企业实训补贴和学员生活补贴；制定了金融支持服务外包产业发展的政策，设立了专门支持科技创新和服务外包的农业银行科技支行；推进行政事业单位和直属国有企业服务外包，鼓励企业按照“中间分离、两端延伸”的要求进行“主辅分离”；大力培育“双千”和万人规模企业，以更大力度推进全市服务外包产业发展。

（二）针对产业发展瓶颈，突出重点加强引导扶持

充分发挥专项资金的引导作用、促进作用，把产业引导资金重点投向外包人才引育、重点企业培育和载体平台建设方向。

首先抢抓人才重点，支持服务外包人才引进和培训。大力实施服务外包“人才太湖”工程，抢抓人才聚集先机，多渠道、多形式引进和培育服务外包人才。大力实施“530”计划，引进海外服务外包领军人才回国创新创业，近年来引进的530项目中约有1/3为软件和服务外包项目；为NIIT（中国）服务外包学院等重点外包人才培训平台提供扶持资金440万元；兑现吸引和鼓励大学生来无锡就业和实训的政策资金592万元，有力地促进了全市服务外包人才教育培训体系的建设。目前，全市服务外包人才培训、实训机构达到40多家，其中7家被评为省级服务外包人才培训基地，每年培训实用性人才5万人左右。

其次是培育龙头企业，支持国际服务外包企业做大做强。支持实施“123”计划，将招引国内外龙头型基地型项目作为加快推进全市服务外包产业发展的重中之重，通过租金减免、资金补助、出口补贴等措施培育企业做大做强。已认定了56家“123”计划企业，投入资金4 786.6万元。

最后是快速建设载体，支持服务外包公共平台建设。重点推进了无锡（国家）软件园、山水城科教产业园、惠山软件外包园、无锡（马山）生物医药研发外包区等15个服务外包集聚园区建设，大力支持服务外包公共服务平台建设。市财政先后为IBM—中国“云”计算机中心、IBM“盘古天地”软件创新与服务平台、中国电信国际数据中心、无锡超算中心、中国无锡服务外包网等服务外包公共服务平台提供设备采购和运行维护支持资金上千万元，为服务外包企业降低成本、提高国际竞争能力提供了良好的环境和条件。

第四节　常州市(金融)服务外包业发展个案研究

常州是江苏省首批服务外包基地城市，拥有软件园、动画基地、科教城、钟楼经济开发区等4个省级服务外包示范区，科教城、创意人才培训中心等2家省级服务外包人才培训基地，服务外包企业500多家，从业人员近3万人。

常州拥有轨道交通车辆及部件、软件、新型涂料、“三药”、新材料、精细化工等六个国家级特色产业基地，这为区域内服务外包业的发展奠定了基础。近年来，常州市服务外包业逐渐形成自身的特色，以软件外包和动漫外包为主，在软件外包上，拥有以冲电气软件、天地自动化、奥博新天信息技术、北大众志、微创博维、用友软件等为骨干的国内外知名外包企业集群，形成了以嵌入式软件应用、企业管理、集成电路设计及软件增值服务等为主的服务外包特色；在动漫外包上，已形成了动画游戏原创、生产制作、音乐创作、版权交易、外包加工、衍生产品研发和市场运作相互链接的格局。以安利、宏图、卡龙、渔夫等为代表的动漫企业，已经承接美国、英国、法国、西班牙、日本、韩国等境外动画片的加工制作任务。

一、常州市服务外包业发展现状

常州作为江苏省首批服务外包基地城市，借助自身产业特色优势，逐渐形成以软件外包和动漫外包为主的服务外包业结构特征。

(一) 常州市服务外包业发展基础

近年来，常州大力实施先进制造业与现代服务业双轮驱动战略，全力打造装备制造、电子信息、新材料、新能源、生物医药等五大产业。常州现有1个国家级开发区和9个省级开发区及2个出口加工区，有104个国家和地区的3 000多家外资企业在常州投资发展，49家世界500强企业在常州投资了70多个项目，与200多个国家和地区建立了贸易关系，与世界上60多个国家和地区有外经合作关系。

常州软件园始建于1999年，2004年被认定为国家软件产业基地，2008年“创新能力评价”排名位列全国第三。常州国家动画产业基地始建于2004年，2006年被认定为国家动画产业基地，国家数字娱乐产业示范基地、“全国十佳最具投资价值创意基地”评比中名列全国第三。常州科教城始建于2002年，2009年被认定为国家大学科技园，已建成220万平方米的集教育培训、研发设计、外包商务及生活配套的综合型服务外包产业园区,正在建设的1.3平方公里的国际创新基地重点发展国际服务外包产业。钟楼经济开发区始建于2002年,是全省首家生态工业园,建有国家级高新技术创业中心、国光信息产业园、壹地创意设计产业园等服务外包载体20多万平方米。

(二)常州市服务外包业特色

常州市服务外包业以软件外包和动漫外包为主:在软件外包上,拥有以冲电气软件、天地自动化、奥博新天信息技术、北大众志、微创博维、用友软件等为骨干的国内外知名外包企业集群,形成了以嵌入式软件应用、企业管理、集成电路设计及软件增值服务等为主的服务外包特色。其中,冲电气软件技术(江苏)有限公司是日本OKI在中国的唯一软件研发基地,2007年、2008年、2009年连续三年被认定为国家规划布局内重点软件企业,位居中国软件出口25强;奥博新天(常州)信息技术有限公司由英国UBI集团投资设立,主要从事数据中心和软件开发等业务;天地自动化公司是国内从事煤矿自动化嵌入式软件的领军企业;常州星北软件有限公司是用友软件在国内的第三家研发中心。在动漫外包上,已形成了动画游戏原创、生产制作、音乐创作、版权交易、外包加工、衍生产品研发和市场运作相互链接的格局。以安利、宏图、卡龙、渔夫等为代表的动漫企业,已经承接美国、英国、法国、西班牙、日本、韩国等境外动画片的加工制作任务。

二、常州市服务外包业务重点个案研究

(一)常州软件园

常州软件园位于常州国家高新技术产业开发区东部的绿色生态区,成立于1999年,是国家火炬计划软件产业基地、江苏省现代服务业集聚区和国际服务外包示范区。常州软件园作为服务外包产业的主要载体,是常州打造国家级外包基地城市的骨干力量。常州软件园服务外包涉及的领域主要包括:软件研发外包、信息技术外包、业务流程外包和动漫制作外包等。

常州软件园依托常州现代制造业优势,先后引进日本冲电气软件、国光软件、常工富藤、宏微科技、中软华融、中网世纪、新科软件、用友软件、金马扬名软件等知名软件企业,其中从事服务外包的企业230家。示范区内以冲电气软件为龙头的一批服务外包企业,不断规范软件研发和项目管理过程,提高产品技术含量,企业规范化、专业化、规模化程度不断提高,对外接单能力持续增强,外包业务不断扩大。截至2009年,软件园通过认定的软

件企业共计146家，软件产品377只，占全市总量的80%左右。取得CMMI3级认证的企业累计达76家；有35家企业通过了ISO27001认证。常工富藤、金石开、冲电气软件、国光软件、星北软件、微创博维、中网世纪、金马扬名等11家软件企业被列入“江苏省承接国际服务外包重点企业”。

作为江苏省首批服务外包示范区，常州软件园发展国际服务外包具有以下几个方面的优势：

1. 市场优势

常州软件园建立了多层次服务外包业务体系，重点发展与世界著名跨国公司的离岸服务外包合作，特别是近岸服务外包，同时带动在岸服务外包。利用常州市优越的区位优势和众多日资企业落户的资源优势，以OKI公司为龙头，大力发展对日软件外包，积极开拓欧美软件外包业务，同时主动承接北京、上海等一线城市的境内软件外包，形成以对日外包为主，对欧美外包和境内外包为辅，一体两翼的软件外包新格局。

2. 政策优势

2008年年底，常州市委、市政府整合软件园、常州国家动画产业基地，成立常州市创意产业基地，成立创意产业发展领导小组，市委书记亲任组长，市委常委、高新区党工委书记任副组长。制定出台了《常州创意产业发展规划(2009—2013年)》，在原《关于进一步加快常州软件园发展的若干政策意见》的基础上，修订了《关于鼓励和扶持创意产业发展的若干意见》，明确自2009年起5年内，市、区两级每年安排5 000万元创意产业发展扶持资金，对常州创意产业基地的入园企业在投资规模、软件产品销售收入、软件企业CMM/CMMI认证、软件人才培养、公共服务平台建设、软件企业房租减免等方面给予资金扶持。

3. 地域优势

常州软件园位于常州国家高新区东部，与常州市政府、河海大学、常州工学院、常州恐龙园相毗邻。园区临湖而建，风景宜人，环境清幽，具备发展国际服务外包的一流基础设施。软件园一期10万平方米，集软件研发、管理服务、科技会展、商务、休闲于一体。软件园二期规划建筑面积30万平方米，共五幢软件大楼，正在快速推进中。2010年全面启动投资建设，预计2012年内完成并投入使用。

4. 平台优势

园区按照软件外包企业的需要，提供标准化的公共技术平台和配套服务。软件公共测试中心针对应用软件、嵌入式软件、网络通信软件等提供多语言、多平台的全系列软件测试服务专业测试服务，包括集成测试、验收测试、确认及系统测试、单项功能测试、系统性能测试、安装/卸载测试、文档测试、可安装性测试、兼容性测试等多项内容；还提供对日软件外包、网络安全性测试等多项特色服务。同时建立了江苏软件园平台服务项目链接，利用江苏软件园作为省软件测试重点的技术优势，实现测试平台和江苏软件园测试平台的资源共享。

根据嵌入式软件的行业需求，常州软件园将在二期软件大楼内建立嵌入式软件外包测试平台。重点围绕常州四大嵌入式软件产业集群，搭建工程机械自动化嵌入式软件平台、称重系统测试检测平台、煤矿自动化检测平台、联合通信实验室等。其中，提升现代装备制造业的嵌入式软件共性技术与服务平台已经申报了江苏省软件和集成电路业专项经费项目。

另外，通信条件先进，骨干网络带宽达到40G，高速路由交换设备容量高达320G，并专配有8条155 M软件和信息服务外包国际通信专用通道。

5. 人才优势

以“领军人物全球招，主管人才国内引，软件蓝领本地供”为原则，常州软件园加大引进一批、加快培育一批服务外包专业人才。

人才引进方面：一是用足人才政策，加强对高层次领军人才的引进，吸引一批领军型海外留学归国人才到软件园创办企业。二是为园内企业搭建人才对接平台，组织企业赴国内外举办软件人才专场招聘会和网络招聘会，广泛引进优秀人才来常州软件企业创业。

人才培育方面：为满足企业对日外包业务的人才需求，软件园与南京大学软件学院合作，开办软件工程硕士研究生班；为企业和高校搭建产学研合作对接平台，开展人才订单式培训，加快提升外包人才的素质和技能。

（二）常州创意产业基地

常州国家动画产业基地成立于2004年，位于常州市高新技术开发区。基地现拥有建筑面积18万平方米，集聚了原创动漫、网络游戏、数字内容、动漫衍生产品研发等各类动漫企业近150家。引进了上海园区管理团队，为基地企业提供信息、市场、投融资等全方位“保姆式”服务。

1. 文化优势

常州是一座具有两千五百多年悠久历史的文化古城，底蕴深厚，人杰地灵。公元前547年的春秋时期，建邑立邦，始称延陵。别名龙城，系春秋时期吴王寿梦的第四子季扎的封邑。“常州今文经学派”、“阳湖文派”、“常州词派”、“常州画派”和“孟河医派”饮誉全国。近代,从常州三杰瞿秋白、张太雷、恽代英到七君子中的李公朴、史良,从实业家盛宣怀、刘国钧到著名学者赵元任、华罗庚、刘海粟等,名人辈出,人文荟萃。深厚的文化积淀和优秀的传统文化,是常州发展动漫产业所独有的宝贵财富和产业基础。

2. 产业优势

常州国家动画产业基地是“国家文化产业示范基地”、“国家数字娱乐产业示范基地”、“江苏省国际服务外包示范区”、“江苏省现代服务业聚集区”、“江苏省原创影视动画生产示范园区”、“中国十佳最具投资价值创意基地”、“中国最具竞争力数字娱乐产业基地”。基地企业年产动画片能力10 000 分钟以上,至今共完成原创动画片 30 部,11 部已在中央电视台播出,16 部打入国际市场,有 10 多部作品在国内外荣获 20 余次奖项;拥有《小卓玛》、《小虫三宝》、《时空少年》等一批国家广电总局推荐的优秀国产动画片品牌。基地还拥有创意旅游城——环球恐龙城,包括中华恐龙园、恐龙谷温泉公园、香树湾高尔夫花园酒店、恐龙城大剧场、迪诺水街、龙城水上游线等一批主题文化旅游项目。目前,环球恐龙城年均接待游客 350 万人次。

3. 市场优势

基地位处中国经济社会最发达、最具活力、有着强劲消费需求能力的长三角 2 小时经济圈中心区域,是中国陆路、水路、航空交通运输网络的重要链接点,具有独特的地理区位条件。同时,江苏也是中国民营经济发展的先发地区,拥有充裕的民间资本,发达的市场优势,成熟的传统产业与新兴产业相结合为常州动漫产业发展提供了强大的支撑。常州依托产业优势已连续成功举办了六届“中国(常州)国际动漫艺术周”,吸引了来自美、英、日、韩、西班牙、香港等 20 多个国家和地区的 200 多家境内外企业来常州展示企业形象,洽谈动漫项目投资与合作,为企业搭建了走向国际市场的平台;同时基地每年组织企业作品参加法国“戛纳电视节”,东京、(韩国)春川、香港等动漫节,为企业寻找国际市场。

4. 平台优势

基地拥有国家级二维无纸动漫技术公共服务、影视后期制作、数字娱乐公共技术服务、动漫衍生产品研发以及产权交易、人才培养、投融资等 10 大公共服务平台,能够满足动漫、艺术设计、国际服务外包等动漫产业各环节的需求。其中,“二维无纸动漫公共技术服务平台”是国家重点支持的国家级公共技术服务平台，是国内规模最大、技术最先进的二维无纸动漫生产和培训基地。

5. 人才优势

常州国家动画产业基地是江苏省“国际服务外包人才培训基地”，是国家级“二维无纸动漫培训基地”，是北京电影学院、上海大学、首都师范大学等高校的动漫实训基地，每年可接受千人以上的在岗培训，源源不断地向企业输送创意专业人才。另外，依托常州科教城、常州工学院等在常 13 所高校，在校生人数约 145 500 名，培养出专业型高素质的动漫人才，有着雄厚的学科和人才优势，为常州动漫产业发展建立了一个巨大的“人才储备库”。同时，市委市政府高度重视高端人才和团队的引进，每年拿出专项资金用于引进“领军型海归人才”计划，为常州市发展动漫产业提供了活力源泉。

三、常州市服务外包业发展的主客观条件分析

常州拥有发展服务外包贸易的扎实的产业基础，配套设施完备，拥有发展国际服务外包产业的六大优势：

（一）良好的区位交通

常州处于中国经济最发达的长三角经济圈，是长三角地区重要的区域中心城市，地理位置优越，形成了陆、空、水便捷的立体交通，常州民航机场开通了国内 20 多条航线。未来的苏南国际机场将更加拉近常州与世界各地的时空距离。

（二）发达的产业基础

常州拥有电子信息、工程机械车辆及配件制造、输变电设备制造、汽车及配件、新能源新材料、生物医药及精细化工等优势产业，已有 41 家世界 500 强企业在常投资，外商投资企业达 5 500 多家；与世界近 200 个国家和地区建立贸易合作关系，发达的制造业和日益扩大的开放度为发展软件动画和服务外包提供了广阔的市场空间和演绎舞台。

（三）较强的城市实力

常州已率先实现全面小康，百姓生活殷实，在中国综合实力百强城市中排名第 26 位，在国家统计公布的创新环境前 10 位城市中列第 7 位，荣登 2008 福布斯全球最佳商业城市第 9 位。常州是国家级环保模范城市和国家级卫生城市，良好的创业环境，较强的城市实力，领先的国际化理念为提升服务外包产业创造了更良好的基础环境。

（四）丰富的人才资源

常州有12所大专院校开设有软件工程、影视动画、工业设计等10多个专业。拥有中国最大的、以高等职业教育为特色的、实用型人才培养基地——常州科教城，已建立了软件、动漫实验、实习场所3个训练基地，每年培养的软件、动漫专业人员超过2 000名，预计5年内将达到万人规模，可以满足服务外包企业人才本地化需求。

（五）有力的政策支持

常州市出台了鼓励和支持软件、动画和服务外包的专项鼓励和促进政策，每年分别专项拨款2 500万元、2 000万元给予软件、动画企业扶持奖励；常州重视人才培养和引进，制订了领军型人才"311计划"和金凤凰高层次人才计划。常州注重知识产权保护，是中国专利保护模范城市。常州扶持公共平台建设，已经搭建了常州软件公共测试中心、动画产品制作设计中心等服务外包技术平台。

（六）功能先进的服务外包园区

目前，常州共拥有各类软件企业近400家，从事软件服务外包业务的有200余家。其中，常州通过CMM/CMMI3级认证的企业已达40家；7家软件企业被列入"江苏省承接国际服务外包重点企业"，冲电气软件技术（江苏）有限公司还是国家规划布局内重点软件企业。

常州软件园是省级国际服务外包示范区，国家级软件产业基地，拥有国内外软件企业200多家，从业人员近万名。通过CMM/CMMI3级以上认证企业20家。常州软件园与台湾地区蓝港软件园、印度班加罗尔软件协会、日本岐埠软件园等建立了战略联盟。园区的冲电气软件技术江苏公司是日本OKI在中国的唯一软件研发基地，95%的软件出口日本，是江苏省软件外包20强企业；北大众志常州公司主要从事中国芯的应用开发研究；常州微创是美国微软上海公司的投资企业，主要从事电子政务和软件外包业务；常州自动化系统有限公司从事轨道交通设备嵌入式软件的开发生产；常州天地自动化公司是国内从事煤矿自动化嵌入式软件的领军企业；用友软件在常州成立了国内第三家研发中心；等等。常州软件园30万平方米产业大楼和香港世茂香槟湖商务配套区，40G网络带宽和320G高速路由交换设备容量等通信设施，提供了适合服务外包企业生产生活的配套环境。

常州国家动画产业基地是省级国际服务外包示范区，首批国家级动画产业基地，建有四大动漫园区，拥有宏梦卡通、香港安利、法国卡龙、视金石、渔夫等130家动画外包企业，居中国15个动画基地第二，形成了动漫研发制作、数字娱乐、网络游戏等产业群，建立了影视动画、数字娱乐产业、海量动漫素材及构件、人才培养、衍生产品研发、产品和产权交易等六大公共技术服务平台。基地荣获“中国十佳最具投资价值创意基地”、“中国最具竞争力数字娱乐产业基地”称号，与美国、法国、西班牙、日本、韩国、马来西亚等国家建立合作关系。占地2平方公里的常州国家动画西太湖基地正在建设。

常州科教城是常州市政府重点支持的服务外包集聚园区，是科技研发、工业设计、服务外包、新技术新成果转化和应用推广的集聚区，中科院、南京大学、东南大学、瑞声光电等40多个国内外科研院所和研发中心已经落户，是江苏省省级现代服务业集聚区。美国ITALK、俄罗斯西伯利亚科学院等服务外包机构已经入驻园区。

此外，常州还重点发展面向工程机械设备、电子仪器仪表、电子通信设备、输变电设备、轨道交通装备、数控机床设备、新能源及环保设备、煤矿自动化设备、纺织机械设备、干燥设备制造业的十大嵌入式系统软件。并且，常州还拥有发达的产业基础，电子信息、工程机械车辆及配件制造、输变电设备制造、汽车及配件、新能源新材料、生物医药及精细化工等优势产业，区域内发达的制造业也为常州发展软件服务外包提供了广阔的舞台。

四、常州市服务外包业发展的问题与障碍

尽管常州市在推进发展服务外包产业具有较好的基础和条件，但与国内领先、省内争先的城市相比，还存在较大差距。

（一）产业规模

从现有规模看，目前常州市软件动漫产业的产值与苏州、无锡相比，只分别是他们的1/3和1/2，通过CMMI3以上认证企业数，苏州10家，无锡6家，常州只有1家，而且企业规模小，品牌特色不鲜明，难以形成较强的接包能力和协作合力。

（二）载体建设滞后

从载体建设看，由于开发建设的局限性而导致目前软件园功能不完善，如园区空间跟不上企业的需求，宽带不能满足日益扩大的信息流要求，公共技术和服务平台建设缓慢，生活环境的配套不足等，均在相当程度上制约了企业的发展和招商引资。

（三）人才储备深度不够

从人才支撑条件看，常州市虽拥有一批大专院校，但主要倾向于职业技术教育，总体水平不高。面对国际服务外包产业的高要求，更显得人才短缺。尽管软件园等都千方百计、想方设法与南京等软件学院共同培养高层次专业人才，但效果不明显，生源不足。常州院校自身培养的软件人才，仅能成为普通软件操作人员，无法成为领军人物。此外，开展对日外包，既懂软件又懂日语的人才更缺。同时，还急需解决软件外包企业从业人员的待遇优惠、外包企业参与地方信息化建设、教育培训与外包人才需求的实际结合、进口外包业务专用开发检测设备的减免税、销售进项税抵销和高新技术企业资格认定等具体政策的操作性问题。

（四）外包业务范围较窄

常州服务外包以软件和动漫外包为主，其他形式的服务提供较少，在全产业链发展的背景下，在产业结构调整思路下，区域内服务外包企业面临较大冲击。

五、常州市服务外包业发展的对策研究

（一）促进软件服务外包产业结构性调整，丰富服务外包范围

金融危机的爆发，直接减少了一些企业信息化方面的需求。但是，不少企业为渡过难关，需要利用信息服务手段和工具提高效率、压缩成本，管理软件在这个非常时期的需求会呈现出增大趋势。建议鼓励软件企业把握时机，积极转型，开发适应国际企业需求的优势信息化管理产品，变金融危机为发展良机，同时推进国内企业的信息化进程。结合“十二五”期间产业调整机遇，转变服务外包业布局，丰富外包服务范围，特别是在金融业大发展背景下，在金融改革创新体制下，如何有效承接金融机构相关外包业务将会是外包服务业新的增长点。

（二）出台地方配套政策提高产业实力

产业的集聚发展、政策的推力是营造企业良好发展环境的关键因素。目前国家及江苏省政府鼓励企业发展服务外包的相关政策已经出台，一些地方政府也已纷纷出台相关配套政策，在此，建议市政府迅速出台地方配套政策，鼓励发展软件服务外包产业，并把它作为推进常州产业结构调整的战略举措，加大扶持地方服务外包产业的发展。

（三）集中产业合力，鼓励企业自主创新，拓展市场

针对常州软件服务外包企业规模偏小、承受危机风险能力差、业务分散

的现状，建议市委、市政府给予一定的财务资金补助和优惠政策支持。另外，通过组织软件行业协会、企业联合会、行业同盟等形式，与常州市的现代化制造业共同开发项目、科技攻关、产品升级、增加附加价值等，为现代化制造业科技创新、企业升级出力。同时，组织软件企业联合起来，以常州软件服务外包产业共同体的形式承接政府改造项目和信息化工程，并鼓励企业开展有区域、企业特色的自主技术创新、产品创新，切实帮助一批中小软件服务外包企业快速成长。

（四）充分利用优惠政策

示范城市可享受的优惠政策包括：一是五年内，对示范城市相关企业减按15%的税率征收企业所得税，对技术先进型服务企业离岸服务外包业务收入免征营业税。二是示范城市相关企业可实行特殊工时工作制。三是对签订1年以上劳动合同的大专以上新录用人员，中央财政给予每人4 500元的培训支持，给予培训机构每人不超过500元的培训支持。四是中央财政对示范城市公共服务平台设备购置及运营费用和相关企业创建品牌、知识产权保护、取得国际资质认证等给予必要的资金支持。五是为服务外包园区配套服务提供便利。六是推出符合相关企业特点和需要的信贷产品和保险险种，支持符合条件的相关企业境内外上市，对离岸业务给予账户开立、资金汇总等政策便利。

（五）利用周边地区的辐射作用

上海作为国际性服务外包基地，在技术、人才、信息等方面有着其他城市不可替代的优势，而且具有极强的辐射带动力。因此，常州市应该充分加以利用。

（六）配套吸引人才政策，促进"产学研"结合

政府相关部门、中介机构、在常高校以及软件企业应共同合作构建软件人才支撑体系：一是政府是否可以考虑针对软件人才的专项培训扶持政策，虽然常州市政府人事、劳动部门已经有了一些针对再就业等人员培训优惠政策，但是这些政策对软件人才适用性不强。二是政府考虑引进人才与招商的有机结合，周边城市在引进归国人员时，提供了创业基地、200万元创业贷款、100平方米三年免费住房等一系列优惠政策，结果归国人员所带回的投资是政府投入的10倍，实现了引进人才与招商的双丰收。三是鼓励部分中介机构探索新型软件人才的运作、培养模式，在国外，软件人员的劳务派遣运作已经非常成熟普遍，软件人员的劳务派遣既可以锻炼派遣人员的

实际工作能力，也可以节约软件企业的运作成本。目前区域内已经有部分企业如常州富国软件技术有限公司开始尝试这方面的人才培养模式。四是积极鼓励校企合作，促进产学研结合，建立各类实训基地。温家宝总理在科技创新大会就曾提出建立以政府为主导，以企业为主体，以产业为导向，产学研相结合的技术创新体系。落实到常州，必须充分发挥在常高校的人才优势（据统计，常州仅 4 所本科院校就有计算机及软件相关专业教授 19 名，副教授 78 名，博士 24 名，且这类人才相对比较固定，流动性小），相关部门可以考虑在项目申报中给有高校参与的项目以政策支持。另外，国内软件人才来源中，高校及科研机构占到70%左右，因此提高毕业生实际应用能力和适应能力，挖掘高校技术优势潜力是解决软件人才紧缺的一个重要途径。通过校企合作，既使学校了解到最新的市场就业动向，提高学生的就业率，又能使企业了解学校的人才储备状况，为校企更高层次的合作奠定基础。

参考文献

[1] Gary Hamel, C. K. Prahalad. : The Core Competence of the Corporation[J]. Harvard Business Review, 1990, 68(3): 79 - 91.

[2] Kobate, M. The Relationship Between Offshore Sourcing and Innovativenes of U. S. Multinational Firms: An Empirical Investigation[J]. Journal of Business Research, 1990, (19): 1 - 15.

[3] Feeny, D., Lacity, M., Willcocks, P. Taking the Measure of Outsourcing Providers[J]. Sloan Management Review, 2005, 46(1).

[4] Doh, J. P. Offshore Outsourcing: Implications for International Business and Strategic Management Theory and Practice [J]. Journal of Management Studies, 2005(42).

[5] Lei, D. & Hitt, M. Strategic Restructuring and Outsourcing: The Effect of Mergers and Acquisitions and LBOs on Building Firm Skills and Capabilities [J]. Journal of Management, 1995, 21(5): 835 - 859.

[6] Dess, G. G., Rasheed, A., McLaughlin, K. & Priem, R. The New Corporate Architecture[J], Academy of Management Executive, 1995, 9(3): 7 - 20.

[7] Vining A., Globerman S. A Conceptual Framework for Understanding the Outsourcing Decision[J]. European Management Journal, 1999, 17(6): 645 - 654.

[8] Tim Padmore, Hervey Gibson. Modeling Systems of Innovation: A Frame Work for Industrial Cluster Analysis in Regions[J]. Research Policy. 1998(26): 625 - 641.

[9] Gilley K. M., Rasheed Abdul, Making More by Doing Less: Ananalysis of Outsourcing and Its Effects on Firm Performance[J]. Journal of

Management, 2000, Vol 26, No. 4, 763 - 790.

[10] Grossman G. M., Helpman E. Integration Versus Outsourcing in Industry Equil Ibium[J]. The Quarterly Journal of Economy, 2002, 117(1): 85 - 120.

[11] Wendell Jones. Offshore Outsourcing: Trends, Pitfalls, and Practices [R]. Executive Report, Vol 4, No. 4, from www. cutter. com, 2003.

[12] Cronkshaw, Nick, Shah, Mart in. How to Outsource Financial Services Ax-effectively[J]. International Tax Review; 2003, (11), Vol. 14 Issue 10:12.

[13] Stewart Clements: Outside Upside: Findings Focus Through Finance Outsourcing [J]. Journal of Applied Corporate Finance, 2003, Vol 15, Issue 4, 39 - 50.

[14] Bunmi Cynthia Adeleye, Fenio Annansingh, Miguel Baptista Nunes: Risk Management Practices in IS Outsourcing: an Investigation Into Commercial Banks in Nigeria[J]. International Journal of Information Management, 2004 (4), Vol 24, Issue 2, 167 - 180.

[15] Outsourcing in Financial Services[J]. Basel Committee on Banking Supervision. The Joint Forum. 2005:4.

[16] Wullenweber, K., Weitzel, T.. An Empirical Exploration of how Process Standardization Reduces Outsourcing Risks Proceedings of the 40th Annual Hawaii International Conference on System Sciences, 2007.

[17] Sankappanavar, Geeta. Financial Services Outsourcing: Not If, But When. Bank Technology News; 2007, (7), Vol. 20 Issue 7, 33 - 38.

[18] Wendy L. Currie, Vaughan Michell, Oluwakemi Abanishe: Knowledge Process Outsourcing in Financial Services: The Vendor Perspective [J]. European Management Journal, 2008(4), Vol 26, Issue 2, 94 - 104.

[19] Masaaki Kotabe, Michael J. Mol: Outsourcing and Financial Performance: A Negative Curvilinear Effect [J]. Journal of Purchasing and Supply Management, 2009(11), Vol 15, Issue 4, 205 - 213.

[20] Carmen Weigelt: The Impact of Outsourcing New Technologies on Integrative Capabilities and Performance[J]. Strategic Management Journal, 2009 (6), Vol 30, Issue 6, 595 616.

[21] Wendy L. Tate, Lisa M. Ellram, Lydia Bals, Evi Hartman: Offshore Outsourcing of Services: An Evolutionary Perspective[J]. International Journal of Production Economics, 2009(8), Vol 120, Issue 2, 512-524.

[22] Heiko Gewald, Jens Dibbern: Risks and Benefits of Business Process Outsourcing: A Study of Transaction Services in the German Banking Industry [J]. Information & Management, 2009(5), Vol 46, Issue 4, 249-257.

[23] Marjolein C. J. Cani ls, Adriaan Roeleveld: Power and Dependence Perspectives on Outsourcing Decisions[J]. European Management Journal, 2009 (12), Vol 27, Issue 6, 402-417.

[24] Ruby P. Lee, Daekwan Kim: Implications of Service Processes Outsourcing on Firm Value[J]. Industrial Marketing Management, 2010(7), Vol 39, Issue 5, 853-861.

[25] Ram Mudambi and Markus Venzin: The Strategic Nexus of Offshoring and Outsourcing Decisions[J]. Journal of Management Studies, 2010 (12), Vol 47, Issue 8, 1510-1533.

[26] Maria Garcia-Vega and Elena Huergo: Determinants of International R&D Outsourcing: The Role of Trade[J]. Review of Development Economics, 2011(2), Vol 15, Issue 1, 93-107.

[27] Carmen Weigelt and MB Sarkar: Performance Implications of Outsourcing for Technological Innovations: Managing the Efficiency and Adaptability Trade-off[J]. Strategic Management Journal, 2011.

[28] Mingu Kang, Xiaobo Wu, Paul Hong. Youngwon Park: Aligning Organizational Control Practices with Competitive Outsourcing Performance[J]. Journal of Business Research, 2011(9).

[29] 邓聚龙. 灰色系统的基本方法[M]. 武汉:华中理工大学出版社,1986.

[30] 刘思峰. 灰色系统理论及其应用[M]. 北京:北京科技出版社,1999.

[31] 卢锋. 服务外包的经济学分析:产品内分工视角[M]. 北京:北京大学出版社,2007.

[32] 杨琳,王佳佳. 金融服务外包:国际趋势与中国选择[M]. 北京:人民出版社,2008.

[33] 中国服务外包研究中心. 中国服务外包发展报告 2008 [R]. 上海:交通大学出版社, 2009 .

[34] 花桥金融外包研究中心. 中国金融业服务外包 2009 年度报告 [M]. 北京:中信出版社,2009.

[35] 中国服务外包研究中心. 中国服务外包发展报告 2009 [R]. 上海:交通大学出版社, 2010 .

[36] 中国服务外包研究中心. 中国服务外包发展报告 2010 [R]. 上海:交通大学出版社, 2011.

[37]倪鹏飞,等. 2011 年中国城市竞争力蓝皮书:中国城市竞争力报告 [M]. 北京:社会科学文献出版社,2012.

[38] 于葵. 金融外包 7 大趋势[J]. 数字财富,2004(8).

[39] 孙光辉. 外包:提升银行核心竞争力的有效途径[J]. 企业经济,2004(7).

[40] 杨国亮. 策略性外包:商业银行增强核心能力的重要举措[J]. 中国城市金融. 2005(11).

[41] 郭永辉,钱省三. 企业外包战略的决策模型研究[J]. 北京工商大学学报. 2005(1).

[42] 王庆喜. 金融服务外包风险及其对策[J]. 华东经济管理,2005(5).

[43] 王根索. 国际服务外包转移与我国的承接对策[J]. 经济纵横,2005 (4).

[44] 刘浏. 商业银行业务外包的收益与风险分析[J]. 北方经济. 2005(10).

[45] 魏欣,李文龙译. 金融服务外包[J]. 巴塞尔银行监管委员会、国际证监会组织、国际保险监督官协会、国际清算银行联合论坛. 中国金融,2005(13).

[46] 曾康霖,余保福. 金融服务外包的风险控制及其监管研究[J]. 金融论坛. 2006(6).

[47] 夏红芳,武鑫. 金融外包国际动态及对中国金融企业的启示[J]. 浙江金融,2006(11).

[48] 许小苍,焦勇兵. 我国发展金融业务流程外包的 SWOT 分析[J]. 服务贸易. 2007(7).

[49] 王铁山，郭根龙，冯宗宪. 金融服务外包的发展趋势与承接策略[J]. 国际经济合作. 2007(8).

[50] 郭伟奇. 中国承接金融服务离岸外包相关问题初探[J]. 改革探索，2007(12).

[51] 吴更仁. 金融服务外包风险控制[J]. 海南金融，2007，225(8).

[52] 王瀛，赵鹏大. 基于风险控制的金融服务外包策略[J]. 江西社会科学，2008(8).

[53] 张国云. 我国服务外包发展现状与对策[J]. 中国发展观察，2008(2).

[54] 杨大楷. 中国开展银行业务外包的研究[J]. 经济问题，2008(2).

[55] 田剑，蔡璟，李高阳. 苏南五城市服务外包发展模式比较研究[J]. 江苏科技大学学报(社会科学版)，2009(12).

[56] 江苏省商务厅. 2009 江苏服务贸易发展研究报告. 2009－09.

[57] 曹淑艳. 商业银行金融服务外包现状与风险监管研究[J]. 中央财经大学学报，2009(12).

[58] 李元旭，吴晨. 银行业务外包问题初析[J]. 国际金融研究，2000(12).

[59] 中国研究报告网. 2010 年中国服务外包行业研究报告，2009(12).

[60] 杨琳. 全球金融服务外包外溢效应与发展趋势研究[J]. 国际贸易，2009(11).

[61] 苏州市商务局. 苏州市开放型经济 2009 年发展报告. 2010(2).

[62] 人民银行南京分行营业管理部课题组. 南京金融服务外包产业发展策略研究[J]. 金融纵横，2010(1).

[63] 王江，齐晓玲. 中国金融服务外包发展竞争力分析[J]. 中国市场，2010(18).

[64] 姜荣春. 全球金融服务外包产业发展最新趋势及中国策略[J]. 上海金融，2010 (3).

[65] 常州服务外包基本情况. 常州服务外包网，2010－02－04.

[66] 刘博文. 南京服务外包行业发展现状及对策建议[J]. 全国商情(理论研究)，2010(2). 南京市金融发展办公室. 南京市“十二五”金融概况. 2011－09.

[67] 无锡市人民政府办公室转发市教育局关于进一步加强全市大中专院校服务外包人才培养工作的若干意见的通知. 锡政办发[2008]363 号.

[68] 蒋欢. 金融服务外包及其风险研究. [D]. 长沙:湖南大学硕士论文,2005.

[69] 刘倩. 金融服务外包及其风险研究[D]. 大连:东北财经大学,2007.

[70] 徐竞宇. 常州市服务外包产业发展研究[D]. 南京:南京理工大学硕士毕业论文,2008.

[71] 黄慧. 中国服务外包产业的发展及策略分析[D]. 北京:对外经济贸易大学 国际贸易, 2007.

结束语

服务外包是企业充分利用国外资源和企业外部资源进行产业转移，实现全球资源优化配置的一种形式。其主要体现在跨国公司利用发展中国家的低成本优势，将生产和服务外包到发展中国家。与外商直接投资（FDI）相比，由于离岸外包更具有降低成本、强化核心能力、扩大经济规模等优势，因此越来越多的跨国公司将服务外包作为国际化的重要战略选择。离岸外包兴起于制造业，但进入本世纪以来，随着服务业全球化的趋势日益增强，离岸服务外包已经成为经济全球化的主要载体，新一轮全球产业结构调整和国际产业转移的主要推动因素。由于发展中国家的技术水平、人才素质、信息服务能力、基础设施环境等要素水平不断提高，同时，与发达国家相比，保持了各类要素价格的低成本优势，大量的服务业从发达国家离岸外包给发展中国家，因此，承接新一轮跨国公司服务外包成为发展中国家利用外资、扩大服务贸易、参与经济全球化的新途径。

自2005年起，一批中国服务外包公司迎头赶上，它们中的佼佼者如文思创新、海辉、软通动力和华道数据等正迅速崛起，登上世界服务外包的重要舞台，也许明天它们会改变世界外包产业的格局和命运。从我国服务外包的总量来看，2011年合同执行额也达到323.9亿美元，同比增长65%，较2006年年初翻了两番，中国目前已是继印度之后的全球第二大服务外包承接国。2011年，全国服务外包企业登记数量已经超过15 000家，新增服务外包从业人员85.4万人，累计达到318.2万人。

江苏无疑是中国服务外包产业发展的排头兵，尤其在金融服务外包方面近年来更呈现出良好的发展势头，花桥（昆山）国际商务城、南京河西金融城、无锡创新创业产业园（I-Park）、太湖国际科技园（K-Park）、太湖新城科教产业园（T-Park）等已经形成各具特色的金融服务外包集聚区。本著作在对金融服务外包相关理论和文献进行重点论述，对我国，尤其是江苏省金融服务外包发展历程、特点和趋势进行全面分析,对江苏省金融服务外包发展现状、问题与瓶颈等进行总体和重点城市的充分调查研究的基础上,提出了加快发展江苏省现代金融服务外包产业的相关战略、模式、路径依赖和相应的政策措施,这对江苏省金融服务外包产业的成长必将带来有益的推动和发展指引。

在我们完成本课题的研究并将成果出版之时,我们也深感研究的不足和困难。首先,由于金融服务外包在我国尚属于起步阶段,该产业或业态的发展还十分年轻,包括对概念的理解、范畴的界定等还缺乏科学的规范和权威性,实际工作中的资料归类和数据统计等往往口径不统一,这对分析研究可能带来一些问题,使研究的结论与实际可能会产生偏差,甚至谬误。其次,金融领域历来是管制严格、外部信息披露较少的领域,调查中尽管我们做了最大的努力,但我们发现要获取行业内部的详尽数据和资料十分困难,除了上市金融机构披露信息相对多一点外,其他金融机构的完整数据似乎很少有公开披露,具体到金融服务外包则少之又少,这使我们分析问题时可能带有主观性和片面性。最后,江苏金融服务外包发展不平衡。江苏地域辽阔,经济发展存在极大的不平衡性,具体到金融外包产业,受区域经济、金融发展总水平、人才资源因素等影响很大,所以在江苏存在很大的不平衡,可以说苏南、南京等经济发达地区目前是一枝独秀,其他地区虽有了服务业加速发展的态势,但金融服务外包几乎是空白。金融服务外包的产业发展任重而道远,这也为我们以后进一步做好对该产业的跟踪研究留下了更大的空间。